Ferdinand Gehr 1896–1996

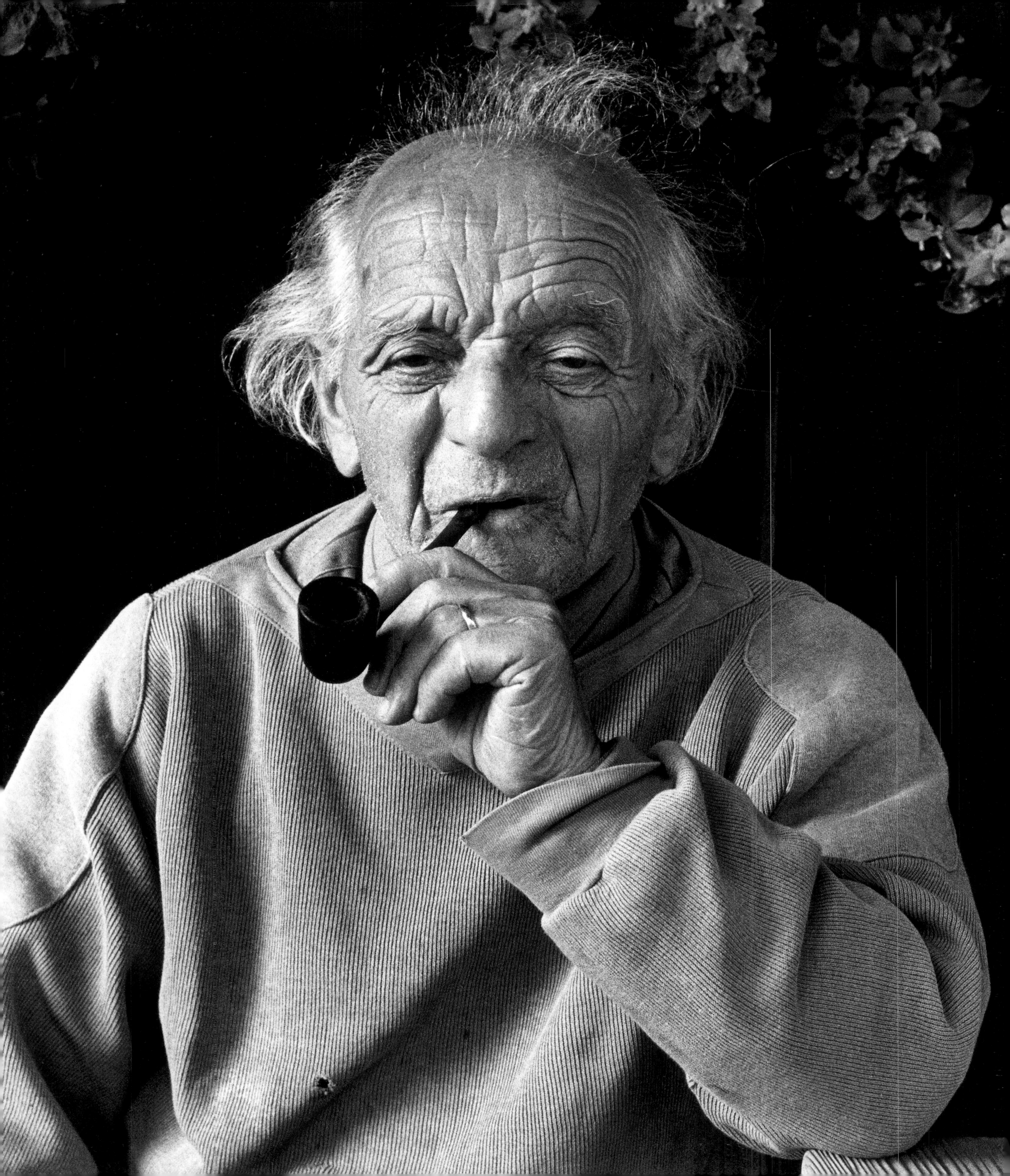

Ferdinand Gehr
1896–1996

Im Auftrag der Gehr-Stiftung
herausgegeben von Franz Zelger

Offizin Verlag Zürich

Diese Publikation wurde unterstützt von
der Gedächtnisstiftung Peter Kaiser (Vaduz)
und der Stadt Altstätten.

Die Gehr-Stiftung, St.Gallen, wurde 1998 gegründet. Sie verfolgt
mehrere Ziele: Neben der Inventarisierung des künstlerischen und
schriftlichen Nachlasses von Ferdinand Gehr soll durch Ausstellungen
und Publikationen das Verständnis für sein Werk und dessen
Anerkennung gefördert werden.

Umschlag:
Tanzendes Mädchen 1956
Fresko, Ausschnitt

Frontispiz:
Porträt Ferdinand Gehr
Franziska Messner-Rast
Altstätten/SG, September 1988

© Gehr-Stiftung und Offizin Verlag Zürich, 1998

Beratung: Robert Allgäuer, Vaduz
Gestaltung: Karin Beck, Grafische Gestaltung, Triesen
Satz: BuchsDruck, Buchdruckerei Buchs AG, Buchs/SG
Schriften: Folio Light und Folio Medium
Fotonachweis: Michael Rast, St.Gallen; Walter Dräyer, Zürich;
Ursula Kühne, Triesenberg; Peter Lauri, Bern;
The Marlow Group, Inc., Aspen; Benno A. Stadler, Rebstein;
Mathilde Sturm, München; Foto Waler, Schwäbisch Hall
Farb-Lithos: Hanspeter Greb, Feldmeilen / Eurocrom 4, Villorba
Duplex-Lithos: Egli.Kunz & Partner, Glattbrugg
Druck: BuchsDruck, Buchdruckerei Buchs AG, Buchs/SG
Papier: Chromomat Club, 170 gm²
(aus chlorfrei gebleichtem Zellstoff)
Einband: Buchbinderei Burkhardt AG, Mönchaltorf

ISBN 3-907495-97-7

Inhalt

6 **Dank**

7 **Vorwort**
   Ein Künstler sui generis
   Roland Wäspe

8 **Einführung**
   Die geistige Kraft der Farben
   Franz Zelger
18 Anmerkungen

19 **Bildteil**
   Kommentare Regula Malin
212 Anmerkungen

213 **Anhang**
214 Fotoporträts Ferdinand Gehr
   Franziska Messner-Rast
220 Biographie in Stichworten
222 Öffentliche Aufträge
226 Ausstellungen
230 Bibliographie

Dank

Ohne die profunden Kenntnisse und den unermüdlichen Einsatz von Franziska Gehr, der ältesten Tochter des Künstlers, hätte das vorliegende Buch nicht in dieser Form erscheinen können. Sie hat ihren Vater auf seinem künstlerischen Weg bis zuletzt begleitet und ist wie niemand sonst mit seinem Schaffen und seiner geistigen Welt vertraut.
Dank Franziska Gehr konnte die persönliche Bildsprache des Malers mit ihrer Farbsymbolik und ihren «Hieroglyphen» entschlüsselt werden.

Vorwort

Ein Künstler sui generis

Ferdinand Gehr arbeitete – anscheinend unbeeinträchtigt durch das Alter – bis kurz vor seinem Tode in Altstätten. Er verstarb am 10. Juli 1996 im 101. Lebensjahr. Und wie seine Biographie das scheinbar Unmögliche beweist, tut dies auch sein Werk, das ohne Brüche mehr als sieben Jahrzehnte umfasst. Der singuläre Charakter seines Schaffens zeigte sich im Vorfeld dieser Publikation auf immer neue Weise – bei der Durchsicht bekannter Bestände wie bei der Aufarbeitung des künstlerischen Nachlasses, der im Kunstmuseum St.Gallen deponiert ist. Der grossformatige Band soll die Bilderwelt Gehrs ausbreiten und der Öffentlichkeit ins Gedächtnis rufen, denn ausser in St.Gallen finden sich bisher keine repräsentativen Werkgruppen in öffentlichen Sammlungen.

Unbestritten ist Ferdinand Gehr der herausragende Maler religiöser Thematik in der Schweiz, und breit ist die Förderung, die kirchliche Kreise seiner Kunst haben angedeihen lassen. In den dreissiger Jahren war seine Formensprache von revolutionärer Direktheit, nicht nur innerhalb der Ars sacra. In der 1959 von der Schweizerischen St.Lukas-Gesellschaft herausgegebenen Monographie stellte Thaddäus Zingg vorausehend fest, dass Gehrs Schaffen zum Wesentlichsten gehöre im Bereich der Erneuerung der kirchlichen Malerei. Tatsächlich wurde Gehr zum Vorbild in der Zeit der Öffnung der katholischen Kirche nach dem 2. Vatikanischen Konzil (1962–65) und innerhalb eines danach einsetzenden Diskurses über den Stellenwert der bildenden Kunst in einer zeitgemässen Kirche. In den sechziger Jahren wurde Ferdinand Gehr im Umfeld aktueller zeitgenössischer Kunst wahrgenommen und etwa in der Zeitschrift «Chiesa e quartiere, Quaderni di architettura sacra», Bologna, neben Matisse und Manessier besprochen und analysiert. In der Folge ist dieser wichtige Diskurs verebbt. Mag sein, dass die Zeit des Aufbruches in der katholischen Kirche allzu rasch vorüberging. Vielleicht bewegte sich die Rezeption Ferdinand Gehrs bereits zu stark in den Kategorien einer religiösen Malerei, als dass sein Werk als profanes zeitgenössisches Kunstschaffen noch hätte diskutiert werden können. Oder stellte sich die Spiritualität und tiefe Symbolik seines Schaffens sui generis gegen eine breitere Wahrnehmung innerhalb eines oberflächlichen Kunstbetriebes? Es gilt auch zu bedenken, dass Ferdinand Gehr andere Künstler seiner Generation wie Max Gubler (1898–1973) oder Varlin (1900–1977) um zwei Jahrzehnte überlebte und somit fast zwangsläufig zum erratischen Block innerhalb des Schweizer Kunstschaffens wurde.

Ferdinand Gehrs Werk ist gut bekannt, aber gewiss nicht ausreichend gewürdigt. Eine eigentliche Lücke besteht in der kunsthistorischen und theologischen Beurteilung und Einordnung seines einzigartigen Schaffens. Der Vortragszyklus zum 100. Geburtstag des Künstlers, den der Kunstverein St.Gallen im Januar 1996 organisierte, war ein erster Versuch, den Stand der Forschung zusammenzufassen. Mit Franz Bertel, Ernst Gisel, Rudolf Hanhart, Guido Magnaguagno, Heinrich Stirnimann und Robert Th. Stoll kamen Persönlichkeiten zu Wort, die sich über Jahrzehnte intensiv mit Gehrs Werk beschäftigt hatten. Der vorliegende Band baut auf dem damals zusammengefassten Wissen fruchtbar auf. Der einführende Text von Franz Zelger, Ordinarius für Kunstgeschichte an der Universität Zürich, wie auch die Bildkommentare der jungen Kunsthistorikerin Regula Malin können sich zudem auf ein reichhaltiges, bisher unpubliziertes Quellenmaterial stützen; Ferdinand Gehr wird für die kunstgeschichtliche Forschung erstmals greifbar. Die Autoren nehmen bestehende Gedankenstränge auf, wagen aber auch den Schritt zu einer eigenständigen, neuen Sicht. Der umfangreiche Bildband gibt erstmals einen gültigen Eindruck von der überwältigenden Fülle von Gehrs Werk, obwohl er sich auf das Tafelbild konzentriert. Die Blumenaquarelle werden nur in ausgewählten Beispielen vorgestellt, und die monumentalen Kirchenfresken wie die übrigen Wand- und Deckenmalereien an öffentlichen Bauten sind bewusst ausgeklammert. In einigen Jahren soll ein umfassendes Werkverzeichnis folgen.

Mit vielen Kennern des Werkes von Ferdinand Gehr verbindet mich die Dankbarkeit für das nun realisierte Projekt und die freudige Erwartung auf diesen in Gestaltung und Ausstattung vorbildlichen Band. Er öffnet einem breiten Publikum den Weg zum Verständnis des Schaffens von Ferdinand Gehr.

Roland Wäspe

Einführung

Die geistige Kraft der Farben
Franz Zelger

Die offizielle Kunstgeschichtsschreibung hat Ferdinand Gehr kaum zur Kenntnis genommen. In den Übersichtsdarstellungen zur Schweizer Kunst fehlt sein Name. Museumsausstellungen liessen auf sich warten: Erst 1956, zum sechzigsten Geburtstag des Malers, brach St.Gallen den Bann. Sporadisch folgten im Heimatkanton weitere Veranstaltungen, so 1962, 1972 und 1988. Doch erst 1994, zwei Jahre vor seinem Tod, gelang Gehr der Einzug in ein international renommiertes Ausstellungsinstitut: Das Kunsthaus Zürich zeigte damals rund 130 Werke. Dieser Zurückhaltung steht das Faktum gegenüber, dass sich der Künstler öffentlicher Aufträge aus dem In- und Ausland kaum erwehren konnte und seine Bilder direkt von der Staffelei gekauft wurden. Wer ein Werk erwerben wollte, musste sich in die Warteliste eintragen. Anerkennung hier, Ignoranz dort. Das hat damit zu tun, dass Gehr mancherorts etwas abschätzig als «Kirchenmaler» etikettiert wurde: «Vielleicht war es sein Handicap, dass er aus ideologischen Gründen nicht Mitglied der Avantgarde sein durfte.»[1] Auf der anderen Seite haben konservativ-kirchliche Kreise seine fortschrittliche Kunst abgelehnt und ihn so ins Abseits gedrängt. Darüber hinaus war es offensichtlich schwierig, Gehrs Schaffen im Kontext der Schweizer Kunst einzuordnen. Dennoch gab es seit den siebziger Jahren immer wieder gelungene Versuche, dem Künstler gerecht zu werden. In Ausstellungsbesprechungen und Katalogbeiträgen haben Rezensenten wie Niklaus Oberholzer, Annemarie Monteil, Fritz Billeter oder Peter Killer das tradierte Bild vom Heiligen- und Blumenmaler revidiert und Gehrs Rang erkannt. Die vorliegende Publikation, die primär als Bildband gedacht ist, soll Ferdinand Gehr einem grösseren Publikum vorstellen und zugleich Interesse wecken für den in Vorbereitung befindlichen Werkkatalog.

Die Anfänge

«Ich bin 1896 in der kleinen Bauern- und Arbeitergemeinde Niederglatt bei Uzwil geboren und habe dort gewohnt im Elternhaus bis zu meiner Heirat im Jahre 1938. Die Jungburschenjahre verbrachte ich als Stickereizeichner und freier Textilist. Ein Jahr Kunstgewerbeschule brachte mir die Bekanntschaft mit Varlin, C. Hug, Hugentobler und anderen zukünftigen Künstlerfreunden. Den Winter 1922/23 verbrachte ich als nunmehr freier Malschüler in Florenz und den Winter 1923/24 in Paris bei André Lhote. Die französische moderne Kunst hat mir die entscheidenden Eindrücke gebracht. Nachher habe ich versucht, einen selbständigen Weg in die Malerei zu finden. Im Winter 1928/29 ging ich nach Deutschland und hielt mich fast die ganze Zeit in Berlin auf. Ich erlebte die Expressionisten, aber auch das Theater und die Musik. Nachher studierte ich wieder weiter.»[2]
Pragmatisch-nüchtern resümiert Ferdinand Gehr die Zeit seiner Ausbildung: ein sachlicher Rapport, nichts ist manipuliert, ausgeschmückt oder zurechtgerückt.

Konzentration auf das Wesentliche, das war ihm stets das zentrale Anliegen; seine Kunst hat er kontinuierlich zu prägnanten Zeichen verknappt, wobei diese «Hieroglyphen» stets im Kontext der Gesamtkomposition verstanden werden müssen.

Nach ersten Versuchen mit religiösen Themen wie *Magnificat*, *Maria Magdalena* oder *Kreuzigung*, Werken, deren verzahnte Flächen und starke Farbkontraste an die Pariser Ausbildung bei Lhote erinnern, kehrte Gehr 1928 nach seinen eigenen Worten «wieder zum Malen nach der Natur zurück, um die optische Erfahrung zu bereichern».[3] Er schuf naturalistische Landschaften und Porträts. Daneben aber verarbeitete er die zahlreichen Eindrücke, die er auf seinen Studienreisen aufgenommen hatte, zu einer eigenen, singulären Sprache. Da war die Beschäftigung mit Cézanne, Braque, Picasso und Matisse in Paris. Auf das leuchtende Kolorit, die Kraft der Farbe stiess er dank Nolde; dessen Malerei begegnete er erstmals 1922 in St.Gallen und dann wieder 1928/29 in Berlin.

Von grosser Bedeutung für Gehr war das Werk von Jean Arp, mit dem er Freundschaft schloss und der ihn – allerdings erst spät, 1951 – in Altstätten aufsuchte. «Er ist eigentlich immer neben mir gewesen. Er hat mir geholfen, dass ich zu meinem eigenen Stil kam.»[4] So entwickelte Gehr schlichte Gestalten, farbige Silhouetten ohne Schatten, die Gesichter kaum angedeutet. Auf Raumillusion hat er zugunsten strenger Flächigkeit verzichtet; es gibt nur eine Bildebene. Arps unmittelbaren Einfluss zeigt etwa die *Gelbe Blume* (1970), die an Reliefs des Elsässers denken lässt: Die asymmetrischen Formen und Linien suggerieren Stengel, Blätter, Blüten und beschwören den natürlichen Zyklus des Keimens, Wachsens, Reifens und Vergehens. Und wenn Arp in seinem Bändchen «Sinnende Flammen» von 1961, das Gehr bekannt war, schreibt, dass das Urlicht wieder zum Leuchten kommen müsse, so verleiht der Maler, wie Robert Th. Stoll aufgezeigt hat, dieser Zuversicht und Gewissheit in den beiden Holzschnitten *Einbrechendes Licht* und *Lichtwesen* (1963) bildkünstlerischen Ausdruck.[5]

Anregungen erhielt Gehr auch von den alten Meistern, vorab vom Werk Giottos, das er im Winter 1923/24 in Florenz und Assisi kennengelernt hatte. Im Januar 1924 bat er seine Eltern, ihm eine Monographie des Italieners nach Paris zu schicken.[6] Und 1937 weilte er wiederum in Florenz, um seine Kenntnisse in der Ausstellung «Giotto und seine Zeit» zu vertiefen. Unvergesslich blieb ihm auch der Besuch der Etruskergräber in Tarquinia, die damals noch nicht im Blickfeld des Baedeker-Tourismus standen.

Die Hauptquelle von Gehrs Inspiration war zweifellos die Bibel. Gerne las er auch in den Schriften der Theresia von Avila und der Hildegard von Bingen, Werke von John Henry Newman und Romano Guardini, von Tolstoi und Dostojewski, von Hölderlin, Rilke und Claudel. Ebenso beschäftigte er sich mit Teilhard de Chardin und Karl Rahner sowie mit dem «Aussteiger» Marcel Légaut. Einen besonders tiefen Eindruck hinterliess der 1923 erschienene Band «Byzantinisches Christentum» von Hugo Ball, der 1916 mit Jean Arp das Cabaret Voltaire gegründet hatte und später zum Katholizismus konvertierte. Gehr verlieh Balls Gedanken visuellen Ausdruck: «Das Gesetz der Askese allein verbürgt jene heilige Geräumigkeit der Seele, in der die unendliche Milde sich abgrenzt gegen die Wildheit [...], in der alle Ehrfurcht Zauber und Flügel findet.»[7] Mit anderen Worten: Askese muss nicht zu Strenge und Härte führen, sie kann ebenso Milde und Zauber sein.

Bezeichnenderweise hat Gehr seinen fünfteiligen *Dämonenfries* von 1937, der in quasidadaistischem Vokabular, mit Anklängen an Miró, Matisse und Picasso, das Thema der Teufelsaustreibung verbildlicht, Ball gewidmet, dem zehn Jahre zuvor verstorbenen Freund und profunden Kenner der Dämonologie. Dem Fries liegen denn auch Balls Aufzeichnungen in «Die Flucht aus der Zeit» zugrunde: Auf der Mitteltafel kreisen um den blau-violett leuchtenden Christuskopf, in dem mit grellem Rot, Weiss und Gelb ein Gesicht angedeutet ist, schwarze, polypen- und schneckenähnliche Gebilde. Die vier seitlichen Teile zeigen zeichenhaft reduzierte Tierwesen, die an Fisch, Schlange, Katze und Huhn erinnern – hellblau in Nachtblau, grün und rot vor Weiss und lila vor schwarzem Grund: Sinnbilder menschlicher Schwächen wie Masslosigkeit, Falschheit, Geilheit und Dummheit. Durch eine farbenfrohe Arabeske hat Gehr sie zu einem Ornamentband verknüpft. Wie eng seine Bindung an dieses opus magnum war, geht daraus hervor, dass Gehr Arps Bitte, ihm den *Dämonenfries* im Werkaustausch zu überlassen, abschlägig beantwortete.

Erneuerer der Sakralmalerei

In den dreissiger Jahren, als Gehr «ein Bedürfnis zur Wandmalerei» verspürte und die «entsprechenden Techniken entwickelte», erfuhr der Kirchenbau in der Schweiz wie im übrigen Europa einen rasanten Aufschwung.[8] Gefragt waren Maler, welche die neu geschaffenen Sakralräume in Abstimmung mit der Architektur zu gestalten wussten. 1930 erhielt Gehr den ersten Auftrag: die Ausmalung der Kirche St.Georgen bei St.Gallen. Weitere Engagements folgten, in St.Gallen-Bruggen und in Mels: «Mit diesen beiden Kapellen und mit einigen Tafelbildern habe ich nun einen Anfang gemacht. Ich bin mir klar, dass die darin wirklich gestalteten Werte noch sehr bescheiden sind [...]. Als Ziel sehe ich

Dasein 1985
Tempera auf Leinwand, 120 x 110 cm, Privatbesitz

allerdings eine Einfachheit des Lebens und des Malstiles vor mir, wo alles mehr Selbstverständlichkeit wird und bei Weglassung alles Schmückenden eine Bereicherung vom Geistigen her dazukommt.»[9] In der Folge wurden die Architekten immer häufiger auf den stillen, introvertierten Maler aus Altstätten aufmerksam: Fritz Metzger, Hermann Baur, Karl Higi, Ernest Brantschen, Hanns A. Brütsch, Ernst Gisel. Sie schätzten seine Sensibilität für räumliche Gegebenheiten. So konnte Hanns A. Brütsch, der Erbauer der Bruderklausen-Kirche von Oberwil, schreiben: «Ferdinand Gehrs Arbeiten sind, wo immer sie auch seien, architektonisch. Einmal an ihrem Ort, sind sie nicht wegdenkbar, denn sie sind entscheidend an der Raumbildung beteiligt. Sie schaffen Raum in einem geistig weihenden Sinn. Nie beeinträchtigt Ferdinand Gehr mit seiner Malerei das Wesen der gebauten Wände. Wie der Architekt, der Baumeister, erkennt und anerkennt er sie, arbeitet an ihnen weiter, steigert ihre abschirmende Flächigkeit und verleiht dem Raum, den sie bilden, jene vierte, geistige Dimension. In jedem einzelnen Fall steht, über der Durchbildung des Werkes, die themenbezogene, gemeinsame Aussage von Architektur und Kunstwerk.»[10]

Nachdem Gehr der Durchbruch gelungen war, brach die Reihe der Aufträge im In- und Ausland nicht mehr ab. Der ehemalige Textilist entfaltete sich zum meistbeschäftigten und herausragenden Schweizer Kirchenmaler des Jahrhunderts. Die Sicherheit, mit der er in seinem früheren Beruf Flächen gegliedert hatte, war ihm von Nutzen, als es galt, Kirchenwände, Apsiden und Decken mit Fresken zu gestalten. Seine von jeder Konvention gelöste Sakralkunst berief sich auf die Art-Sacré-Bewegung der französischen Dominikaner, die seit 1939 wegweisend für die Erneuerung kirchlicher Kunst wurde und durch die Zeitschrift «L'Art Sacré» sowie Ausstellungen im Pariser Musée des Arts Décoratifs und im Petit Palais ein weites Echo fand. So konnte Abbé Devemy, nach einem Besuch des Petit Palais, Künstler wie Bonnard, Braque, Léger, Lurçat, Matisse, Bazaine, Chagall, Picasso, Germaine Richier, Lipchitz und Rouault für die Ausgestaltung der Kirche Notre-Dame de Toute Grâce in Assy am Fusse des Montblanc (Savoyen) gewinnen.[11] Auch andernorts fanden damals Werke fortschrittlicher Künstler Eingang in die Kirchen. Im Juradorf Les Breseux zum Beispiel führte Alfred Manessier für das barocke Gotteshaus ungegenständliche Glasfenster aus. Fernand Léger und Jean Bazaine erhielten auf Empfehlung der Herausgeber der Zeitschrift «L'Art Sacré» den Auftrag für Glasfenster und ein Mosaik in Audincourt.[12]
Und wie Matisse in Vence schuf Le Corbusier in Ronchamp ein Gesamtkunstwerk.

Ferdinand Gehrs Œuvre muss in diesem Kontext gesehen werden. Auch er hat die oberflächlich-süssen Christusfiguren, die gelockten Heiligen und lächelnden Engel der Deschwanden-Nachfolge sowie die stilisierten Figuren der Beuroner Schule verabschiedet. «Wenn wir wieder zu einer wahrhaft christlichen Kunst kommen wollen, so müssen wir wieder ganz vorne anfangen. Steine um Steine müssen wir wieder zusammentragen und uns nicht verwundern und uns nicht schämen, wenn der Anfang arm aussieht.»[13] Arm und karg muss nach Gehrs Auffassung die neue Kunst sein. Er hat denn auch seine Formensprache auf das Zeichenhafte, Symbolische reduziert, biblische Stoffe weder dozierend noch illustrierend zu vermitteln versucht. Gehr wusste, wie Franz Bertel schreibt, «dass das Wesen der Dinge hinter der Oberfläche der Dinge liegt, dass es sich der direkten Aussage entzieht und nur in den stellvertretenden Zeichen sichtbar gemacht werden kann.»[14] Gerade in der Hinwendung zur freiwilligen Armut der Gestaltungsmittel war ihm Arp das grosse Vorbild. Fritz Billeter hat punktuell einige Symbole und deren verschiedene Bedeutungen untersucht. Da kann zum Beispiel «die Struktur eines mehr oder weniger klar herausgearbeiteten Vierpasses, je nach Stellenwert, in einem grösseren Zusammenhang die Vier Wesen (innerhalb der Apokalypse von St.Gerold), Gottvater (in Gipf-Oberfrick), das ‹Herz der Welt› oder auch Blumen repräsentieren».[15]

Als Maler von Glaubensmysterien habe man Zeichen zu setzen, bemerkte der Künstler. Man müsse diese «zurückstauchen», was nichts anderes heisst, als dass sie schmucklos, frei von jeder Virtuosität sein sollen.[16] Gehr reformierte die christliche Kunst radikal, indem er sich auf die Ursprünge berief. Doch die Gläubigen sind ihm dabei nicht immer gefolgt. Seine Symbolik entsprach keineswegs den kirchenamtlichen Vorstellungen. Pius XII. wies die modernen Künstler buchstäblich aus der Kirche: «Andererseits gebieten uns Gewissen und Stellung, all jene in jüngster Zeit verbreiteten Bilder und Darstellungen zu missbilligen und zurückzuweisen, die eine Entstellung und Entartung wahrer Kunst zu sein scheinen und die nicht selten christlicher Schönheit, Zurückhaltung und Frömmigkeit offen zuwiderlaufen und auch den echt religiösen Sinn tief verletzen. Solche Kunst muss um jeden Preis von unseren Kirchen ferngehalten und daraus entfernt werden, wie überhaupt alles, was mit der Heiligkeit des Ortes unvereinbar ist.»[17] Solch reaktionäre, undifferenzierte Forderungen waren für Gehr unverständlich: «Die Kirche, obschon sie eine geistige Macht ist, benimmt sich wie die Staaten; das Oberflächliche lässt sie zu, das Tiefergehende wird zensuriert. Das Höhere wird nicht erkannt. Es wird als ‹Experiment› abgelehnt. Warum steht sie nicht auf der Seite der Künstler?»[18] Immer wieder hat Gehr mit seiner konsequenten künstlerischen Haltung die konservativen Kreise irritiert. So ist die Chorbemalung der Marienkirche in Olten (1952/53) von vielen nicht verstanden worden.[19]

Mit den Fresken in der Bruderklausenkirche in Oberwil bei Zug (1955–1960) entfesselte er gar einen emotionsgeladenen Bilderstreit, der in seiner Intensität an die Kontroverse um Hodlers Marignano-Entwürfe für das Schweizerische Landesmuseum in Zürich erinnert. Die Reaktion der Fresken-Gegner hat der Schriftsteller Thomas Hürlimann mit sarkastischer Ironie nachgezeichnet: «Hanns A. Brütsch, einer der begabtesten Architekten des Landes, hatte in Oberwil, einem verschlafenen Weiler vor den Toren der Stadt, ein luftiges Betonzelt aufgeschlagen, und ein winziges Männchen, Ferdinand Gehr, hatte an die Innenwände eine Schar von Engeln gemalt. Engel? Das sollten Engel sein? O nein, entschied das gesunde Volks-empfinden krankhaft schäumend, das war ein Geschwader von Spiegeleiern, eine schamlose Verletzung von Sitte, Geschmack und Anstand. Da wickelten, vermutlich zum letzten Mal, ganze Müttervereine, Blaskapellen und Männerturnvereine ihre Rosenkränze um die faustgeballten Hände, stellten sich eifrig-geifrig unter Gehrs Bilder und hofften inständig, das kollektive Beten möge die ‹Schweinerei› zum Verschwinden bringen. Ja, damals hat das Wünschen noch geholfen. Man verbannte die Kunst, jedenfalls für ein paar Jahre, hinter schwere Vorhänge – aber übermalt wurde sie nicht.»[20]

Gerade am Thema «Engel» haben sich die Geister immer wieder geschieden. So rief Courbet aus: «Zeigt mir doch Engel, so will ich sie wohl malen.»[21] Edward Burne-Jones, der Präraffaelit, dagegen äusserte sich Oscar Wilde gegenüber: je materialistischer die Wissenschaft werde, desto eher werde er Engel malen. Theodor Hetzer wiederum kritisierte Goyas Engel in San Antonio de la Florida in Madrid, indem er auf die Rokoko-Engel Tiepolos verwies: «Bei Tiepolo eine sehr grosse Keckheit, Balletteusen des Himmels, aber eben doch des Himmels, bei Goya dagegen anständig gekleidete Schauspielerinnen, die Engel vorstellen sollen [...] Es sind Kinoengel.»[22] Und Gottfried Keller bezeichnete Deschwandens Heilige und Engel als «geschminkte Zierbengel, welche weder in den Himmel noch auf Erden gehören».[23] Klee auf der anderen Seite hat die Engel ganz verschieden aufgefasst: arm, kämpferisch, wachsam, hoffnungsvoll und als «hohe Richter». Nach Ferdinand Gehr hingegen sind sie «die Übergänge vom Menschen zum Himmel oder sogar von Mensch zu Mensch».[24] Dem Wesen des Übergangs entsprechend änderte er ihre Gestalt. Selten sehen sie aus wie Menschen, eher wie «geistige Aussprüche Gottes»: so bezeichnete sie Hugo Ball nach dem Vorbild des Dionysius Areopagita in «Das byzantinische Christentum».[25]

Propstei St.Gerold Grosses Walsertal/Vorarlberg
Menschwerdung, Fresko, 1966

Bruderklausenkirche Oberwil/Zug
Abendmahl, Fresko, 1957

Es waren aber nicht nur die Engel, die in Oberwil beanstandet wurden und für Aufruhr sorgten, es war vor allem die «recht schnoddrige» Malerei, welche die «realistischen Vorstellungen vieler Besucher» verletzte.[26] Selbst Linus Birchler, der renommierte Ordinarius für Kunstgeschichte an der ETH, stieg mit Schmährufen auf die Barrikaden: «Das heute verachtete Zeichnen-Können fehlt dem bewussten Maler leider in empfindlicher Weise.»[27] Eine solche Äusserung ist, wie Stefan Schmitt treffend formuliert hat, «eingebettet in die überwiegende gesellschaftliche Ablehnung der modernen Kunst allgemein – dies ist kein Exklusivthema der Kirche, sondern ein gesamtgesellschaftliches!»[28] Ferdinand Gehr reagierte auf die Vorwürfe gelassen: «Es gibt unter den Menschen verschiedene Gruppen, von denen die einen tiefer, die andern weniger tief in die Geheimnisse eindringen können. Diese Menschen machen den grossen Teil der Gläubigen aus. Aber wir wollen daran keinen Anstoss nehmen und die Sache so nehmen, wie sie ist.»[29] An anderer Stelle kommentiert Gehr die Vorwürfe, seine Malerei sei «schnoddrig» oder er könne nicht zeichnen: «Kunst kommt nicht von können. Sie geht nicht auf ein Ziel hin (wie der Handwerker einen Gegenstand schafft), sondern sie kommt aus dem Drang, ein Inneres sichtbar zu machen, gleichviel, was es dann als Ergebnis bedeute.»[30] So war er überzeugt, dass ein Grossteil der Gläubigen früher oder später seine ungewohnte Form, die christlichen Mysterien darzustellen, verstehen werde. Er sei der Zeit einfach ein paar Jahre voraus gewesen. Gehr wusste auch, dass einem Künstler kaum etwas Schlimmeres passieren kann als Indifferenz seinem Schaffen gegenüber. Inzwischen hat sich der Entrüstungssturm längst gelegt, die Vorhänge, welche die Oberwiler Fresken während ein paar Jahren abgedeckt hatten, wurden entfernt. Geblieben sind die Wandbilder als Zeugnisse einer zukunftsweisenden Sakralmalerei. Das Thema seiner Fresken umschreibt der Maler mit treffenden Worten: «Unser gemeinsames Erleben finden wir heute besonders in der Teilnahme an der eucharistischen Mysterienfeier. Die vereinte Teilnahme am heiligen Opfer Christi und die innige Vereinigung aller mit Ihm im heiligen Opfermahl werden immer mehr zum tiefen Erlebnis im Religiösen. [...] Darum will auch die Malerei nichts anderes darstellen als diese Form der Begegnung von Zeit und Ewigkeit. Sie wird dadurch zur Mysterienmalerei, das heisst sie will nichts anderes sein als ein Abbild dessen, was sich in diesem Raume ereignet. Der Stil der Malerei hat alles vermieden, was von diesem Gefühl ablenken könnte.»[31]

Gehr hat Christus auf der Höhe der Kirchenbänke, also inmitten der Gemeinde, plaziert. Dennoch ist er die Zentralgestalt, die den Blick auf sich zieht, allein schon durch seine Grösse; steht er doch als einzige Figur streng frontal vor dem hellen Grund des Tisches den Kirchenbesuchern zugekehrt. Frontalität bedeutet in der christlichen Kunst die endzeitliche Begegnung des Menschen mit Gott. Gehr verweist hier auf die Katakombenkunst, auf Ravenna, Rom und Byzanz. Das Antlitz Christi ist mit ganz wenigen Formen und Farben angedeutet und bietet gerade deshalb den Betrachtern die Möglichkeit, es mit eigenem Erleben in Einklang zu bringen. Kann die Eucharistie einfacher dargestellt werden? Mit ausgebreiteten Armen, in Kreuzform, bietet sich Christus in der Gestalt von Brot und Wein dar. Die Menschengruppe bewegt sich zu ihm hin, die Füsse sind durch Gewänder verdeckt. Auf diese Weise ist nicht nur das Sinnliche gedämpft, sondern auch feierliche Ruhe gewonnen. Das Seitenbild weist auf die Chorwand, die weder vom Pantokrator noch vom angsteinflössenden Weltenrichter beherrscht wird, sondern mit der Figur des Niklaus von Flüe den Hintergrund des Altares bildet. Die Wand ist im selben Purpurrot gemalt wie das Kleid Christi, in der Farbe also, die als Sinnbild von Adel und Liebe gilt. So symbolisiert sie seine Gegenwart im Tabernakel. Mehr und mehr konzentriert sich Gehr durch Zeichen und Farbe auf das Wesentliche. Das macht auch ein Vergleich mit der acht Jahre später entstandenen *Menschwerdung* in St.Gerold (Vorarlberg) deutlich, wo der irdische Lebensraum, ein kühles, dunkles Rot am oberen Rand des Freskos, von hellroten warmen Farbflecken und einem breiten Streifen umfangen wird, die für die göttliche Gegenwart stehen. Das Ockergelb bezeichnet Christus: als Mensch, als Kind im Schoss der Mutter, in den Gestalten der Eucharistie und in der Form des Kreuzes.[32]

Noch einen Schritt weiter geht Gehr in der Wandmalerei der Kirche St.Johannes in Zug. Das komplexe, letztlich nicht zu fassende Thema der Trinität ist mit lapidarer Einfachheit gestaltet, ohne dass der Maler vom theologischen Sachverhalt abweicht. Vater, Sohn und Heiliger Geist sind zeichenhaft aus Kreisen gebildet. Nicht zufällig: die Rundform wurde von der Antike bis hin zu Kandinsky oder Brancusi als Sinnbild der Vollkommenheit und des Allumfassenden begriffen. Der Gottvater zugewiesene Kreis ist angeschnitten, was heisst, dass er jeglichen irdischen, also auch den architektonischen Rahmen sprengt. Die Schöpfung, eine vierteilige vegetative Form, verweist auf Christus, dessen Kopf- und Körper-Abbreviationen von leuchtendem Gelbgrün hinterfangen sind. Wie ein grosses Gesicht wirkt der Kreis des Heiligen Geistes. Ihm stellt Gehr die «ewige Weisheit», ein alttestamentliches Thema, gegenüber.[33]

Alles Narrative ist weggelassen. Die Malerei ist mit dem Kirchenraum in Einklang gebracht. Man denkt an die Chapelle du Rosaire von Matisse in Vence, die Gehr zweimal aufgesucht hatte, auch in bezug auf die biblisch-sakralen Chiffren, die Mauerzeichnungen. «Nicht ‹ausschmücken›, sondern mit der Architektur zusammen einen Ort errichten», heisst die Devise, die Gehr stets umzusetzen versuchte.[34] Für die lutherische Kirche in Stuttgart-Sonnenberg, einen eindrücklichen Bau von Ernst Gisel, entwarf er 1966 sechs von seiner Tochter Franziska mit grossem Einfühlungsvermögen und handwerklicher Präzision gewobene Wandteppiche, die dem liturgischen Ablauf des Kirchenjahres folgend gewechselt werden.[35] Und die zahlreichen Glasmalereien – ob in der Kapelle des Klosters Maria Hilf in Altstätten, in der Zürcher Felix- und Regulakirche oder in St.Helena in München – sind in ihrer Entfaltung immaterieller Farbwirkung integrale Bestandteile der Architektur.

Gehrs reife Werke, in welchem Medium sie auch geschaffen sind, ziehen Gläubige und Ungläubige gleichermassen in ihren Bann. Sie fordern auf zur Meditation – genauso wie die Werke von Barnett Newman und Mark Rothko. Newman allerdings suchte über die christlichen Grenzen hinaus in ganz verschiedenen religiösen Quellen nach mystischer Inspiration. Auch die Gemälde des konfessionell ungebundenen Rothko waren keiner bestimmten Glaubensrichtung verpflichtet, vielmehr schuf er in Houston einen Sakralraum von universalreligiösem Charakter und griff dabei eine Idee auf, die wir schon bei Runge im Zusammenhang mit dessen Tageszeiten-Zyklus finden. Rothko meinte: «Die Menschen, die vor meinen Bildern weinen, haben das gleiche religiöse Erlebnis, das ich hatte, als ich sie malte. Und wenn sie nur von den Farbbeziehungen ergriffen sind, haben sie den Kern der Sache nicht verstanden.»[36] Das hätte auch Gehr sagen können. Über den Inhalt seiner Botschaft indessen besteht kein Zweifel. Sie basiert auf den römisch-katholischen Glaubenslehren. Es ist ihm dabei gelungen, die geistige Sphäre, jenseits der Welt der Erscheinungen, optisch überzeugend zu erfassen, seine innere Schau bildlich zu verdichten. Er malte für Kirchen, in denen Gott mitten unter den Menschen weilt. Dennoch zieht er keine engen Grenzen. Wer Gehr allein als bahnbrechenden Kirchenmaler in die Kunstgeschichte einordnet, nimmt ihn aus verengtem Blickwinkel wahr.

Primarschulhaus Schöntal Altstätten/SG
Treppenhausbemalung, 1975

Ebenso überzeugend sind seine Beiträge für profane Bauten. Die Treppenhausbemalung des Primarschulgebäudes in Altstätten (1975) gehört zum Eigenwilligsten, was in diesem Bereich in der Schweiz geschaffen worden ist. Ein schmales, über drei Stockwerke sich erstreckendes schwarzes Band, das Gehr mit an vegetabile Formen erinnernden Farbflecken gestaltet hat, begleitet den Besucher von Geschoss zu Geschoss. Die in verschiedenen Farben und mit pflanzenartigen oder geometrischen Zeichen bemalten Korridorwände der einzelnen Etagen evozieren eine verspielte, inspirierende Atmosphäre. Von derselben Sicherheit der Farbfindung und Klarheit der Form zeugt das 1976 im Auftrag des Kantons Zürich für die Landwirtschaftliche Schule Lindau-Eschlikon geschaffene Wandbild, das ebenfalls die verschiedenen Stockwerke durch eine vertikale Folge von Bildelementen miteinander verbindet.

Wie Gehr das Grau des Betons bewusst in seine Malerei einbezieht, zeigt das Deckengemälde im Klassentrakt des Liechtensteinischen Gymnasiums in Vaduz besonders anschaulich. In kraftvollen Farben ist hier um ein Sonnenzentrum die Genesis dargestellt. Zwischen den einzelnen Bildabschnitten vermittelt «der Beton als Binnenform und vertieft die Integration in die Architektur durch seine doppelte Bedeutung als Farbe und als wesentliches Baumaterial».[37]

Faszination des Eros

Tief beeindruckt von den unergründlichen Geheimnissen der Schöpfung, beschäftigte sich Ferdinand Gehr immer wieder mit den zentralen Themen des Lebens: mit der Menschwerdung und Auferstehung, mit Geburt und Tod, mit Wachsen und Vergehen. Das Wunder des Menschseins verbildlichte er in der lebenspendenden Frau, in der er letztlich die Gottesgebärerin erkannte. Dabei vergass er den Eros nicht.[38] Im Gegenteil, die Macht des Sinnlichen empfand er zeitlebens als treibende Kraft für das Schöpferisch-Kreative, als Lebensimpuls: «Ohne gesunde erotische Anlage entsteht nicht Kunst im eigentlichen Sinn»,[39] meinte Gehr, oder: «Der Eros ist heilig, die Natur auch. Der Körper, die Liebe gehört dazu. Warum wird davon nicht gepredigt?»[40] 1937, ein Jahr vor seiner Vermählung, malte er – verblüffend modern – *Die Verlobten,* zwei im Wolkenhimmel schwebende Menschen, und das Bild *Eros,* das er auch die *Geschichte von der Liebe* nannte. Vor zart rotem Grund gehen zwei blattartige, aus einem Stiel wachsende, sanft geschwungene Formen ineinander über, die eine blau, die andere gelb, «gleichzeitig die Heiterkeit farbiger Tupfen bergend: Samenkapseln aus dem Garten der Liebe».[41]

Gehr hat auch eine Reihe von Akten gemalt, die häufig im Kontext der Natur stehen. Sie zeigen die Schöpfung unter dem Aspekt von Fruchtbarkeit und Erotik. In *Frau mit Wolken* werden Brüste und Gesäss durch eine helle Farbgebung hervorgehoben. Quellwolken und Berge fügen sich dem Rhythmus dieser Formen ein und suggerieren die Einheit von Natur und Frau. Noch deutlicher wird die Aussage bei der *Frau im Garten,* die in gebückter Haltung Blumen pflückt. Die prallen Brüste und der Kontrast des dunklen Schosses zum weissen Körper spielen nicht nur auf ihre Mutterrolle an, sie sind zugleich Ausdruck von Sinnlichkeit. Gehrs Faszination durch den Eros ist auch im Bild *Frau vor dem Spiegel* evident, so in den farblich akzentuierten Rundungen des Körpers, den weissen Beinen und dem langen Haar.

In drei zeitlich weit auseinanderliegenden Fassungen hat sich Gehr mit Sulamith beschäftigt, dem Hirtenmädchen und der gefeierten Schönen im Hohen Lied Salomons, dieser einzigartigen Sammlung alttestamentlicher Liebeslieder. Da heisst es im 7. Kapitel: «Sulamith! Du! Halt, halt! Dass wir dich anschaun können, halt! Halt! – Wozu begafft ihr die Sulamith wie eine öffentliche Tänzerin? – Wie schön doch wären deine Füsse in Sandalen, du Prinzessin! Es gleicht die Wölbung deiner Hüften einem Schmuck, dem Werk von Künstlerhänden.» Auf diese Passage bezieht sich *Sulamith I,* die sich als schwarze Silhouette tanzend dem Betrachter zuwendet. Dem biblischen Vorbild folgend, werden die Reize der Frau visualisiert. «Ich bin wohl schwarz und dennoch schön, ihr Töchter von Jerusalem. [...] Nicht darauf schaut, wie schwarz ich bin, weil mich die Sonne so verbrannt!» Schwarz als Farbe des Eros und der Weiblichkeit. Bis in Details ist Gehr der literarischen Vorlage gefolgt, ohne dabei illustrativ zu werden: «Dein Schoss ist ein gerundet Becken.» Auch die im Hohen Lied erwähnten Früchte und Blumen, Granatäpfel und Lilien fehlen nicht. In der zweiten und dritten Variante (1962, 1988) treten der Garten, die Natur deutlicher in Erscheinung. Die archaischen Formen der Liebenden lassen noch stärker an Kinderbilder denken. Das Mädchen, dessen Brüste akzentuiert sind – «Dein Busen gleicht zwei Rehkälbchen, Gazellenzwillingen, die in Lilien weiden» –, wird von einem jungen Mann, der auf sie zukommt, berührt, vom Bräutigam, von dem es heisst, er sei «blendend weiss und rot, aus Tausenden hervorragend». Dazu lesen wir: «Mein Geliebter war soeben angekommen, hinspringend über Berge, über Hügel hüpfend [...] Dann hob mein Liebster an und sprach zu mir: ‹Auf meine Freundin! Du, meine Schöne, komm! [...] Lass deinen Anblick mich geniessen! Lass deine Stimme mich vernehmen! Denn deine Stimme ist süss, dein Anblick lieblich.›» Allen Fassungen gemeinsam ist die unmittelbare Sinnenfreude, das Lob des Eros.

Einen höheren Abstraktionsgrad als die Sulamith-Versionen erreicht der *Kuss* von 1980, ein Werk, das unter dem Eindruck von Klees Bildsprache entstanden ist. In der dekorativ freien Flächengestaltung verlieh Gehr dem traditionellen Motiv spielerischen Ausdruck. Nachhaltiger ist der Einfluss von Matisse. 1949 schrieb Gehr: «Matisse strahlt immer noch in meine Tage hinein.»[42] So lassen sich die «Papiers découpés» des Franzosen nicht allein in kompositorischer Hinsicht mit seinen *Sulamith*-Versionen vergleichen, sondern auch in bezug auf die erotische Komponente. Beiden Künstlern ist eine vergeistigte Sinnlichkeit eigen, beide sind auf ihre Art Maler von Glück, Heiterkeit und Harmonie.

Apotheose der Schöpfung

Ferdinand Gehr hat eine Reihe von Landschaften und Blumenbildern hinterlassen, in denen sich jenseits der christlichen Ikonographie der Schöpfer in der Natur offenbart. Hierin folgt er frühromantischem Gedankengut: «Das Göttliche ist überall, auch im Sandkorn», notierte Caspar David Friedrich,[43] und das Bild der Natur wird, um mit Wackenroder zu reden, zur «Hieroglyphe», zum entschlüsselbaren Zeichen des Göttlichen.[44] Setzte sich Friedrich mit der Landschaft von Greifswald, Dresden, Rügen und Neubrandenburg auseinander, so wurde Gehr das Rheintal mit dem Berg Kamor zum elementaren Erlebnis. 1945 liess er sich, materiell völlig ungesichert, von Johannes Scheier, dem Architekten von St.Georgen, in Altstätten ein Haus bauen. «Es dürfte vielleicht gesagt werden, dass ich in freier Wahl das Rheintal als meinen Wohnort erkoren habe, als wir heirateten. Ich hatte es kennengelernt, als ich für einen Kunstfreund wiederholt hier zu tun hatte, und schloss diese grossartige und klare Landschaft damals fest ins Herz. Ich bin darum auch nie verlegen und unglücklich, wenn ich keine Aufträge habe; die Landschaft hier ist mir Auftrag und Aufgabe genug. Und wenn sie noch so ganz unbekannt und unentdeckt ist, so ist das ja eher ein beruhigendes Moment; man ist nicht abgelenkt von bereits Gestaltetem.»[45] So hielt er mit wenigen Farbflächen die weite Rheinebene im Wechsel der Jahres- und Tageszeiten fest, die erwachende Natur in vielfältigem Grün und verhaltenem Ocker, die Mittagshitze eines Sommertages, die verschneiten Äcker und Felder, deren leuchtende Farbakzente bereits wieder an den Frühling denken lassen. Da überschattet eine Riesenwolke die goldgelben Kornfelder, dort glüht rot der Garten. Blau in Blau verbinden sich Berg und Tal. So ist Natur nicht zu sehen, sie kann nur so empfunden werden.

Mann–Frau–Gott II 1937
Fresko, 72 x 49 cm, Privatbesitz

Gehr vermittelt kein Abbild der Landschaft, sondern lichterfüllte Visionen der vertrauten Gegend. Stets haftet seinen Naturräumen etwas Paradiesisches, eine befreiende Schwerelosigkeit an. Die Transparenz der Temperafarbe und vor allem der Aquarellmalerei, die er virtuos beherrschte, hebt die Kraft des Lichtes hervor, das sich als inneres Leuchten über die ganze Bildfläche ausbreitet. Das Kolorit diente ihm nie zur Ausmalung. Wie die Farbe aus dem Licht stammt, so ist für Gehr die Wahrheit im Licht.

Von Frische und Spontaneität zeugen die luftigen Blumenaquarelle. In immer neuen Kombinationen hat er den Löwenzahn, die Gänseblümchen, den Mohn, die Dahlien, Astern, Rosen, Iris oder Tulpen zu farbenfrohen Bildsujets vereint, ganz so, wie die Kinder ihre Träume malen. Seine Blumen sind mehr als bloss Farbtupfer in der Natur oder Reminiszenzen aus dem Garten, wo der Maler jeweils auf einer Holzkiste sitzend arbeitete. Sie sind Protokoll einer ganz persönlichen Naturbegegnung. Nicht die botanische Struktur eines Tulpenkelches steht im Zentrum des Interesses, sondern darüber hinaus die Bewunderung der Schöpfung. Entsprechend nehmen die Blumenaquarelle in seinem Schaffen keine untergeordnete Rolle ein, sie sind ebenso Ausdruck der Weltschau des Künstlers wie das Tafelbild und das Fresko. Gleichzeitig symbolisieren sie eine über Blühen und Verwelken hinausführende Zeitlosigkeit. Die Parallele zu Nolde ist offensichtlich: «Ich liebe die Blumen in ihrem Schicksal: emporspriessend, blühend, leuchtend glühend, beglückend, sich neigend verwelkend, verworfen in der Grube endend. Nicht immer ist unser Menschenschicksal ebenso folgerichtig und schön.»[46] Auch Noldes intensive Farbgebung glaubt man in Gehrs Werken wiederzuerkennen. Dessen ungeachtet hat der Altstätter Maler seine Eigenständigkeit bewahrt. Gerade in der Auseinandersetzung mit Vorbildern wie Nolde, Arp, Matisse reifte der eigene Stil heran. Entscheidend als eine Zeit der Selbstfindung waren für ihn die dreissiger Jahre, als er eine Reihe kleinformatiger Fresken schuf, in denen er eine künstlerische Sprache formulierte, die, wie Niklaus Oberholzer schreibt, «in ihrer Freiheit, Unbekümmertheit und Gelöstheit – in ihrer traumwandlerischen Sicherheit somit – in der damaligen Schweizer Kunst kaum Vergleichbares kennt und allenfalls mit Surrealistischem in Verbindung gebracht werden mag».⁴⁷ Noch pointierter äusserte sich Peter Killer: «Gehr war eine unglaubliche Modernität eigen. In den dreissiger und vierziger Jahren war er viel kühner als die Wortführer der Avantgarde, die im Vergleich mit Gehrs Werk Harmloses schufen.»⁴⁸ In der Tat entziehen sich Bildkonzepte wie *Die Verlobten,* die geradezu die italienische Transavanguardia vorausnehmen, *Menschwerdung, Mann–Frau–Gott, Dämonenfries, Aufnahme Mariä in den Himmel, Urmutter* einer Einordnung. Sie lassen zwar Religiöses erahnen, weichen aber in ihrem subjektiven Charakter meilenweit von damaliger kirchlicher Kunst ab; vielmehr sind Erlösungshoffnung und Sinnenfreude, Himmel und Erde, Gott und Dämon, Diesseits und Jenseits eingespannt in eine komplexe künstlerische Weltschau.

Es fällt auf, dass Gehr keine lineare Entwicklung durchmachte, nachdem er Mitte der dreissiger Jahre zu einer stark abstrahierenden Formensprache gefunden hatte. Matthias Frehner hat bemerkt, dass die *Urmutter* von 1935 und das Bild *Mariä Empfängnis* von 1993 sich im Wesentlichen sehr nahe sind. «Bei beiden setzen sich die Körper wie bei Intarsien aus nebeneinandergesetzten Farbflächen zusammen. Es gibt keine Modellierung und keine Schatten. Die späte Figur ist aus einem absoluten Minimum einzelner Flächenformen aufgebaut wie die ‹Papiers découpés› des späten Matisse, die frühere dagegen ist kleinteiliger, der Abstraktionsgrad ist jedoch bei beiden im Wesentlichen identisch.»⁴⁹ Die Spannweite von Gehrs Schaffen ist im Alter nicht enger geworden. Da finden sich nach wie vor religiöse Motive neben heiteren Eros-Darstellungen, lichtdurchtränkten Landschaften und mit Verve hingeworfenen Blumenbildern. Auch liessen seine Aktivitäten für die Kunst am Bau bis Anfang der neunziger Jahre kaum nach. Es fehlte nicht an Aufträgen, weder von kirchlicher noch von weltlicher Seite. Lange bevor Gehr an eine grössere Öffentlichkeit trat, entstanden die ersten Holzschnitte: Landschaften, Blumen, Verlobungs-, Vermählungs- und Geburtsanzeigen. Diese Form des künstlerischen Ausdrucks pflegte er auch weiterhin, vor allem seit den fünfziger Jahren. Oft hat er Holzschnitte geschaffen, die in unmittelbarem Zusammenhang mit einem öffentlichen Auftrag standen. «Ich habe [mich] in dieser langen Zeit, in der ich mich fortwährend entwickelt habe – und diese Entwicklung kann man vielleicht an den Holzschnitten besonders gut ablesen –, immer auf das Wesentliche zu konzentrieren versucht.»⁵⁰

Eines steht fest: Fresko und Aquarellmalerei entsprechen seiner Arbeitsweise am besten: in kürzester Zeit ausführen, was im Kopf vorbereitet ist. Bevor Gehr nämlich zum Pinsel greift, weiss er genau, wie ein Bild aussehen muss. «Bei mir geht es so, dass lange bevor ein Pinsel ergriffen wird, das Gestalten im Geiste fortdauert und dann die Summe der Erlebnisse [...] gleichsam niedergeschrieben wird.»⁵¹ Er bringt sich vor dem Malen – nach seinen eigenen Worten – in einen Zustand, «in dem es ganz still wird [...], in dem ich selber nicht mehr existiere».⁵² So war die handwerkliche Ausführung eines Bildes kein Ringen mit Farbe und Formen, sondern «ein Wiedergeben von bereits ausgebildeten inneren Bildern».⁵³ Gehr schuf «eine ungekünstelte Malerei der Beschaulichkeit und der Verzauberung, der Kargheit, die nicht trocken wirkt, eine Kunst, die sich absetzt von der Urangst der Expressionisten wie von der Heiterkeit der Impressionisten».⁵⁴

Ob religiöse Thematik, Landschaft, Figuren oder Blumen – die Bilder spiegeln, losgelöst von aller Darstellungskonvention, eine übergreifende, metaphysische, göttliche Ordnung. Durch ihre offene Symbolik und die Strahlkraft des Kolorits hat das Geheimnisvolle hinter den Dingen überzeugenden Ausdruck gefunden. Die Bildgegenstände sind wie entmaterialisiert. «Es ist», nach Gehr, «eine Sprache durch Farbe.»⁵⁵

Anmerkungen

1 Peter Killer, *Unglaublich modern*, in: St.Galler Tagblatt, 12. Juli 1996.
2 Ferdinand Gehr, Lebensdaten, in: Ferdinand Gehr, Ausst. Kat. Museum zu Allerheiligen Schaffhausen, Schaffhausen 1965.
3 Zit. nach Alfred Meier, *Ferdinand Gehr, Report seiner Ausstellungen*, o. O. und J., S. 5.
4 Zit. nach Fritz Billeter, *Anmerkungen zur Kunst von Ferdinand Gehr*, in: Walter Bernet, Fritz Billeter, Peter Killer u. a., F. Gehr, Ausst. Kat. Städtische Kunstkammer zum Strauhof, Zürich/Kunstmuseum Olten 1978, S. 13.
5 Robert Th. Stoll, *Die Symbolsprache von Ferdinand Gehr, Laudatio auf den Hundertjährigen*, Typoskript 1996, S. 10.
6 Brief vom 3. Januar 1924, Gehr-Stiftung, St.Gallen.
7 Zit. nach Annemarie Monteil, *Maler Gehr: Askese oder Härte*, in: Basler Zeitung, 14. September 1978.
8 Gehr (wie Anm. 2).
9 Zit. nach Alfred Urfer (Hrsg.), *Ferdinand Gehr, Werkverzeichnis der Holzschnitte 1927–1976*, P+P Galerie Zug 1976, S. 24.
10 Zit. nach ebd., S. 20.
11 Vgl. dazu: Anton Henze, *Moderne Christliche Kunst*, Zürich 1961, S. 71ff.
12 Ebd., S. 77.
13 Zit. nach Urfer (wie Anm. 9), S. 24.
14 Franz Bertel, *F. Gehr, Ansprache anlässlich der Vernissage der Kunst-Ausstellung im Foyer des Stadttheaters St.Gallen*, 17. Juni 1972, S. 5.
15 Billeter (wie Anm. 4), S. 22, 25.
16 Vgl. dazu: Billeter (wie Anm. 4), S. 18
17 Zit. nach Stefan Schmitt, *1945 bis heute: Zur Entwicklung des Diskurses «Kirche und Kunst»*, in: Das Münster 4/1977, S. 300.
18 Ferdinand Gehr (1896–1996), *Notizen, Briefe, Gedanken*, Typoskript 1997, Gehr-Stiftung, St.Gallen.
19 Vgl. dazu: Hermann Baur, *Der Maler Ferdinand Gehr*, in: Werk 6/1957, S. 199ff.
20 Thomas Hürlimann, *Mein Zug*, in: Die Weltwoche, Nr. 27, 3. Juli 1997, S. 80.
21 Klaus Lankheit, *Vision, Wundererscheinung und Wundertat in der christlichen Kunst*, in: Triviale Zonen in der religiösen Kunst des 19. Jahrhunderts, Studien zur Philosophie und Literatur des neunzehnten Jahrhunderts, Bd. 15, Frankfurt a.M. 1971, S. 99.
22 Theodor Hetzer, *Francisco Goya und die Krise der Kunst um 1800*, in: Aufsätze und Vorträge, Leipzig 1957, S. 182.
23 Gottfried Keller, *Sämtliche Werke*, hrsg. von Jonas Fränkel und Carl Helbling, Bd. 22, Bern 1948, S. 239.
24 Zit. nach Annemarie Monteil, *Gehr-Galerie: Schutzengel, 1945: Eine Prise Heiterkeit*, in: St.Galler Tagblatt, 9. Januar 1996.
25 Ebd.
26 Vgl. dazu: pe, *Gedanken zum Bilderstreit von Oberwil*, in: Luzerner Tagblatt, 8. Februar 1958.
27 Linus Birchler, *Oberwil – ein typischer Fall*, in: Schweizerische Kirchenzeitung 3/1958.
28 Schmitt (wie Anm. 17), S. 309.
29 Zit. nach: Baur (wie Anm. 19), S. 200.
30 Wie Anm. 18.
31 Zit. nach M. E., *Die Mysterienbilder von Oberwil/Zug*, hrsg. von der Baukommission der Bruderklausenkirche Oberwil, Olten o.J. (1960), S. 5.
32 Vgl. dazu: Ferdinand Gehr, *Bilder in Sankt Gerold*, in: Propstei Sankt Gerold, Frauenfeld o.J., S. 14ff.
33 H. R. Balmer, *Zu den Bildern von Ferdinand Gehr*, in: Der Bilderzyklus von Ferdinand Gehr in der Sankt-Johannes-Kirche Zug, o. O. und J.
34 Wie Anm. 18.
35 Vgl. dazu: Marianne Gisel, *Die Wandteppiche von Ferdinand Gehr in der lutherischen Kirche in Stuttgart-Sonnenberg*, in: Werk 2/1967, S. 85ff.
36 Selden Rodman, *Conversations with Artists*, New York 1957, S. 93f.
37 Marianne Gisel, *Die Arbeiten der Maler und Bildhauer*, in: Das Liechtensteinische Gymnasium Vaduz, Festschrift, Vaduz 1973.
38 Vgl. dazu: Fritz Billeter, *Ferdinand Gehr preist den Eros*, in: Tages-Anzeiger, 12. September 1994; derselbe, *Der Maler Ferdinand Gehr lobt Gott und vergisst den Eros nicht*, in: Tages-Anzeiger, 6./7. Januar 1996.
39 Wie Anm. 18.
40 Zit. nach Niklaus Oberholzer, *Ferdinand Gehr*, in: Vaterland, 10. Januar 1976.
41 Annemarie Monteil, *Gehr-Galerie: Eros, 1937: Aus dem Garten der Liebe*, in: St.Galler Tagblatt, 8. Januar 1996.
42 Zit. nach Billeter (wie Anm. 4), S. 13.
43 Helmut Börsch-Supan, Karl Wilhelm Jähnig, *Caspar David Friedrich, Gemälde, Druckgraphik und bildmässige Zeichnungen*, München 1973, S. 136.
44 Vgl. Schmitt (wie Anm. 17), S. 307, Anm. 65.
45 Zit. nach *Ferdinand Gehr, Eine Monographie*, hrsg. von der Schweizerischen St.Lukasgesellschaft, Sakrale Kunst, Bd. 4, Zürich 1959, S. 65f.
46 Zit. nach Martin Urban, *Emil Nolde, Aquarelle und Zeichnungen*, Essen, Seebüll 1966/67.
47 Niklaus Oberholzer, *Blick auf das Lebenswerk Ferdinand Gehrs*, in: Vaterland, 11. Januar 1988.
48 Wie Anm. 1.
49 Matthias Frehner, *Ein bedeutender Schweizer Künstler. Zum Tod des Malers Ferdinand Gehr*, in: Neue Zürcher Zeitung, 13./14. Juli 1996.
50 Zit. nach Urfer (wie Anm. 9), S. 42.
51 Ebd. S. 23.
52 Zit. nach Monteil (wie Anm. 7).
53 Killer (wie Anm. 4), S. 34.
54 João de Almeida, *Ferdinand Gehr*, in: Ferdinand Gehr, Ausst. Kat. Kunstmuseum St.Gallen 1972, S. 6.
55 Zit. nach Guido Magnaguagno, *Ferdinand Gehr, Spätwerk*, Ausst. Kat. Kunsthaus Zürich 1994, S. 12.

Bildteil

Kommentare Regula Malin

Bei den kursiv gedruckten Zitaten handelt es sich um Notizen von Ferdinand Gehr, in: Ferdinand Gehr (1896–1996), *Notizen, Briefe, Gedanken.* Typoskript, 1997 (Gehr-Stiftung, St.Gallen).

1

Kreuzigung 1926

Tempera auf Leinwand, 129,5 x 130 cm, Sammlung Andreas Gehr

Ferdinand Gehr besuchte in Paris die Kunstschule von André Lhote, der junge Maler förderte und sie in den Kubismus einführte. In den folgenden Jahren entstand eine Serie von religiösen Bildern, leuchtende Farbkompositionen, die mit ihrer verzahnten Flächenstruktur den Einfluss der Pariser Lehrzeit verraten. Zu diesen Werken gehört die *Kreuzigung* von 1926. Auffallend ist der Farbklang Rot-Blau-Gelb, wobei dem in verschiedenen Nuancen wiedergegebenen Rot dominierende Wirkung zukommt. Das Schwarz in der rechten oberen Bildecke symbolisiert die in den Evangelien beschriebene Finsternis in der Todesstunde Christi, während die Grüntöne auf die Erde verweisen. Das Gelb als Träger des Göttlichen ist Maria und Jesus vorbehalten. Die Muttergottes, die vor dem Gekreuzigten steht, wendet ihren Kopf leicht nach links. Johannes ist ganz an den rechten Bildrand gerückt.

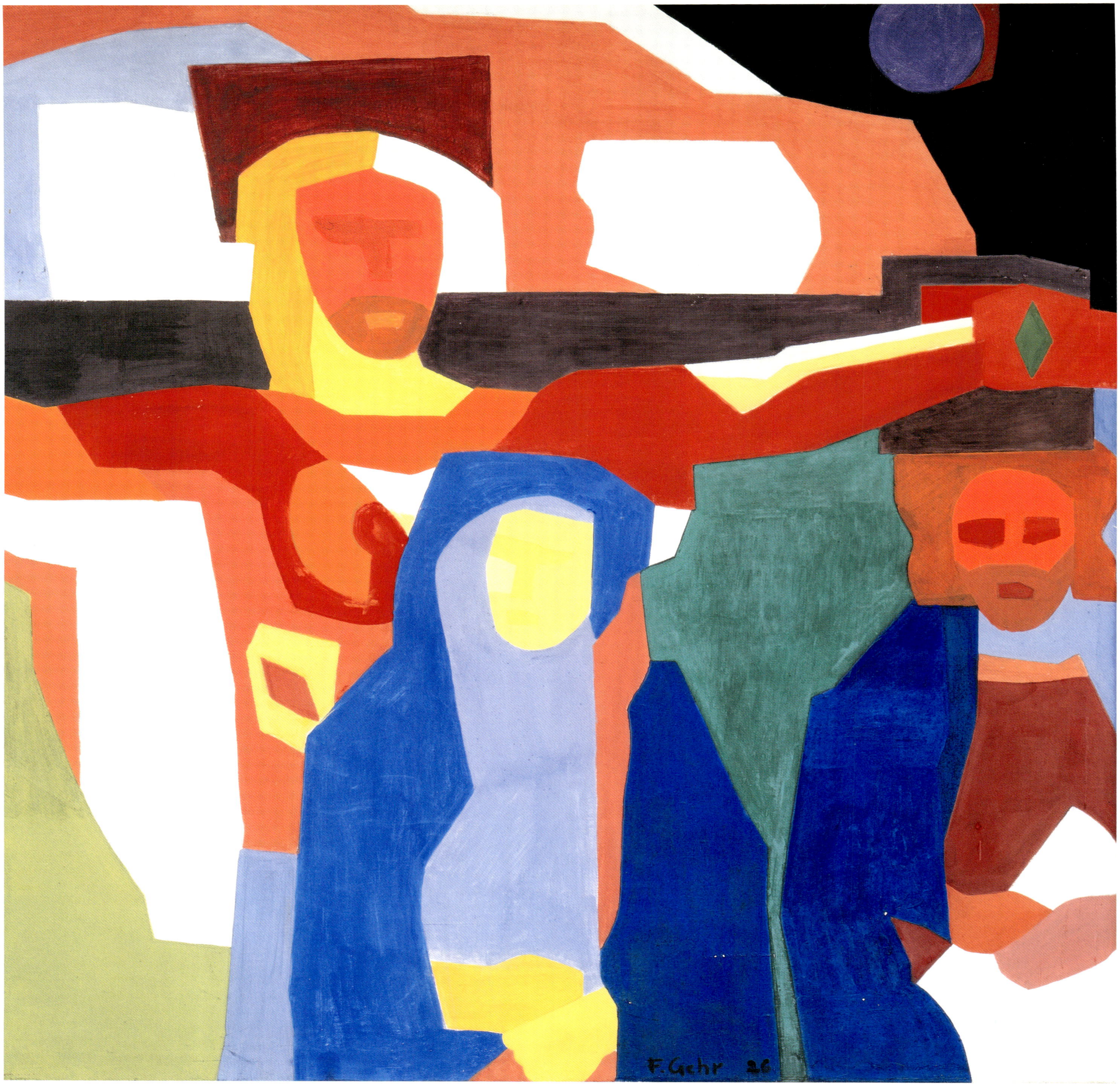
F. Gehr 26

2

Roter Kopf um 1926

Tempera auf Leinwand, 61 x 45 cm, Privatbesitz

Gehr beschreibt seine Pariser Lehrzeit der zwanziger Jahre als eine *Zeit des Suchens*. In Galerien und Museen studierte er die Werke von Picasso, Matisse, Cézanne und van Gogh, von denen er wichtige Impulse erhielt. Die Entstehung des Bildes *Roter Kopf* fällt in die Phase des zweiten kurzen Aufenthalts in Paris und seiner Rückkehr nach Niederglatt.
Die neu gewonnenen Eindrücke verarbeitend, versuchte er einen eigenen Weg zu finden. In dem mit kubistischen Elementen durchsetzten *Roten Kopf* ist die Formplastizität noch stärker entwickelt als die Flächigkeit.

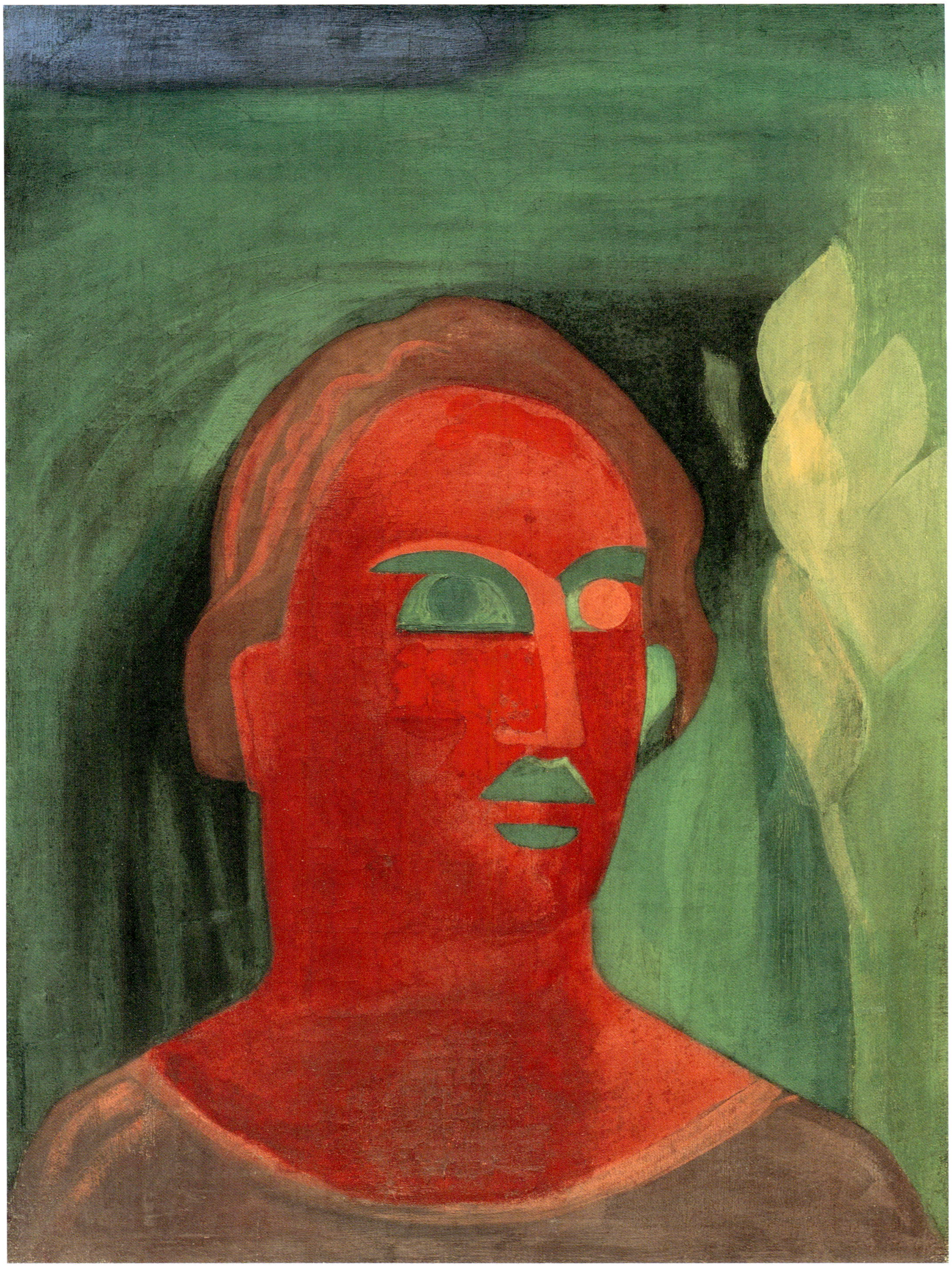

3

Urmutter 1935

Fresko, 64 x 50 cm, Privatbesitz

Die dreissiger Jahre waren für Gehr eine Zeit der Selbstfindung. Damals schuf er eine Reihe kleinformatiger Fresken von verblüffender Modernität. Sie zeichnen sich durch aussergewöhnliche Kühnheit in der Konzeption und durch farbliche Frische aus.
Eine füllige, blau gekleidete Frauengestalt nimmt vor dunklem Hintergrund fast die ganze Bildfläche ein. Es ist die Urmutter, die Mutter aller Lebendigen, wie sie in der Schöpfungsgeschichte beschrieben wird (Genesis 3,20). Ihre Bedeutung als lebensspendendes Prinzip wird durch das rot-grüne Kind, das seine Arme nach der Brust der Frau ausstreckt, zum Ausdruck gebracht. Ihr Gesicht reduziert Gehr zu einfachen Punkten, Kreisen und Strichen, um so das Wesenhafte der Urmutter darzustellen, das Lebensethos, in dem sich irdische und himmlische Liebe vereinen.

In fast mönchischer Abgeschiedenheit verbrachte ich meine Zeit,

kaum dass ich noch etwas gelesen habe, kein Konzert wurde mehr besucht.

Alles, was ich damals tat, und es ging über mehrere Jahre hin,

ist auch kaum mit Worten auszudrücken, es war ein inneres Stillhalten,

ein Hinhorchen in die ewigen Räume des Daseins.

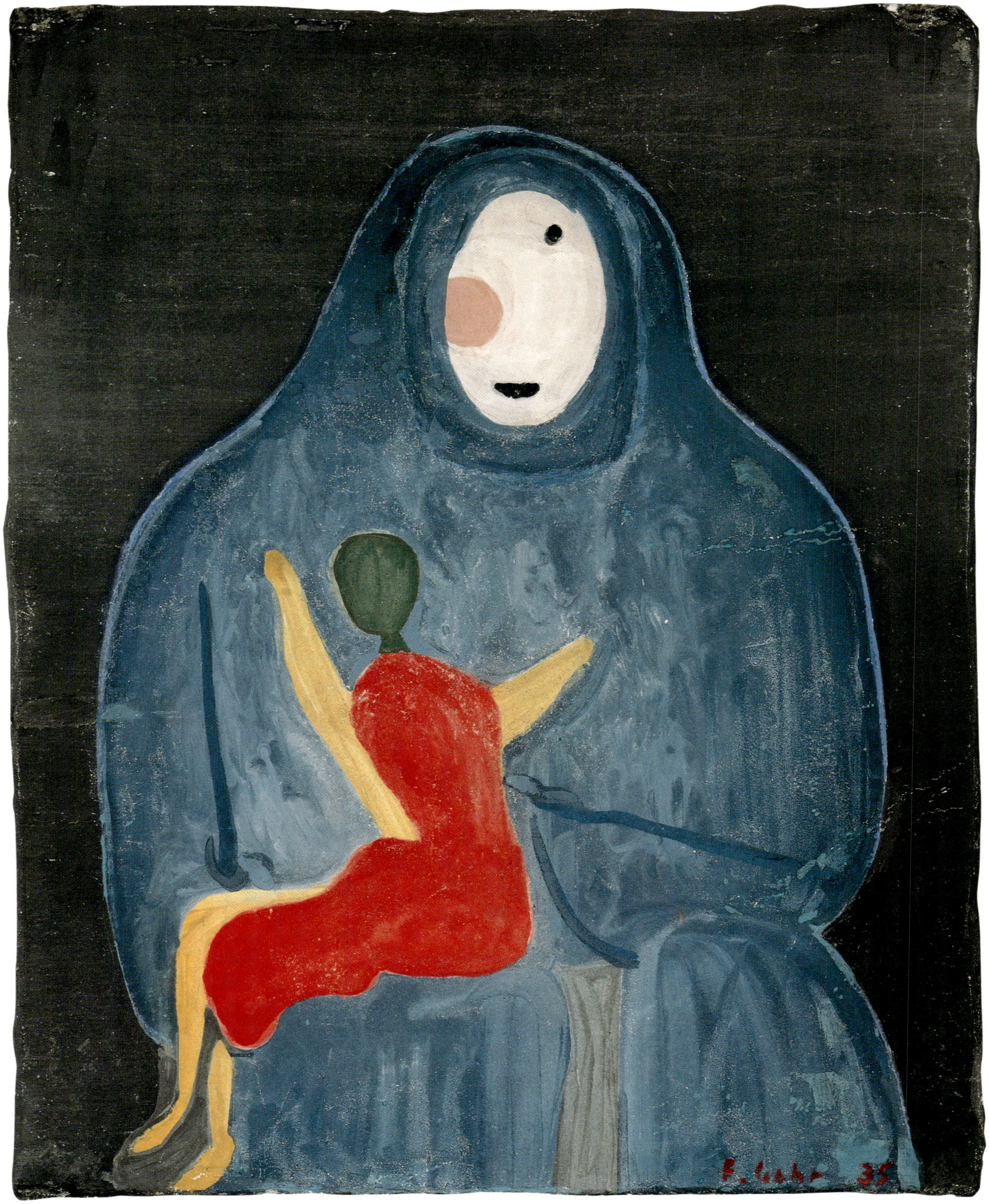
F. Gehr 35

4
Adam 1935
Fresko, 62 x 66 cm, Sammlung Andreas Gehr

In naiv anmutender Einfachheit steht Adam in einer leuchtenden Landschaft. Sein ausgestreckter rechter Arm zeigt auf eine stilisierte Blume, der linke weist zum Himmel. Schwarz-weisse Flecken symbolisieren die Begriffe, die Adam den Pflanzen und Lebewesen als Namen zuordnet: «Gott, der Herr, formte aus dem Ackerboden alle Tiere des Feldes und alle Vögel des Himmels und führte sie dem Menschen zu, um zu sehen, wie er sie benennen würde. Und wie der Mensch jedes lebendige Wesen benannte, so sollte es heissen.» (Genesis 2,19)
Der blau-gelbe Bildgrund, der Baum der Erkenntnis, die Blumen, das tierähnliche Wesen und der bunte Vogel in der Baumkrone sind in intensiver Farbigkeit körperlos flächig dargestellt. Was Wassily Kandinsky zur naiven Malerei von Henri Rousseau bemerkte, trifft auch auf Gehrs Fresken der dreissiger Jahre zu: «Der Künstler, der sein ganzes Leben in vielem dem Kinde gleicht, kann oft leichter als ein anderer zu dem inneren Klang der Dinge gelangen.» [1]

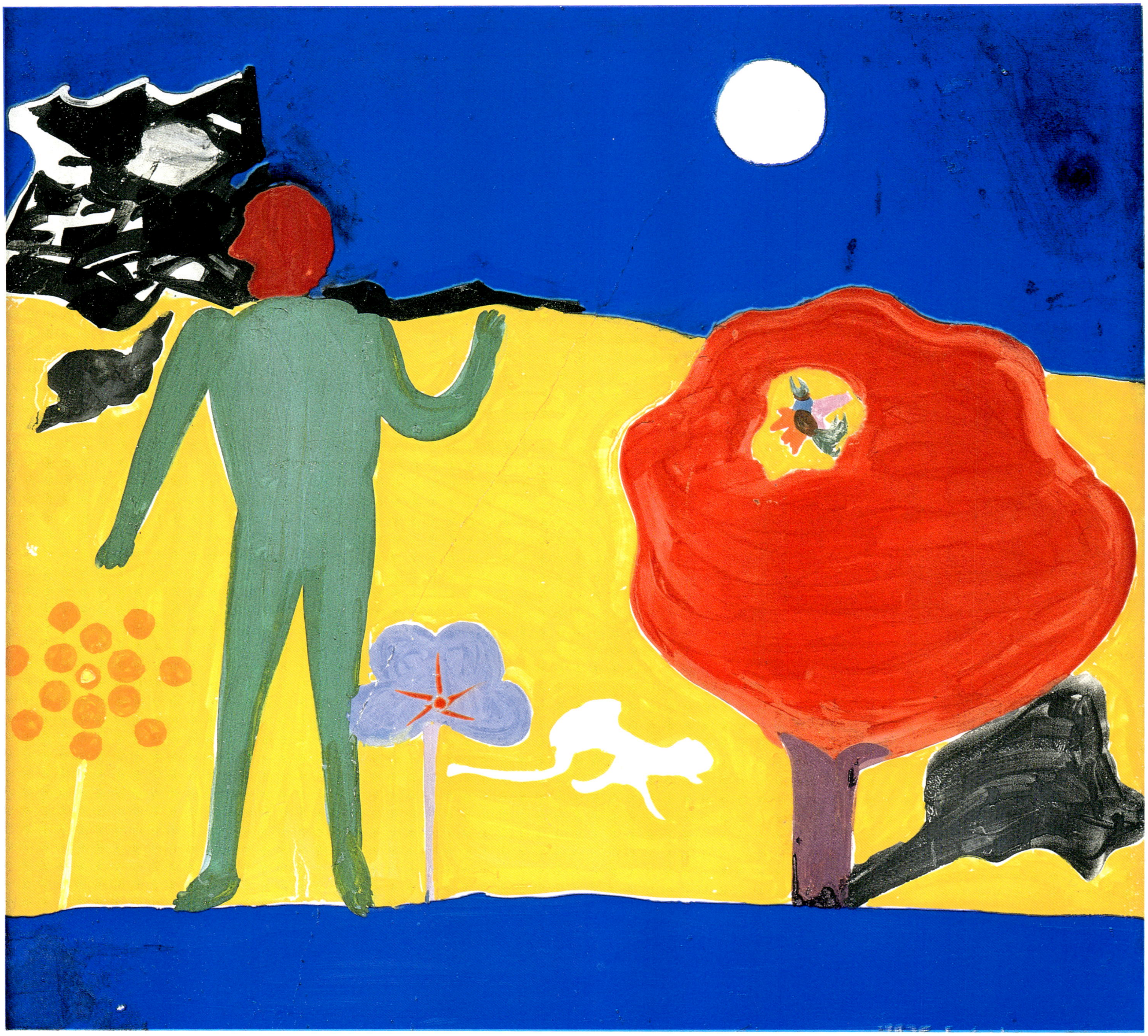

4
Adam 1935
Fresko, Ausschnitt

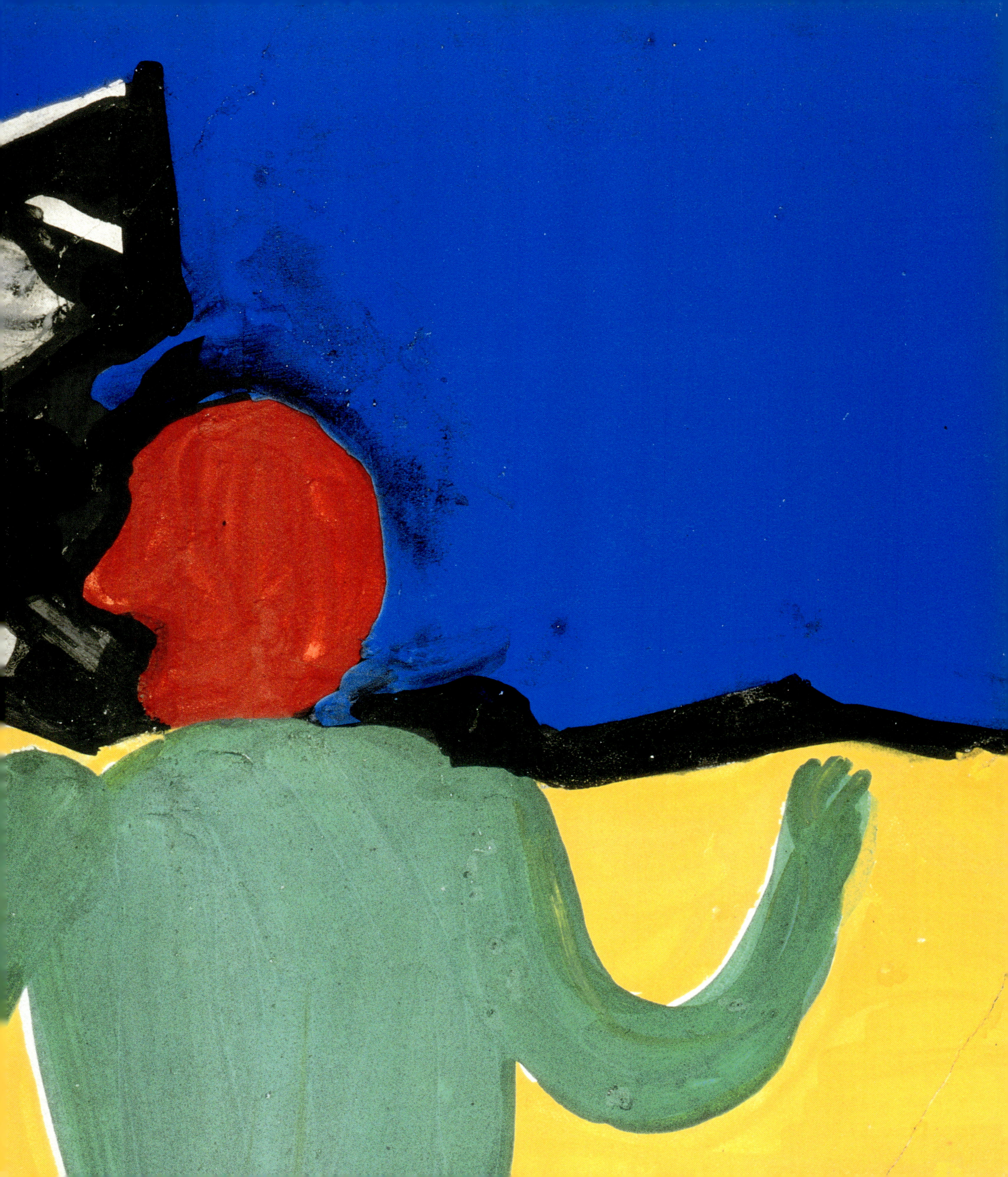

5

Menschwerdung 1936

Fresko, 60 x 74 cm, Kunstmuseum St.Gallen

Mit seiner Symbolsprache vermag Gehr komplexe Themen wie Menschwerdung und Auferstehung, Geburt und Tod, Wachsen und Vergehen verständlich zu gestalten. In verschiedenen Versionen setzte er sich mit der *Menschwerdung* auseinander. Die Fassung von 1936 zeugt von einer künstlerischen Freiheit und Gelöstheit, die in der damaligen Schweizer Malerei kaum Vergleichbares finden.
Unzählige farbige Punkte symbolisieren den Kosmos. Ein sichelförmiger glühender Bogen, der von einer roten Scheibe ausgeht, verbindet den Himmel mit der Erde. Im Alten Testament erwähnt Gott den Bogen als Verbindung der zwei Sphären: «Meinen Bogen setze ich in die Wolken; er soll das Bundeszeichen sein zwischen mir und der Erde.» (Genesis 9,13) Das Zeugnis dieses Bundes stellt die Menschwerdung Christi dar.
Die leuchtende Frische der Farbpalette unterstreicht den Kontrast zur Dunkelheit der Erde und verleiht der kühnen Komposition einen musikalisch-poetischen Charakter, der auch allen folgenden Versionen der *Menschwerdung* eigen ist.

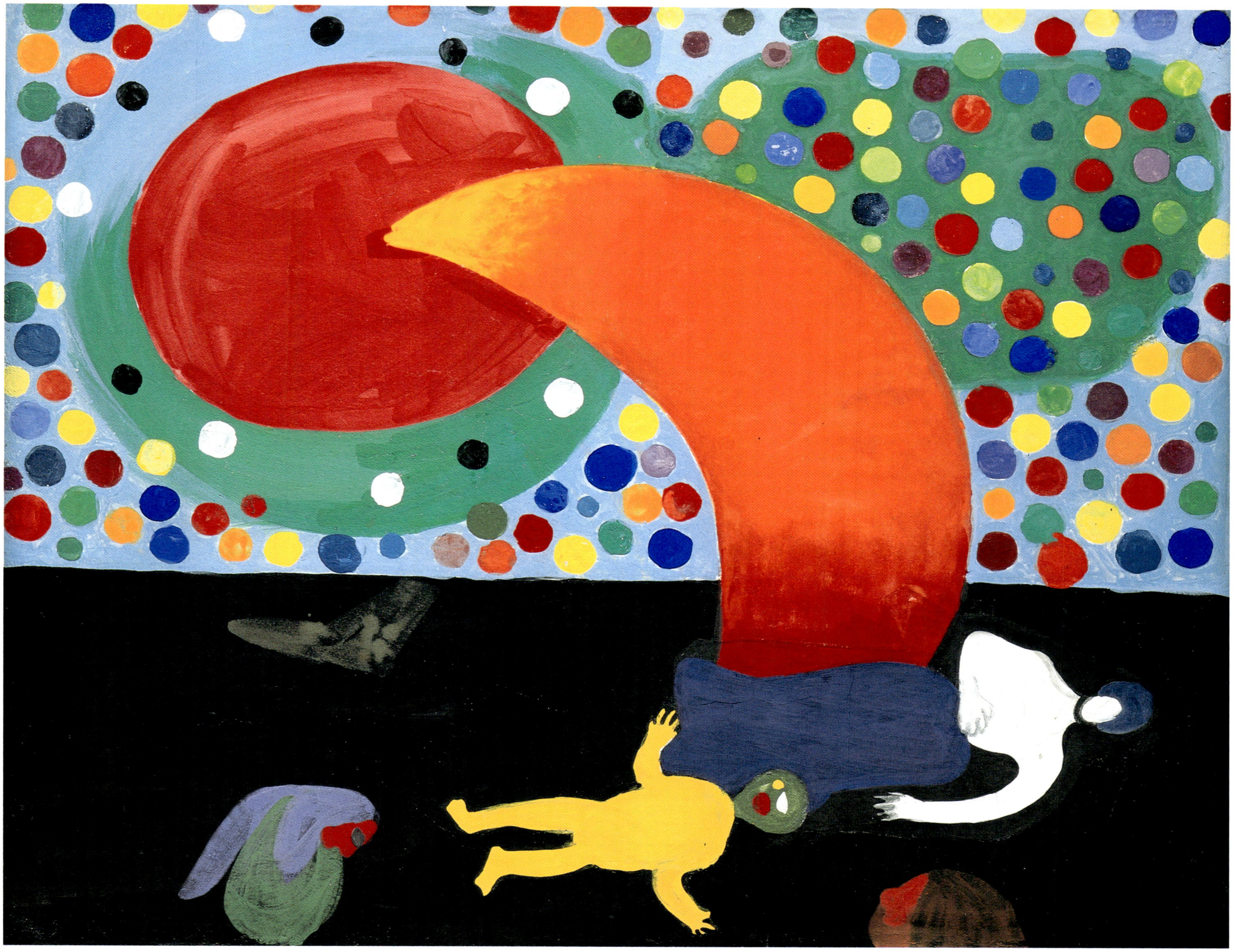

Mann–Frau–Gott I 1936

Fresko, 32 x 27,5 cm, Privatbesitz

«Gott schuf also den Menschen als sein Abbild; als Abbild Gottes schuf er ihn. Als Mann und Frau schuf er sie.» (Genesis 1,27) Verschiedenheit und Polarität der beiden Geschlechter sind in der Schöpfungsgeschichte begründet. Darauf nimmt das kleinformatige Fresko *Mann–Frau–Gott I* Bezug. Vor einem dunklen, transparenten Blau, das die Leuchtkraft des Kolorits intensiviert, sind das menschliche Geschlecht und Gottes Gegenwart verbildlicht: «Gott ist Licht, und keine Finsternis ist in ihm.» (1 Johannes 1,5)
Mann und Frau erscheinen in spontan gemalten, einfachen Umrissen. Gehr verwendet ein hell strahlendes Gelb für den Mann, ein zartes Rosa für die Frau und ein lichtes Weiss für die Gottheit. Die archaische Knappheit der Formulierung drückt die Kraft des göttlichen Lichtes, dem sich Mann und Frau nach Johannes anvertrauen sollen, prägnant aus: «Wenn wir aber im Licht leben, wie er im Licht ist, haben wir Gemeinschaft miteinander, und das Blut seines Sohnes Jesus reinigt uns von aller Sünde.» (1 Johannes 1,7)

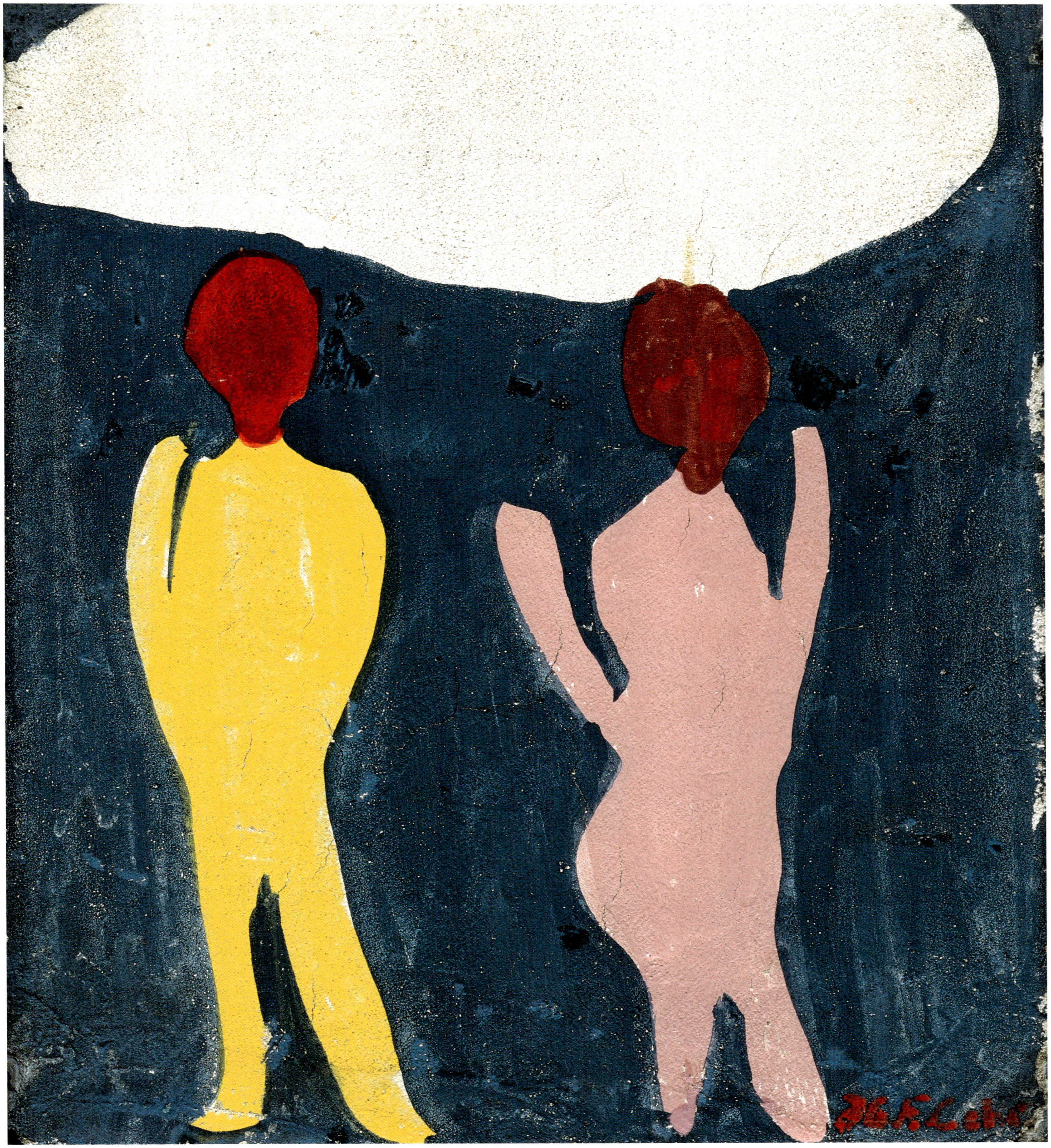

7
Eros 1937
Fresko, 64 x 49 cm, Privatbesitz

Ist es das Flügelpaar eines Schmetterlings, eine exotische Blüte,
ein buntfarbiger Fächer, eine doppelte Palette? Zwei blattartige Formen
wachsen aus einem gemeinsamen Stiel. Gehr weist in diesem Fresko
auf die sinnliche Dimension in der menschlichen Existenz hin, auf den Eros.
Dem Rot-Blau-Gelb-Akkord ordnet er das Dualitätsprinzip zu:
Die drei Grundfarben sind wie die Zweiheit von Mann und Frau.
Die harmonischen Farbklänge, die sanft geschwungenen Rundungen und
die verspielte Heiterkeit der Farbfelder vermitteln den Eindruck von
Lebens- und Sinnenfreude.

Wie seltsame Blüten kamen immer wieder von Zeit zu Zeit

Bilder an den sichtbaren Tag, reine Gebilde aus Farben und in klarer,

freier Gegenständlichkeit.

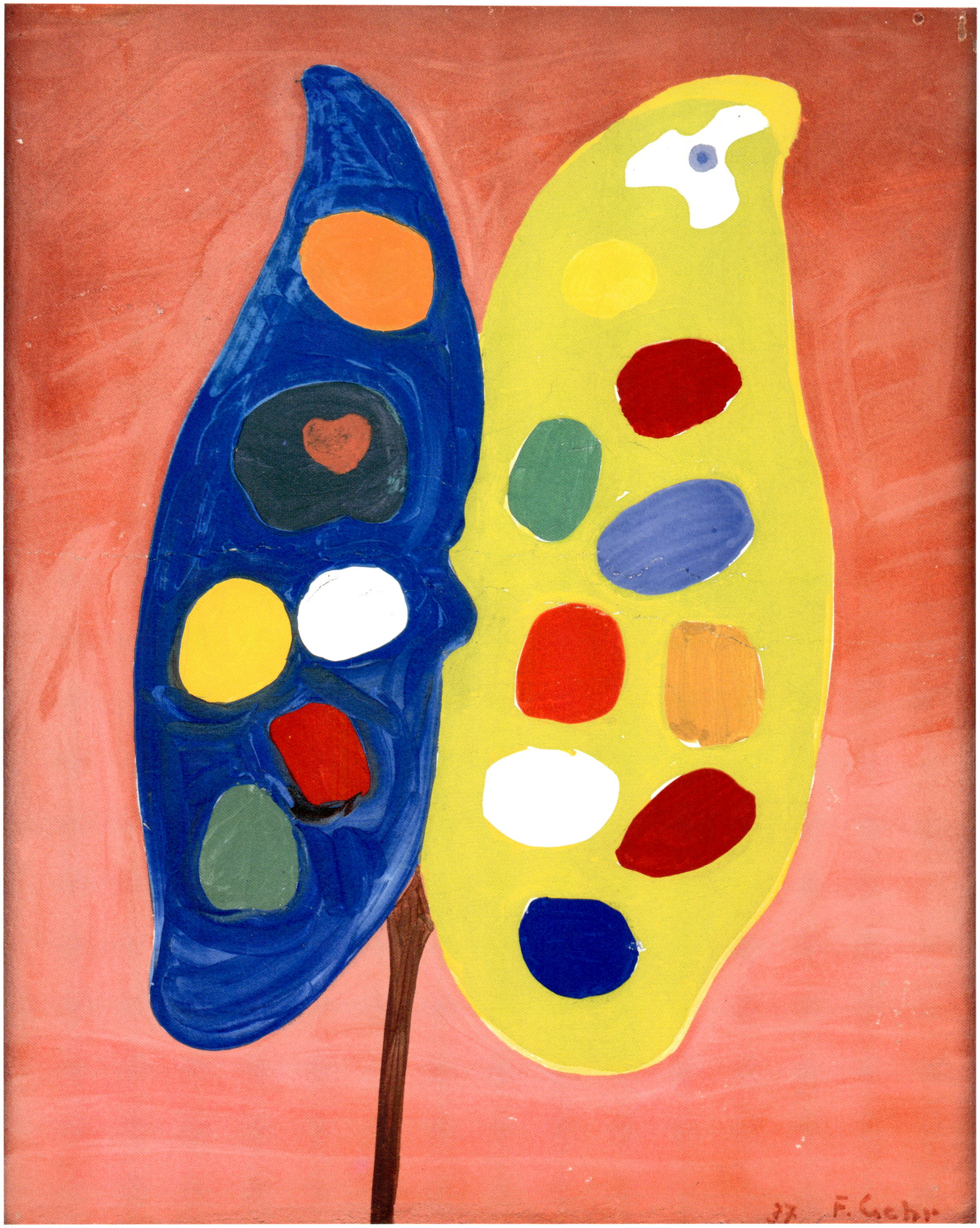
37 F. Gehr

8
Die Verlobten 1937
Fresko, 51 x 72 cm, Privatbesitz

Im Herbst 1938 heiratete Gehr in der von ihm ausgemalten Taufkapelle
in St.Gallen-Bruggen Mathilde Mazenauer. Das Glücksgefühl, das er nach
langen Jahren des Alleinseins und im Bewusstsein seiner wachsenden
künstlerischen Potenz empfindet, bringt das kleinformatige Fresko
Die Verlobten zum Ausdruck.
Auf zartbauschigen Wolken treibt ein Liebespaar dem Himmel entgegen.
Für das Sinnliche und Übersinnliche, das Triebhafte und Geistige setzte
Gehr ein ambivalentes ovales Zeichen aus den Primärfarben Rot und Gelb,
deren Mischung das Orange der Frau ergibt, während das Blau des
Mannes, um Wassily Kandinsky zu zitieren, die Assoziation des Himmels in
sich birgt: «Je tiefer das Blau wird, desto mehr ruft es den Menschen in
das Unendliche, weckt in ihm die Sehnsucht nach Reinem und schliesslich
nach Übersinnlichem.»[2]
Das Fresko weist in seiner Konzeption, seiner künstlerischen Sprache und
seinem subjektiven Charakter weit über die Kunst der dreissiger Jahre
hinaus.

Ich lebte damals in einer glücklichen Zeit, das innere Leben war

mit dem äusseren völlig im Einklang. In den Bildern war das reine Dasein

eingefangen. [...] Die dreissiger Jahre waren also für mich zu einer

Erfüllung geworden in Bezug auf die Malerei. Sie sollten mir aber auch

noch die Erfüllung des Glückes im Leben werden.

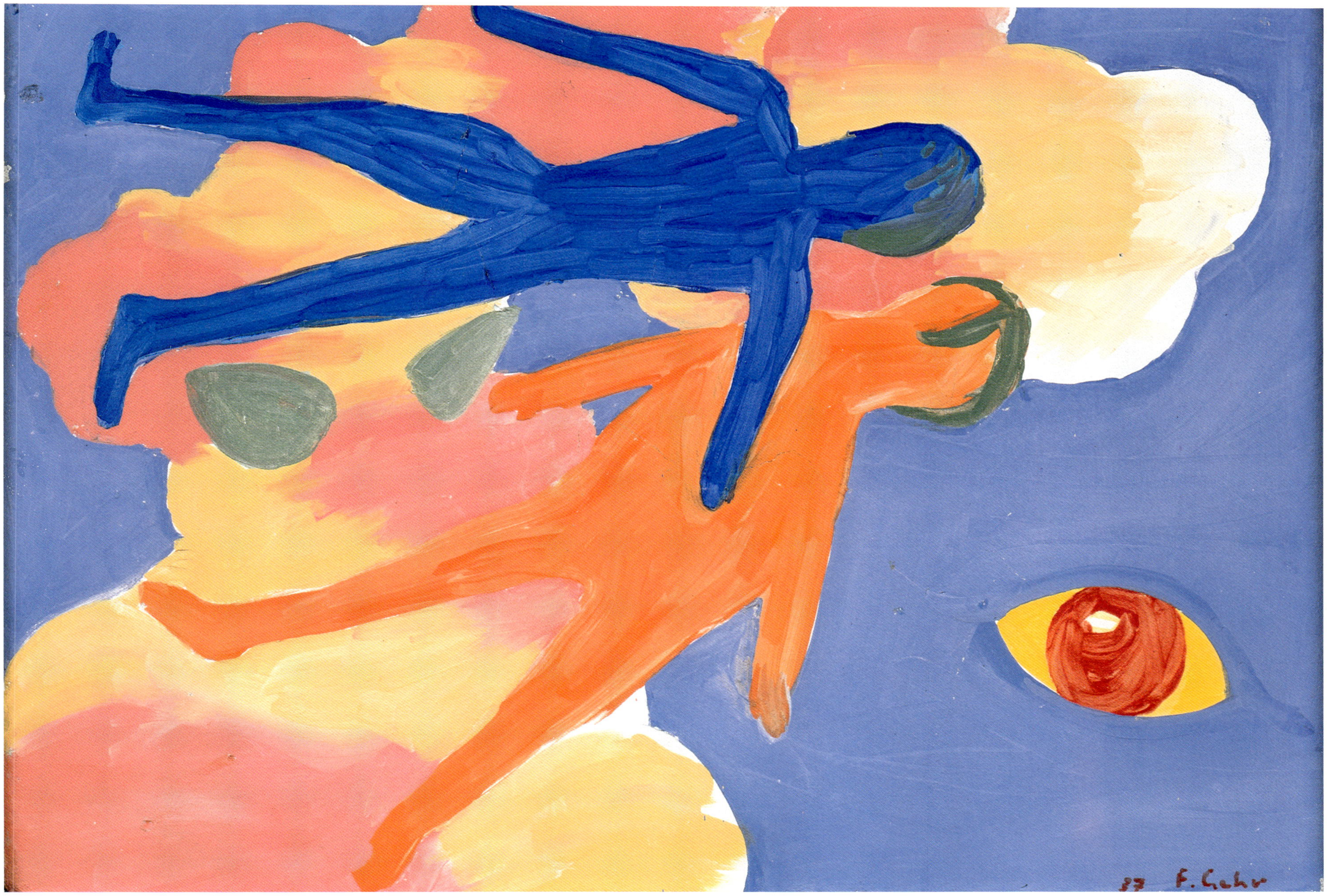
F. Gehr

9

Dämonenfries 1937

Fresko, Hugo Ball gewidmet, 5 Tafeln, je 32,5 x 46,5 cm, Privatbesitz

1937 schuf Gehr im Zusammenhang mit der Ausgestaltung der Taufkapelle St.Gallen-Bruggen den *Dämonenfries*, der dort als Glasgemäldezyklus vorgesehen war, doch in dieser Form nicht zur Ausführung kam.
Gehr hat den fünfteiligen Fries mit den vor Christus fliehenden Dämonen seinem zehn Jahre zuvor verstorbenen Freund Hugo Ball gewidmet, dem Dadaisten, Dichter und Kulturkritiker, der sich intensiv mit der Dämonologie auseinandergesetzt hatte.
Dem Werk von Gehr liegen Balls Aufzeichnungen in «Die Flucht aus der Zeit» zugrunde: «Nach Athanasius […] regen die Dämonen zur Verehrung der Kreatur an (Idolatrie), und zwar der tierischen. Die Kreaturverehrung, erstrecke sie sich auf Mensch, Tier oder Natur, bezeichnet er als die Folge des Abfalls vom Übersinnlichen, Geistigen, Göttlichen (von der Taufgnade). Der ‹dämonische Trug› ist der Zustand des Gefallenen; das ist es. Dieser Zustand verhindert die wahre Gotteserkenntnis.»[3]
Die Tafeln mit den tierähnlichen Wesen, die in ihrer Formensprache an Matisse, Picasso und Miró erinnern, verbildlichen die Abkehr von geistigen Werten. Sie zeigen symbolhaft reduzierte Kreaturen, hellblau in Nachtblau, grün und rot vor Weiss und lila vor schwarzem Grund: Sinnbilder menschlicher Schwächen wie Masslosigkeit, Falschheit, Dummheit und Geilheit. Durch eine auf die Mitteltafel hinführende farbenfrohe Arabeske hat Gehr sie miteinander verbunden. Um den blau-violetten Christus-Kopf, in dem mit grellen Farben die Gesichtspartien angedeutet sind, kreisen schwarze Gebilde. Der Bund mit dem Dämonischen wird durch das Schwarz symbolisiert, das auf allen Tafeln erscheint, und kontrastiert mit der Geistigkeit des leuchtenden Christus-Kopfs.

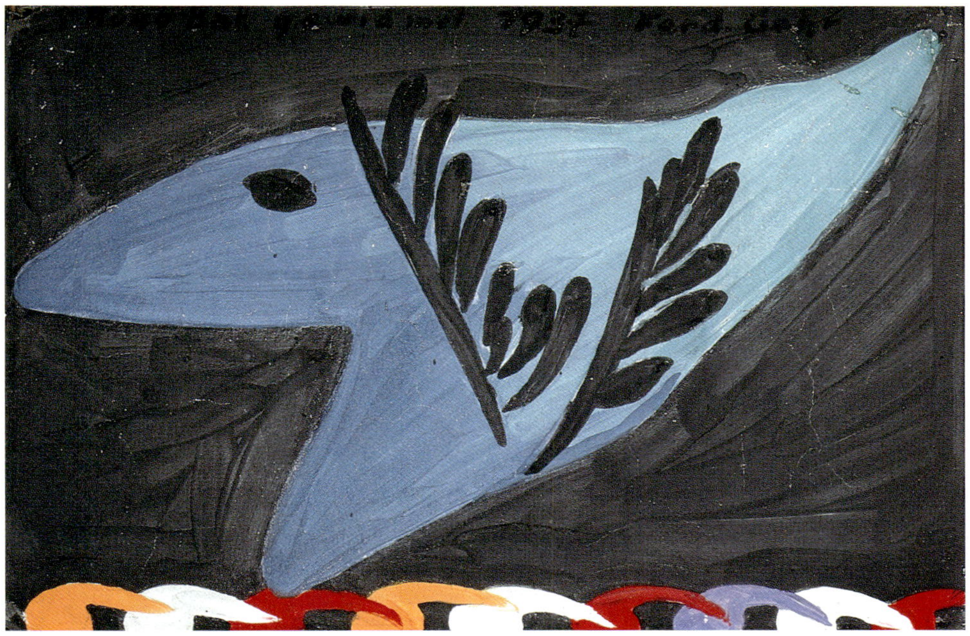

40 41

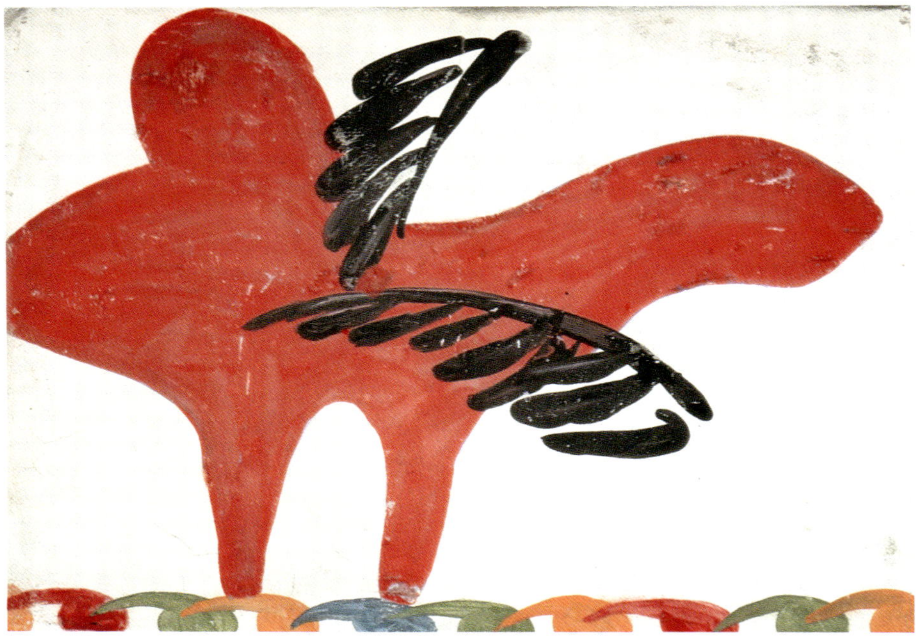

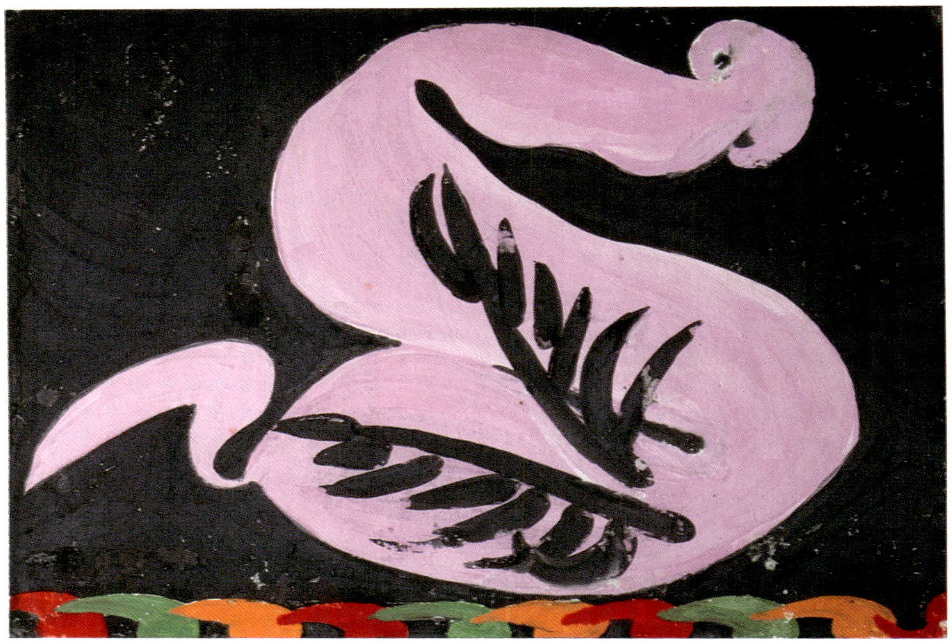

10

Häuser im Winter 1941

Fresko, 37 x 51 cm, Privatbesitz

Eine starke wechselseitige Beziehung nebeneinander gesetzter Komplementärfarben charakterisiert Gehrs frühe Landschaftsbilder. In der Darstellung *Häuser im Winter* gestaltet er die Körpervolumen der Hauswürfel allein mit unterschiedlich nuancierten Farbflächen. Tiefenwirkung entsteht durch die Staffelung der Bildelemente. Die rauchenden Kamine und das Vorherrschen des Rot-Gelb-Klanges – es sind wichtige Farben der Fauves – lassen sich als Metapher für Wärme und Geborgenheit in der dörflichen Gemeinschaft deuten. Die vertikalen Schornsteine und die aufwärts strebende Zickzackbewegung der Waldstruktur im Hintergrund werden durch die Waagrechte der schneebedeckten Dächer ausbalanciert. Die Komplementärfarben verleihen dem Bild des verschneiten Dorfes kindlich-naive Heiterkeit.

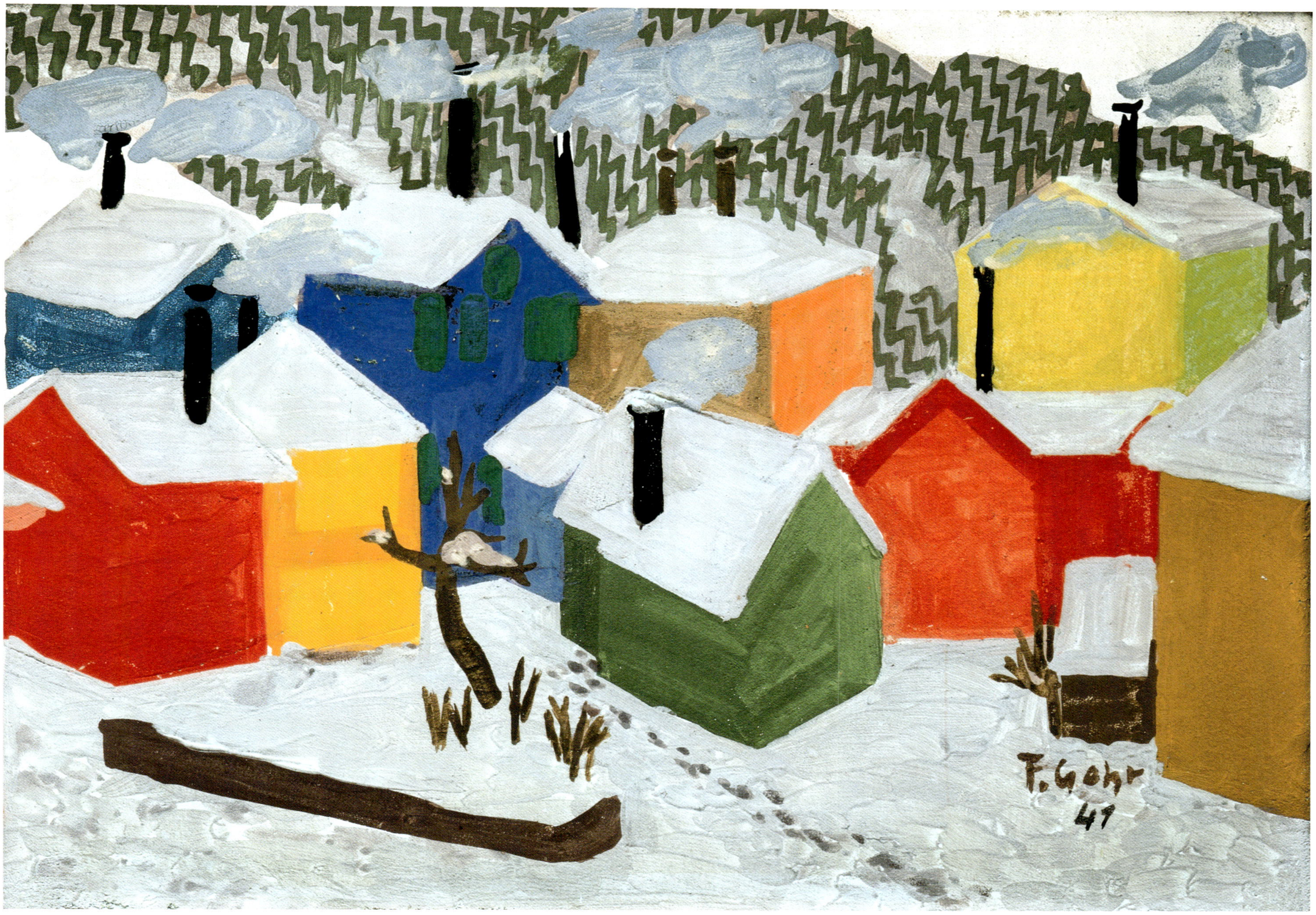
F. Gehr
41

11
Winterlandschaft 1942

Tempera auf Leinwand, 85 x 58 cm, Privatbesitz

Dem Landschaftsmotiv des vertrauten St.Galler Rheintals blieb Gehr während seines ganzen Lebens verbunden. Die Aussicht von der Anhöhe seines Atelier-Wohnhauses ob Altstätten inspirierte ihn immer wieder zu neuen Bildideen. Das vorliegende Werk gehört zu einer Serie von frühen Landschaftsbildern. Der Blick des Betrachters gleitet über eine verschneite Hügel- und Waldlandschaft hinunter ins Rheintal. Während die Schneezone im Vordergrund naturalistisch präzise wiedergegeben ist, malt Gehr den verschneiten Wald als Strichstruktur vor dunklen Flächen. Die glühend gelbe Rheintalebene erscheint in starkem Kontrast zur violetten Bergkette des Rätikons. Flächenhafte Wolkengebilde, die sich in geometrischen Formen auftürmen, verleihen der Landschaftsszenerie eine dramatische Bewegtheit und zeugen zusammen mit der expressiven Farbigkeit im Bildzentrum von Gehrs persönlichem Naturerlebnis.

F. Gehr

12
Rosen 1957
Tempera auf Leinwand, 90 x 70 cm, Privatbesitz

13
Rosen 1959
Tempera auf Leinwand, 60 x 75 cm, Privatbesitz

14
Rosen 1967
Tempera auf Leinwand, 90 x 85 cm, Privatbesitz

«Ich denke, dass es für einen wirklichen Maler nichts Schwierigeres gibt, als eine Rose zu malen, denn er muss, um dies zu tun, zuerst alle gemalten Rosen vergessen.» (Matisse)[4]

Während Gehr in den fünfziger Jahren die Plastizität der Blütenköpfe mit unterschiedlichen Farbnuancen wiedergibt und den Raum durch Vorder- und Hintergrund andeutet, reduziert er später Blüten und Blätter zu schlichten, flächigen Formen, die das Wesen und die Einmaligkeit der Blume in ihrem Umfeld zum Ausdruck bringen. Dabei findet er zu einer freien Anordnung autonomer, harmonierender Farbflächen, die, wie alle seine Naturformen, dem Schöpfungsgedanken huldigen. Gehr erschafft somit im Sinne von Matisse sein eigenes Bild der Rose.

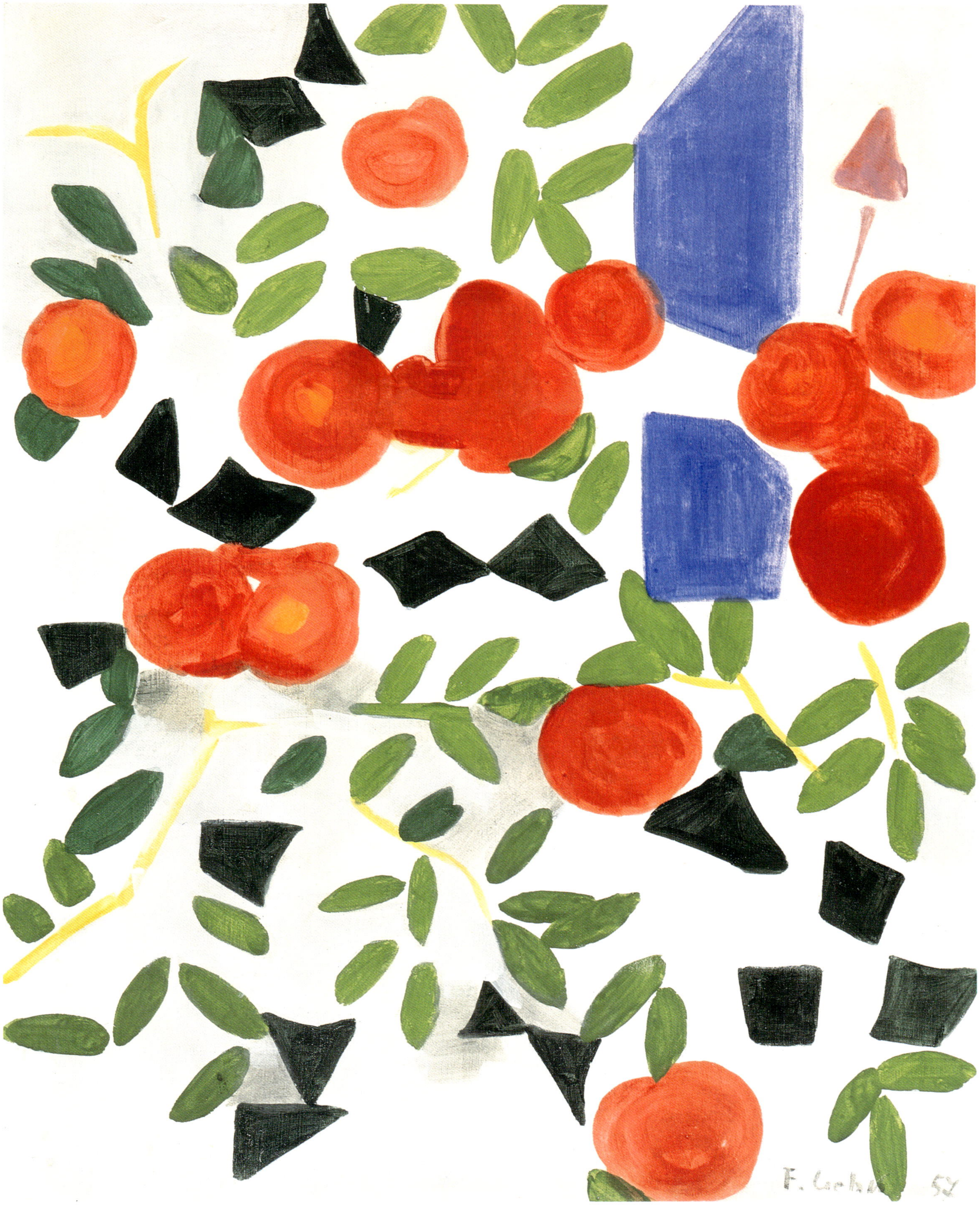

13

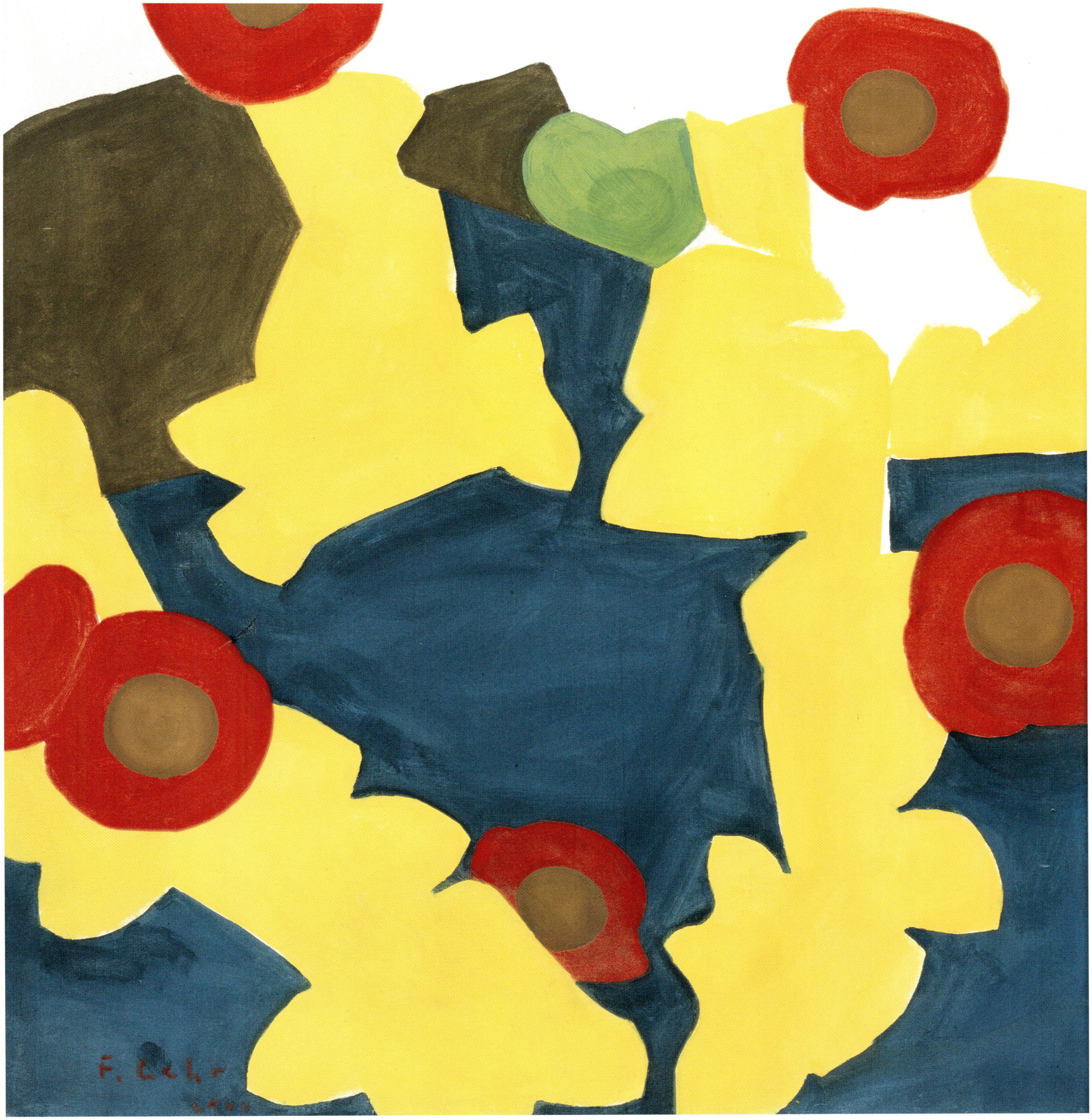

15
Akt um 1950
Fresko, 33 x 23 cm, Privatbesitz

Die frontale Darstellung und der voluminöse Torso verleihen dem kleinformatigen Fresko Monumentalität und erinnern an Georges Rouaults derbe Frauengestalten. Mit grober, malerisch freier Faktur und dunklen, tonigen Abstufungen gestaltet Gehr in dieser Vorstudie zum Temperabild *Sulamith* Körperlichkeit, die jedoch in der Fassung von 1951 (Seite 54) einer farbigen Flächigkeit weicht.
Während zum Beispiel Edgar Degas in seinen Akten das Momentane alltäglicher Verrichtungen vor Augen führt, verleiht Gehr dem nackten weiblichen Körper Zeitlosigkeit. Beiden Künstlern gelingt es auf ihre Weise, die Freude an der Sinnlichkeit des weiblichen Körpers für den Betrachter spürbar zu machen.

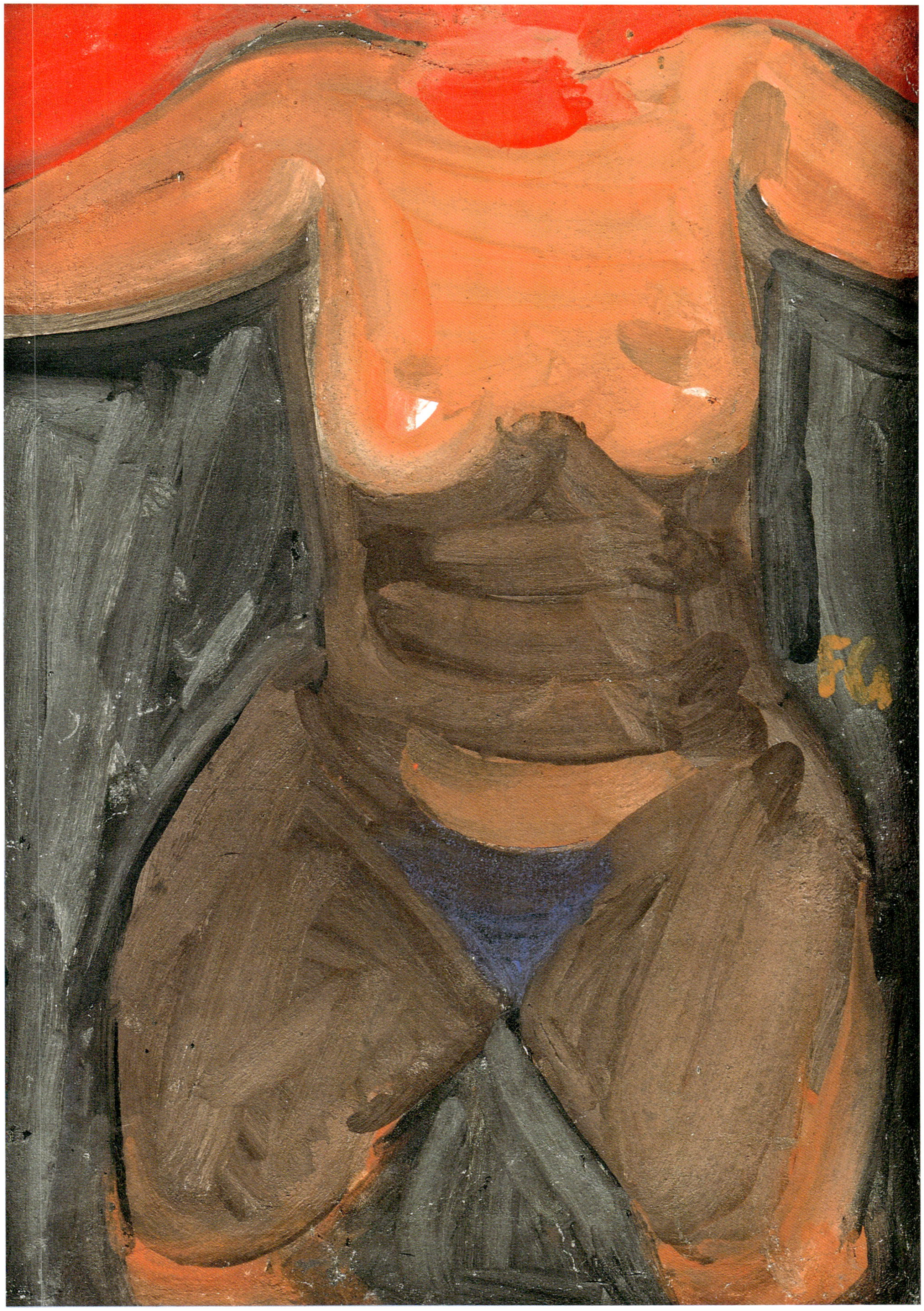

16
Sulamith I 1951
Tempera auf Leinwand, 108 x 92 cm, Privatbesitz

17
Sulamith III 1988
Tempera auf Leinwand, 100 x 120 cm, Privatbesitz

Die schwarze, nackte *Sulamith* – «Dunkel bin ich, aber doch lieblich, ihr Töchter Jerusalems» – scheint in tänzerischer Pose innezuhalten. «Wende dich hin! Wende dich her!», frohlockt Salomo, ihr Geliebter, im Hohen Lied der Liebe. Stilisierte Lilien auf rotem Grund antworten den weissen Flächen im Kopf- und Beckenbereich: «Dein Schoss ist ein rundes Becken, Würzwein mangle ihm nicht. Dein Leib ist ein Weizenhügel, mit Lilien umstellt.» Die goldene Sichel des Halbmonds im dunklen Blau der Nacht spiegelt die magische Schönheit Sulamiths: «Wer ist, die da erscheint wie das Morgenrot, wie der Mond so schön, strahlend rein wie die Sonne, prächtig wie Himmelsbilder?» Der rote Apfel in der Hand der Braut symbolisiert die verführerische Kraft der Liebe: «Die Liebesäpfel duften; an unserer Tür warten alle köstlichen Früchte, frische und solche vom Vorjahr; für dich hab' ich sie aufgehoben, Geliebter.» Sanft berührt der Bräutigam in *Sulamith III* die Brüste, wobei die Frau voller Leidenschaft ausruft: «Jauchzen lasst uns, deiner uns freuen, deine Liebe höher rühmen als Wein. Dich liebt man zu Recht.»
Beiden Fassungen gemeinsam ist die unmittelbare Sinnenfreude. Der Mond ist in *Sulamith III*, einer Tagszene, zur Sonnenkugel geworden, der Apfel zu einem Apfelbaum.

Lesen wir das Hohe Lied, so stehen die rein sinnlichen Bilder in uns auf.

Die Frau, die wir kennen oder in uns spüren.

16

17

18
Wald 1953
Tempera auf Leinwand. 90 x 76 cm, Privatbesitz

Seit Ende der vierziger Jahre ist die Waldlandschaft während rund
eines Dezenniums ein wichtiges Motiv in Gehrs Naturdarstellungen.
Die Grundstruktur bilden stets farblich dominante Senkrechte,
die als flache Baumstämme ins Bild gesetzt werden. Ihre Kronen sind
als monochrome Flächen über den Stamm gelegt.
Im vorliegenden Werk werden die roten Senkrechten durch eine horizontale
Schichtung von dunkelblauen Flächen im Vordergrund ausbalanciert.
Oben wird der Blick in eine lichte Ferne geführt. Gehr verwandelt den
Waldausschnitt in autonome farbige Rhythmen, die er *aus dem Natürlichen
ins Geistige* erheben will.

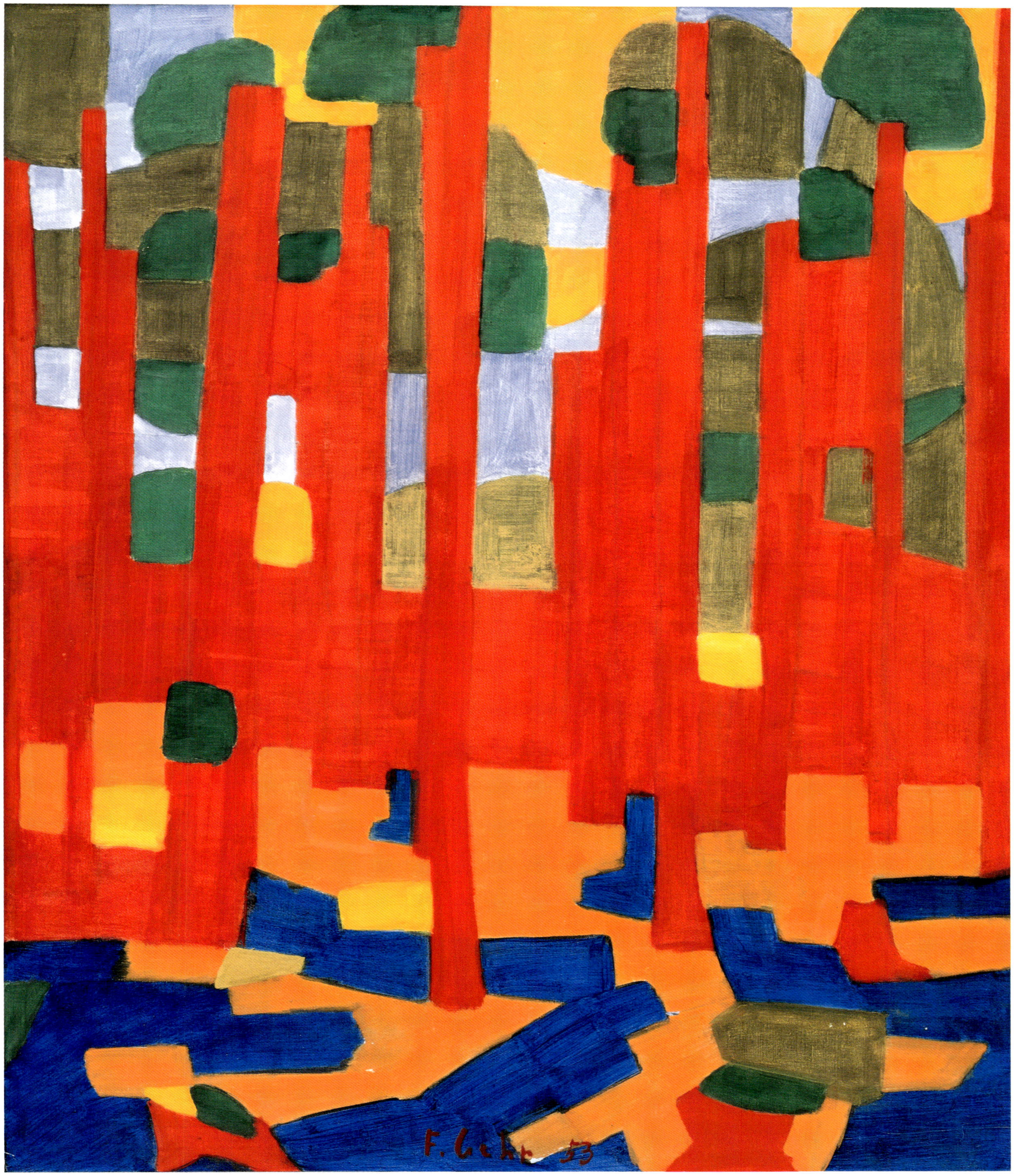
F. Gehr 53

19
Landschaft 1955
Tempera auf Leinwand, 95 x 120 cm, Privatbesitz

In dieser frühen Landschaft überrascht Gehr durch eine radikale
geometrische Vereinfachung der Bildmittel. Das Gegenständliche deutet er
nur vage an, so dass der Betrachter zu assoziativen Lesarten animiert wird.
Im Spannungsverhältnis von Konkretem und Abstraktem manifestiert
sich eine übersinnliche Dimension, wobei man beim genauen Betrachten
vertraute Motive aus Gehrs Schaffen wie Haus, Landschaft und Figur
erkennen kann.

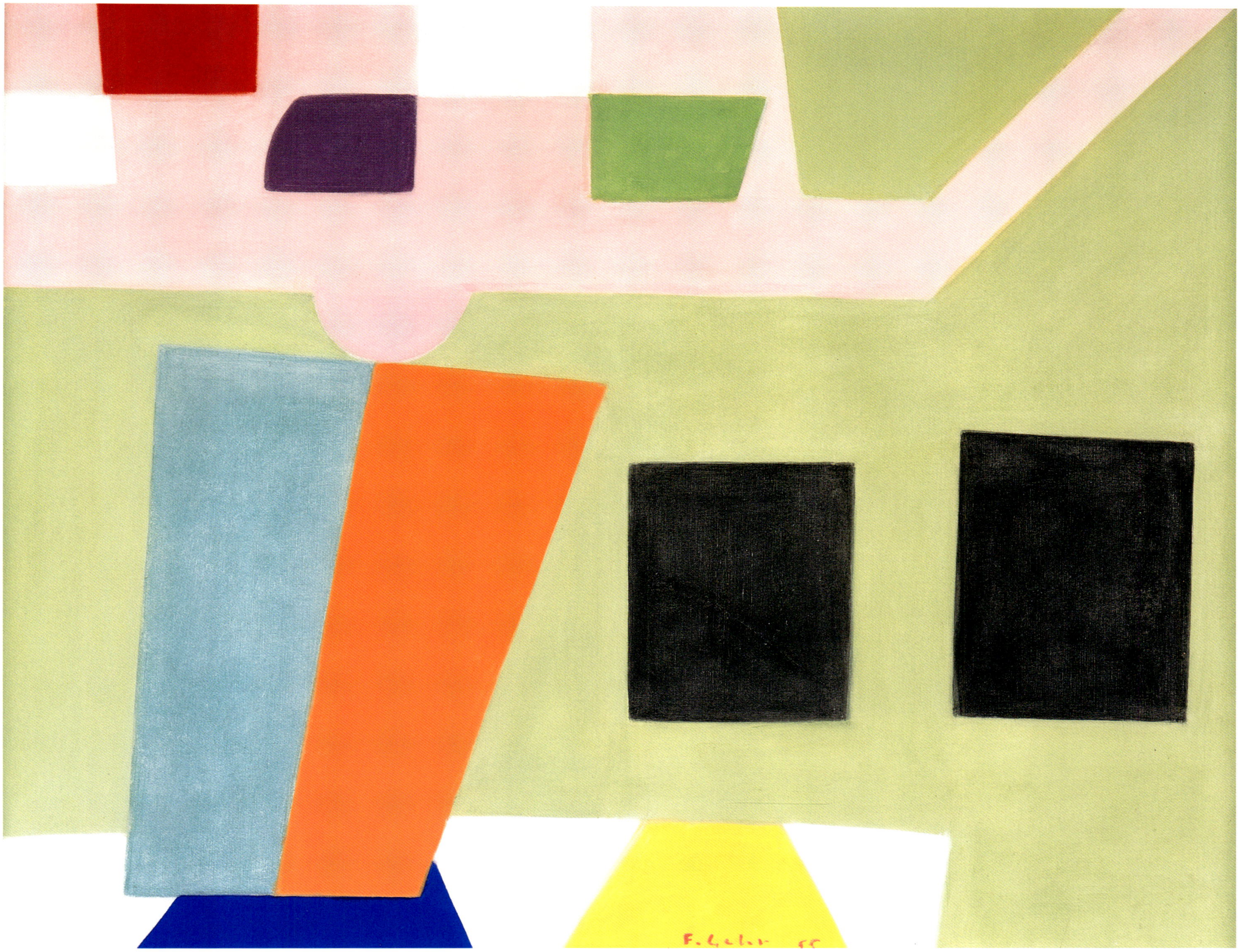
F. Gehr

20

Tanzendes Mädchen 1956

Fresko, 76 x 57 cm, Privatbesitz

Das Kinderporträt ist in Gehrs Œuvre nicht sehr zahlreich vertreten. Neben einigen bemerkenswerten Holzschnitten, Aquarell- und Kohlezeichnungen seiner eigenen Kinder entstand dieses Mädchenbildnis. Auf Grund der zeitlichen Nähe und formalen Ähnlichkeit mit dem Wandbild *Schutzengel und Kinder*, das Gehr 1958 im Johanneum in Neu St.Johann schuf, darf angenommen werden, dass der Künstler auf dem vorliegenden Fresko die Wirkung von Formen und Farben einer Kinderdarstellung ausprobierte. Der spontane Pinselduktus und die auf drei Seiten angeschnittene Figur lassen eine freie Gesamtorganisation des Bildes erkennen. Rhythmisch ist das Kolorit über die ganze Komposition verteilt: Das Hellbraun der Haare wird in den Armen und Füssen wieder aufgenommen, das Violett-Blau des Himmels spiegelt sich in den Augen, und das Rot des Kleides wiederholt sich in den Lippen. Die Reduzierung der Bildmittel und die wenigen Farbakzente helfen mit, das elementare Wesen des Kindes zu charakterisieren. Das Mädchen scheint ganz in sein tänzerisches Spiel versunken.

Die Kinder Gottes nach dem Bilde des natürlichen Kindes.

Wie wünscht sich ein Vater sein Kind? Heiter, unbeschwert,

das Geschenk des Lebens ganz einpflanzend.

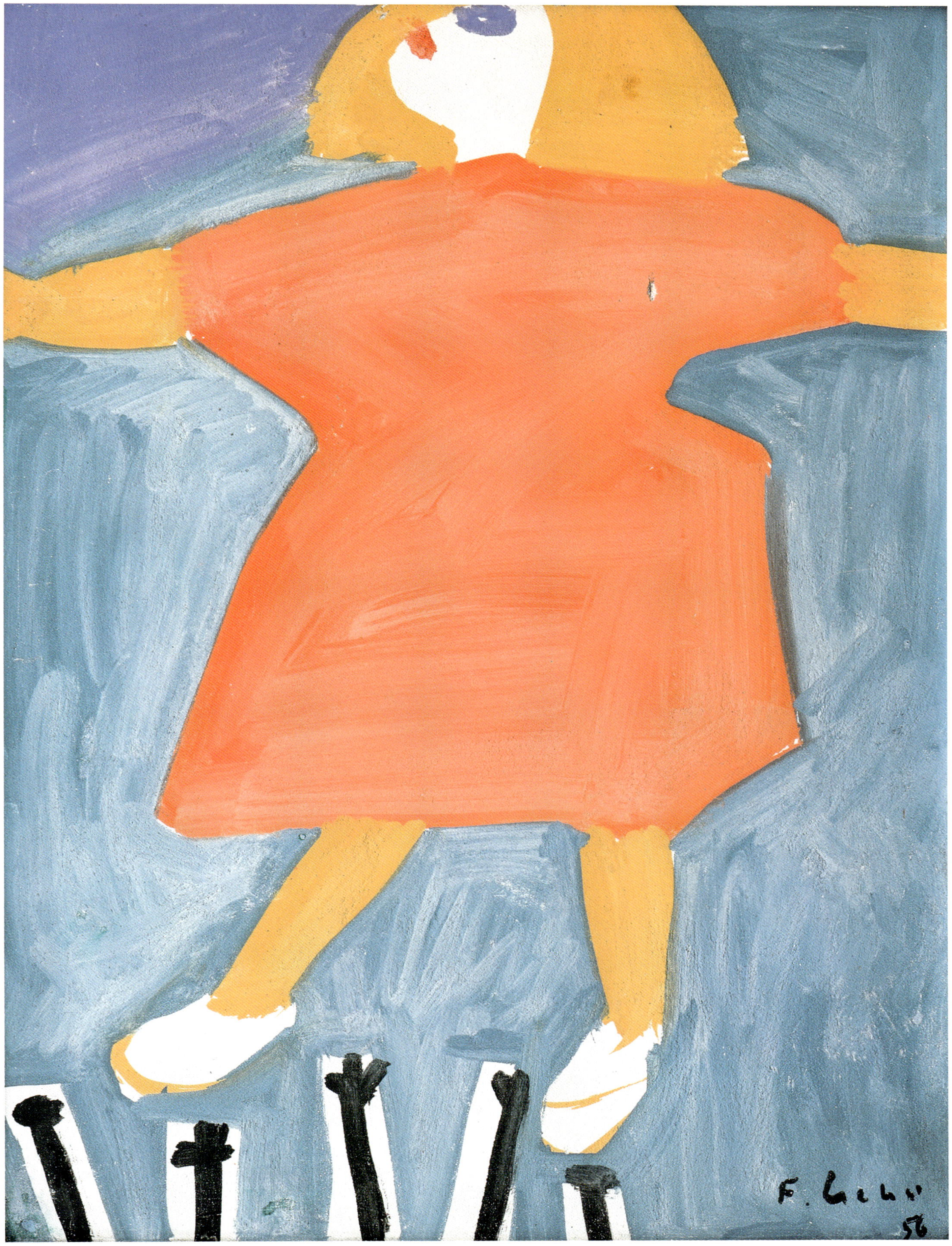

21
Mondnacht im Rheintal 1965
Tempera auf Leinwand, 100 x 120 cm,
Museum zu Allerheiligen, Schaffhausen

22
Mondlicht 1970
Tempera auf Leinwand, 100 x 130 cm, Privatbesitz

23
Abendlicht 1970
Tempera auf Leinwand, 114 x 99,5 cm, Privatbesitz

Das dominierende Gestaltungsprinzip in Gehrs expressiven Landschaften ist die Rhythmisierung der Farbflächen.
Mondnacht im Rheintal fügt grosse und kleinteilige Formen in spannungsvoller Wechselwirkung zu einem Ganzen, das *die Schönheit des Augenblicks ans Licht bringt*. Die Nachtstimmung wird durch das schwarze Quadrat links evoziert, zu dem der purpurrote Himmel mit dem leuchtenden Mond einen starken Kontrast bildet. Im Mondlicht wirkt die Landschaft wie eine Meeresfläche, aus der die Büsche und Bergketten inselartig herausragen. Ein orangefarbener Streifen bildet den magischen Horizont. Während in *Mondnacht im Rheintal* die Landschaft noch identifizierbar ist, geht es *im Mondlicht* um das Phänomen des Lichtes, das den Formen neue, abstrakte Gestalt verleiht.
Abendlicht stellt gleichsam eine Synthese von Mondnacht und Mondlicht dar. Das Auge wird zwischen zwei angeschnittenen Bäumen in die Landschaft geführt. Über dem Gold der Bäume, mit dem das Schwarz der Häuser kontrastiert, der zartgrünen Wiese und der blauen Bergkette breitet sich ein lachsfarbener Himmel aus. Das Gelb scheint in einem orangen Streifen am oberen Bildrand wieder auf.

Es [das Mondlicht] ist da, fast wirklicher als alle Möbel, und ist so still.

Gerne gibst du ihm von deinem Lebensraum, es ist etwas in dir,

das diesem gleicht.

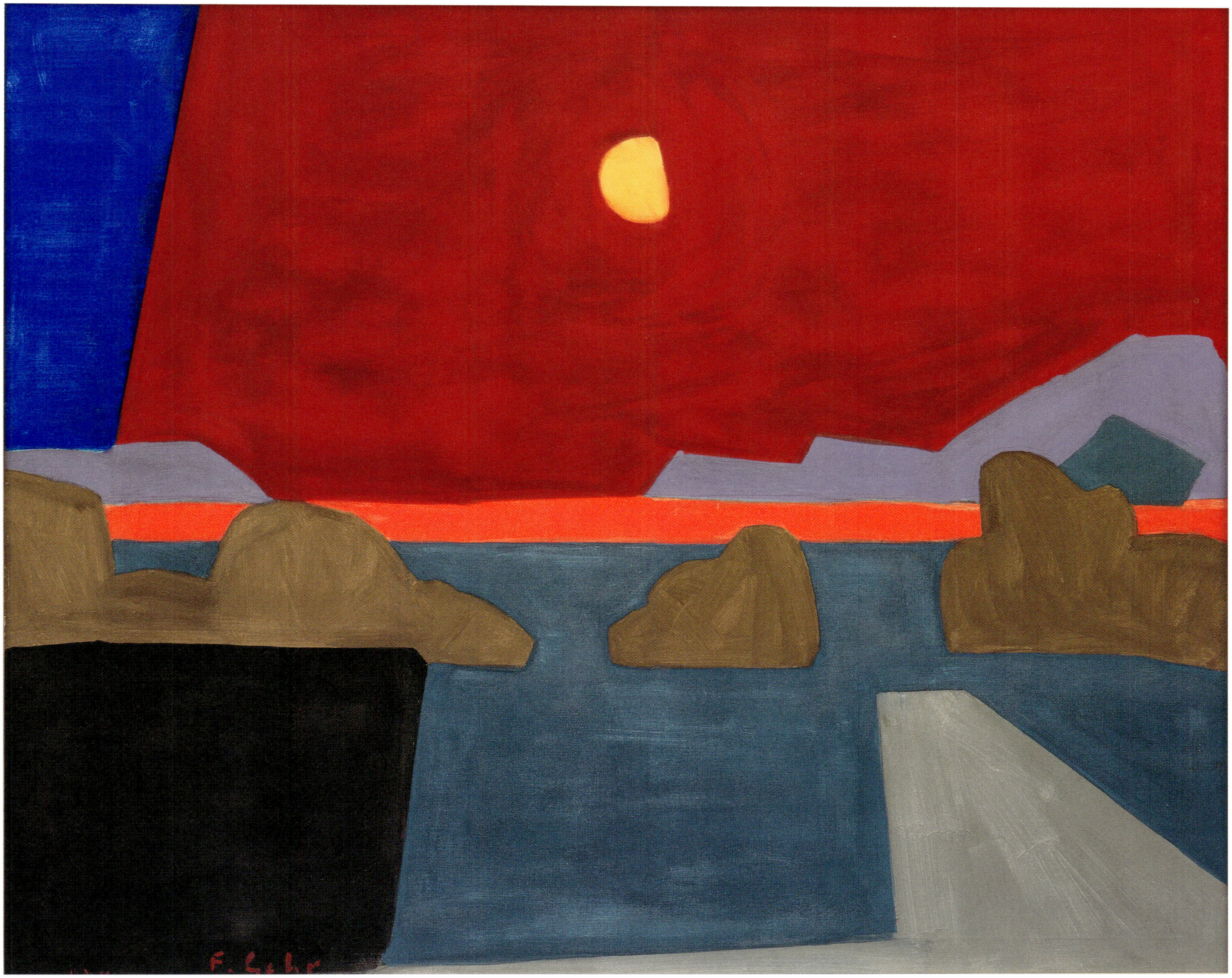

22

23

24
Menschwerdung 1965
Tempera auf Leinwand, 90 x 120 cm, Privatbesitz

In dieser Fassung setzt Gehr die folgende Stelle aus dem Apostolischen Glaubensbekenntnis in seine Bildsprache um: «Empfangen durch den Heiligen Geist, geboren von der Jungfrau Maria.» Das Gelb kennzeichnet den Ablauf der Menschwerdung, vom Heiligen Geist, symbolisiert durch das blaue Feld rechts, über die Muttergottes, die in ihren Umrissen erkennbar ist, zum Jesuskind, das links von ihr in einem Oval liegt. Über die Bildfläche verteilte kleine Figuren symbolisieren die Menschheit. Rot bedeutet die Gegenwart Gottes. Das Schwarz, das in der *Menschwerdung* von 1936 (Seite 31) die Erde bezeichnet, erscheint hier in verschiedenen Bildzonen.

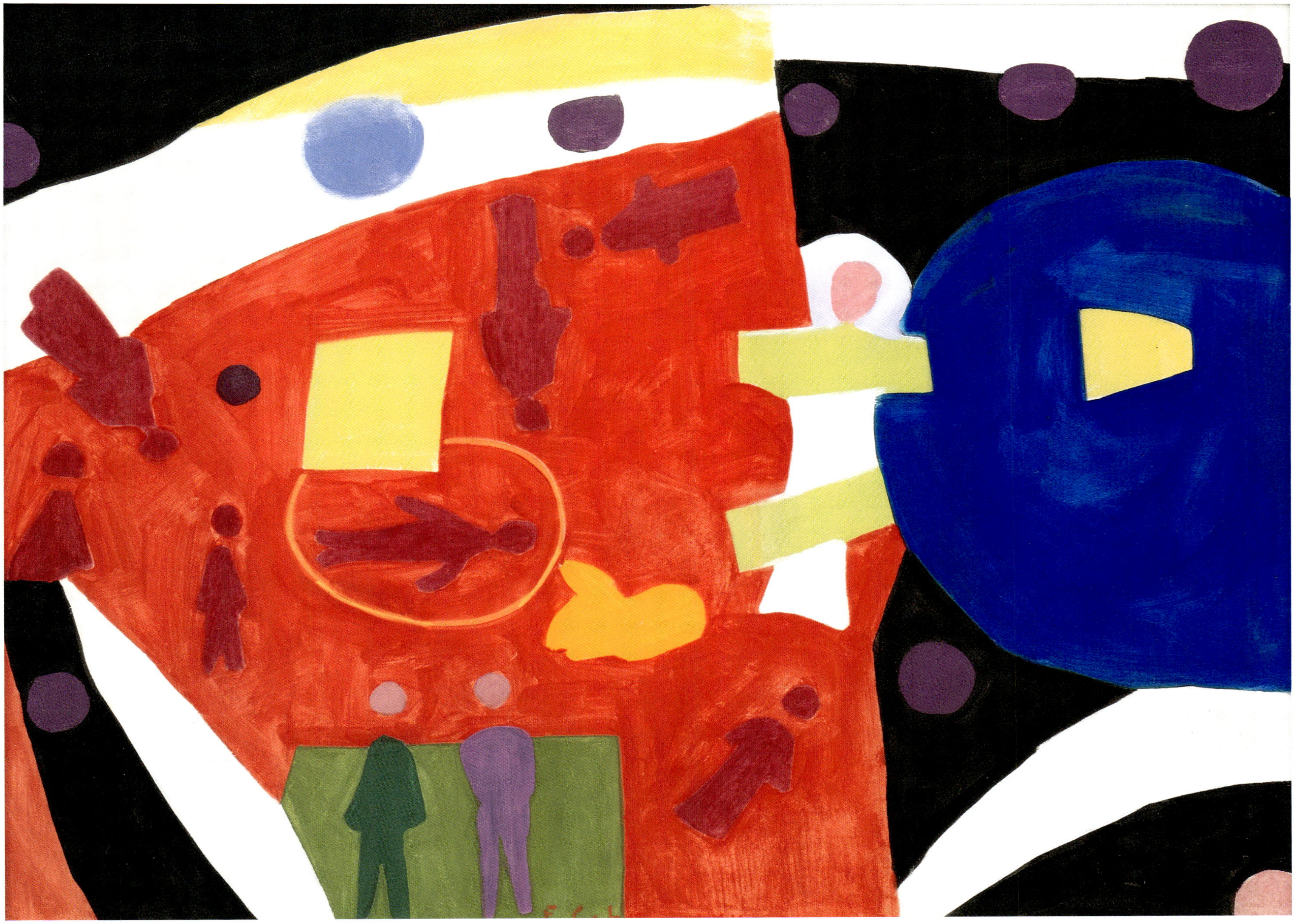

25
Verklärung Christi 1968
Tempera auf Leinwand, 100 x 90 cm, Privatbesitz

Jesus nahm Petrus, Jakobus und Johannes auf den hohen Berg Tabor, wo er beten wollte. Dort sahen die drei, wie er vor ihnen verklärt wurde: «[...] sein Gesicht leuchtete wie die Sonne, und seine Kleider wurden blendend weiss wie das Licht.» (Matthäus 17,2)
Dieses in den Evangelien beschriebene Ereignis, das den Jüngern offenbart, wie Jesus an Gottes Herrlichkeit teilhat, setzt Gehr ins Bild um, indem er die lichte Gestalt Christi in eine farbige Flächenordnung einbettet. Abstrakte Zeichen und wolkenartige Gebilde umgeben ihn.
Der Farbkontrast Dunkelblau-Weiss steigert die Leuchtkraft der hellen Flächen und lässt Jesus körperlos transparent erscheinen.

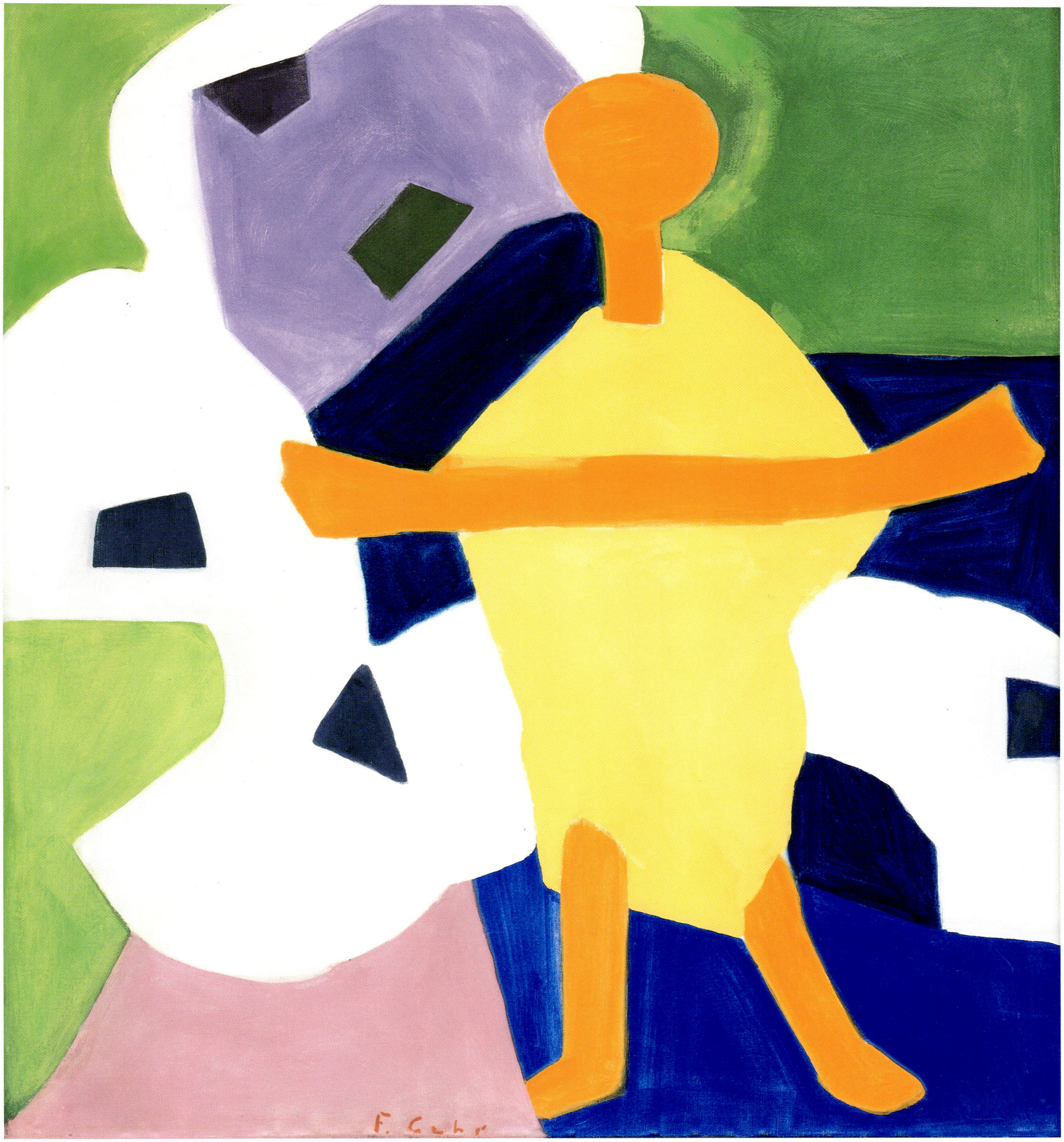
F. Gehr

Rheintal 1968

Tempera auf Leinwand, 90 x 110 cm, Privatbesitz

Der Blick gleitet von Gehrs Anwesen über eine Blumenwiese hinunter ins Rheintal. Der Naturausschnitt ist in einem satten, fein gestuften Gelb wiedergegeben, das Vorder-, Mittelgrund und Himmel kompositionell zusammenfasst. Die Tiefendimension erschliesst sich durch die Abfolge verschiedener horizontal gegliederter Zonen von Blau-Violett, Gelb und Weiss, die je in Parallele gesetzt sind. Eine Entsprechung besteht zwischen den kugeligen Bäumen im Vordergrund und den weissen Wolken sowie zwischen den punktartigen blauen Blumen in der untersten Bildzone und den braunen Häusern im Mittelgrund. Die flach gestreckte Vorarlberger Bergkette wiederum korrespondiert mit den horizontalen weissen Streifen. Die nuancierten Gelbtöne wecken die Empfindung von sommerlicher Wärme, wobei das komplementäre Blau-Violett mit seiner dumpfen Wirkung diese noch steigert.

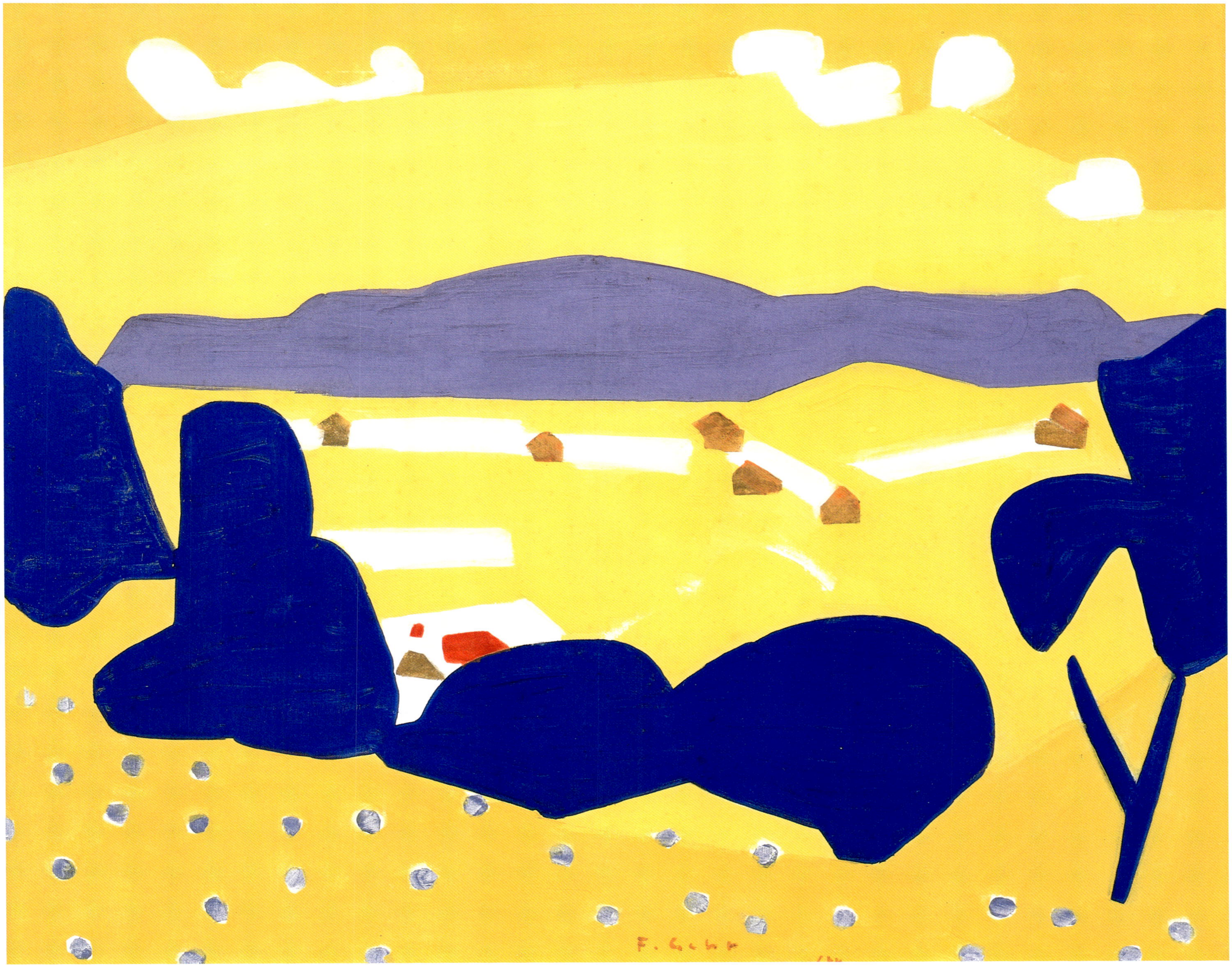
F. Gehr

27
Gottesgebärerin 1969
Tempera auf Leinwand, 92 x 116 cm, Privatbesitz

Immer wieder hat Gehr die Gratwanderung zwischen Abstraktion und Figuration unternommen. In der *Gottesgebärerin* wirken die gerundeten und spitzen Formelemente collageartig aufgeklebt.
Die Figur der liegenden Maria ist auf drei Seiten angeschnitten.
Das Schwarz der Liege und das Olivgrün der Arme wirken erdhaft, diesseitig. Das dominierende Rot des Göttlichen erstreckt sich über den Körper der Muttergottes und symbolisiert das Ungeborene, während der ausgestreckte linke Arm in die rote Bildzone ragt. In dieser leuchten drei quadratähnliche weisse Flächen, die ein auf die Dreifaltigkeit verweisendes Dreieck bilden. Ein Bezug besteht aber auch zwischen den zwei weissen Formen auf den Köpfen von Maria und dem Kind, die ihrerseits mit dem linken weissen Quadrat wiederum ein Dreieck bilden.

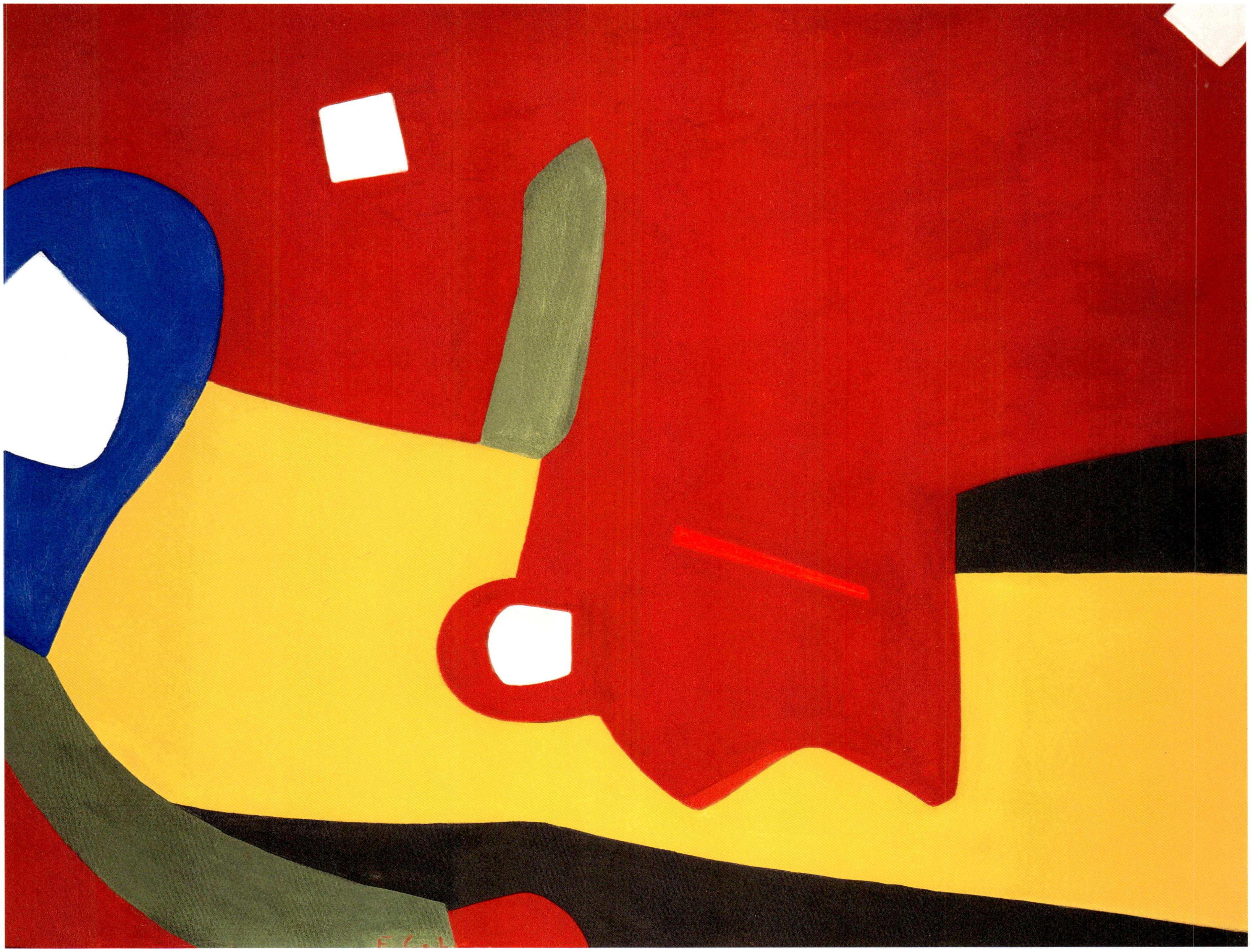

28
Tulpen 1955
Aquarell, 39 x 30 cm, Privatbesitz

29
Tulpen 1976
Aquarell, 42 x 53 cm, Privatbesitz

30
Rudbekien und Dahlie 1974
Aquarell, 50 x 65 cm, Privatbesitz

31
Phlox und Rudbekien 1972
Aquarell, 65 x 50 cm, Privatbesitz

32
Zinnie und Astern 1976
Aquarell, 54 x 42 cm, Privatbesitz

33
Sonnenblumen und Dahlien 1976
Aquarell, 54 x 42 cm, Privatbesitz

34
Pfingstrosen 1978
Aquarell, 50 x 65 cm, Privatbesitz

35
Dahlien 1980
Aquarell, 65 x 50 cm, Privatbesitz

36
Zinnien 1976
Aquarell, 67 x 51 cm, Privatbesitz

37
Dahlien 1980
Aquarell, 48 x 41 cm, Privatbesitz

38
Weisse Tulpe 1980
Aquarell, ca. 52 x 41 cm, Privatbesitz

39
Mohn 1981
Aquarell, 50 x 65 cm, Sammlung Andreas Gehr

Berührungen aus dem Unendlichen nannte Gehr seine Bilder,
die er in meditativer Stille schuf:
Um aber Gott zu vernehmen, muss der Mensch sich selber zum Schweigen bringen. [...] In der Stille kommt das Göttliche als Idee oder eine von den inneren Sinnen wahrnehmbare Vision in die Seele.
Blumen sind schon früh ein wichtiges Motiv in Gehrs Schaffen und bleiben es bis in das Spätwerk. In der spontanen Aquarelltechnik drücken sie seine Freude an der Schönheit der Schöpfung aus. Ihre Pracht soll dem Menschen – um es in Rilkes Worten auszudrücken – die Seele lösen: «Nichts ist mir zu klein und ich lieb es trotzdem und mal es auf Goldgrund und gross, und halte es hoch, ich weiss nicht wem löst es die Seele los.»[5]
Die grossformatigen Aquarellblätter zeigen einheimische Gartenblumen in transparenten Farbklängen und subtilen Harmonien. Bestimmend ist die geschlossene Form. Darin unterscheidet sich Gehr von seinem Vorbild Emil Nolde. Während dieser spontan Nass-in-Nass malt und die zerfliessende Farbe als gestalterisches Element dominieren lässt, sind bei Gehr Form und Farbe stets im Gleichgewicht. Die Bildstruktur wird gelegentlich mit wenigen Kohlestrichen vorgezeichnet und legt die ungefähre Kontur fest. Oft mildern erdfarbene Flächen und sanft geschwungenes Blattwerk den Übergang der emblemhaft hervortretenden Blüten zum weissen Papier. Und nicht selten wird das Blumenmeer in einen dunkel gestalteten Grund eingebettet, was die Leuchtkraft und transparente Farbigkeit der Blüten steigert.

28

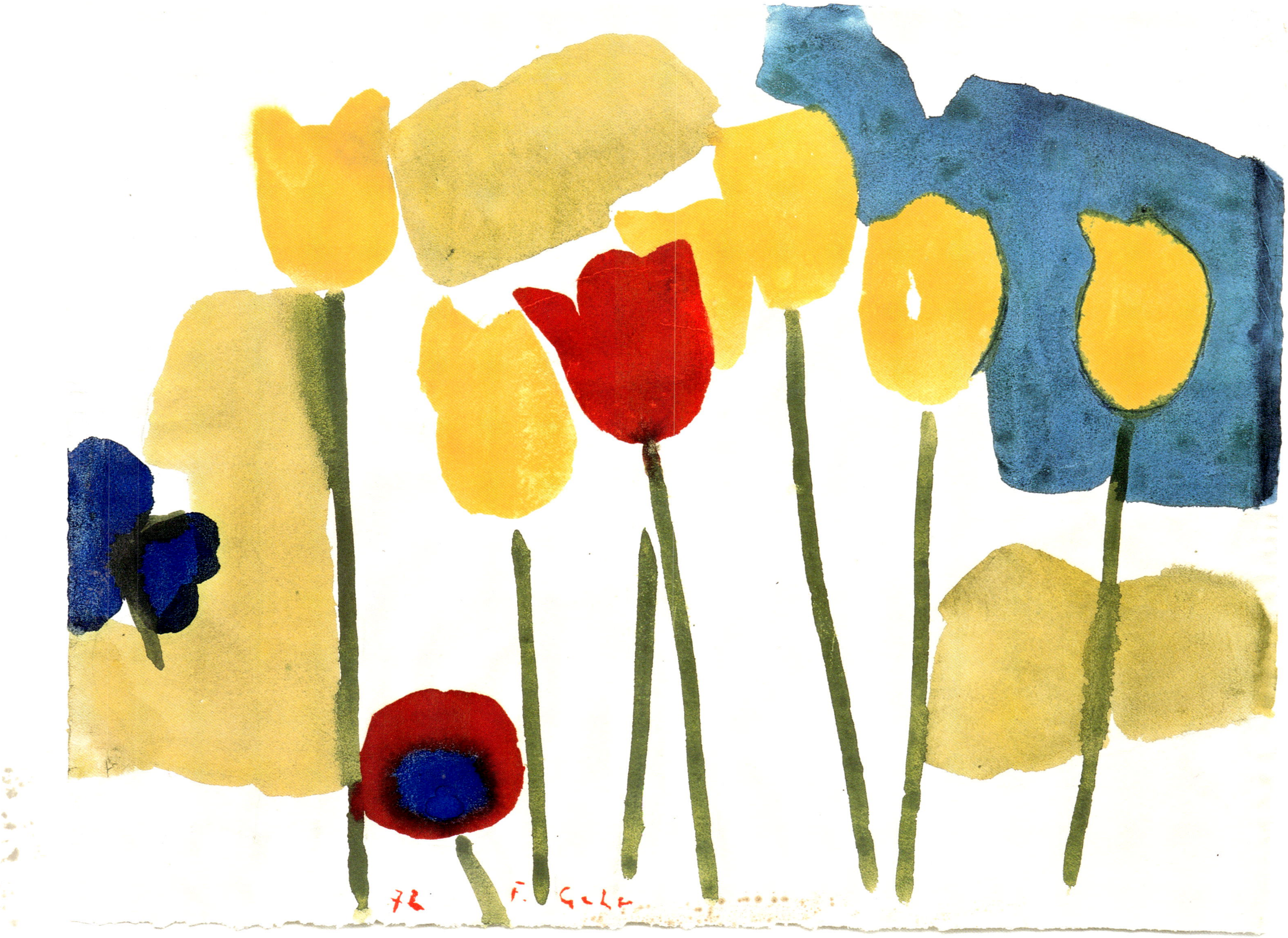

29
Tulpen 1976
Aquarell, Ausschnitt

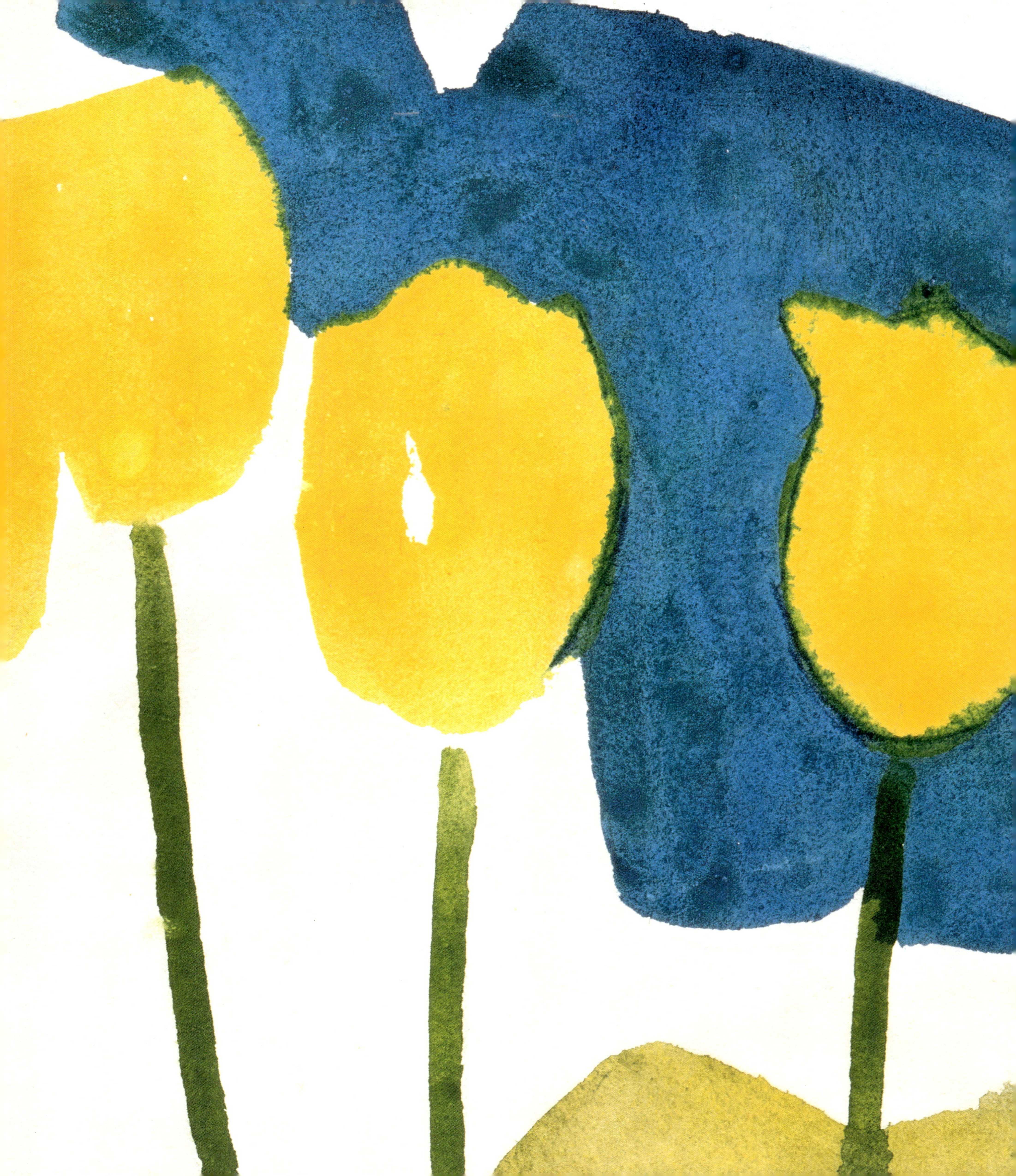

30

31

32

33

34

35

36

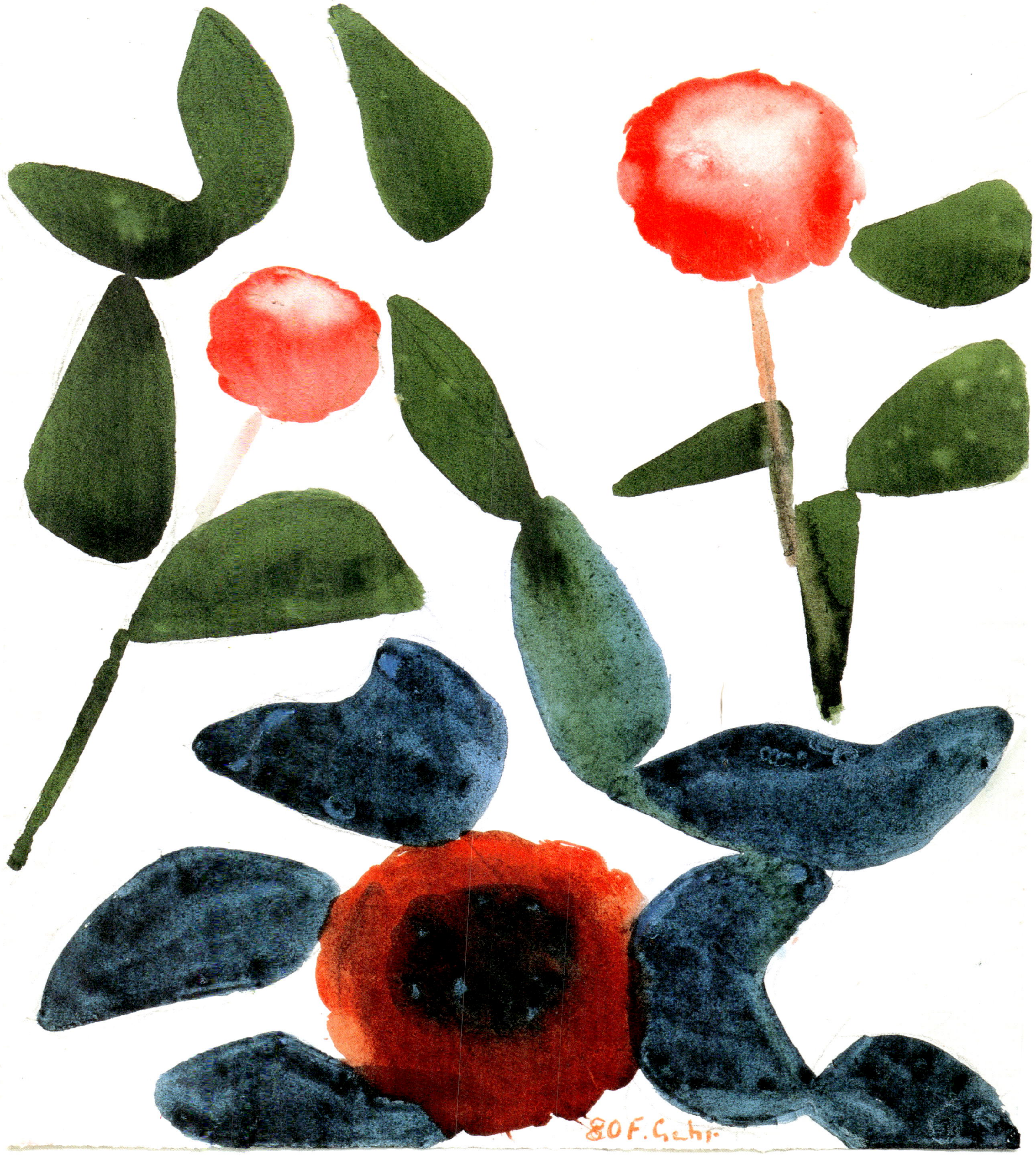
80 F. Gehr

38

39

40
Tod und Leben 1970
Tempera auf Leinwand, 120 x 110 cm, Privatbesitz

Seit den siebziger Jahren setzt sich Gehr mit dem Tod auseinander, den er stets als Einheit mit dem Leben sieht. Das Motiv wird meistens mit geometrischen Formen inszeniert. Dabei setzt der Maler Weiss und Schwarz für Leben und Tod.
Die Überlagerung von leuchtenden Farbflächen prägt im vorliegenden Werk die Bildgestaltung. Den Bezug zur Gegenstandswelt bewahrt Gehr auch in diesem abstrakten Thema. So lassen sich die drei Formen auf dem violetten Grund als toter Körper lesen. In vertikaler Anordnung ergeben dieselben Formen eine menschliche Gestalt, in deren leuchtend gelbem Kopf sich das Leibliche vergeistigt. Mit unterschiedlicher Intensität treten die Farbflächen optisch vor den schwarzen Partien hervor. Eine solche Dynamik mag als Sinnbild für den Antagonismus von Leben und Tod gelten. Die Frische der Farben und der collageartige Aufbau der Flächen erinnern an die späten Scherenschnitte von Matisse, während die meditative Bildwirkung Assoziationen zu Mark Rothkos in sich ruhenden Farbkompositionen weckt.

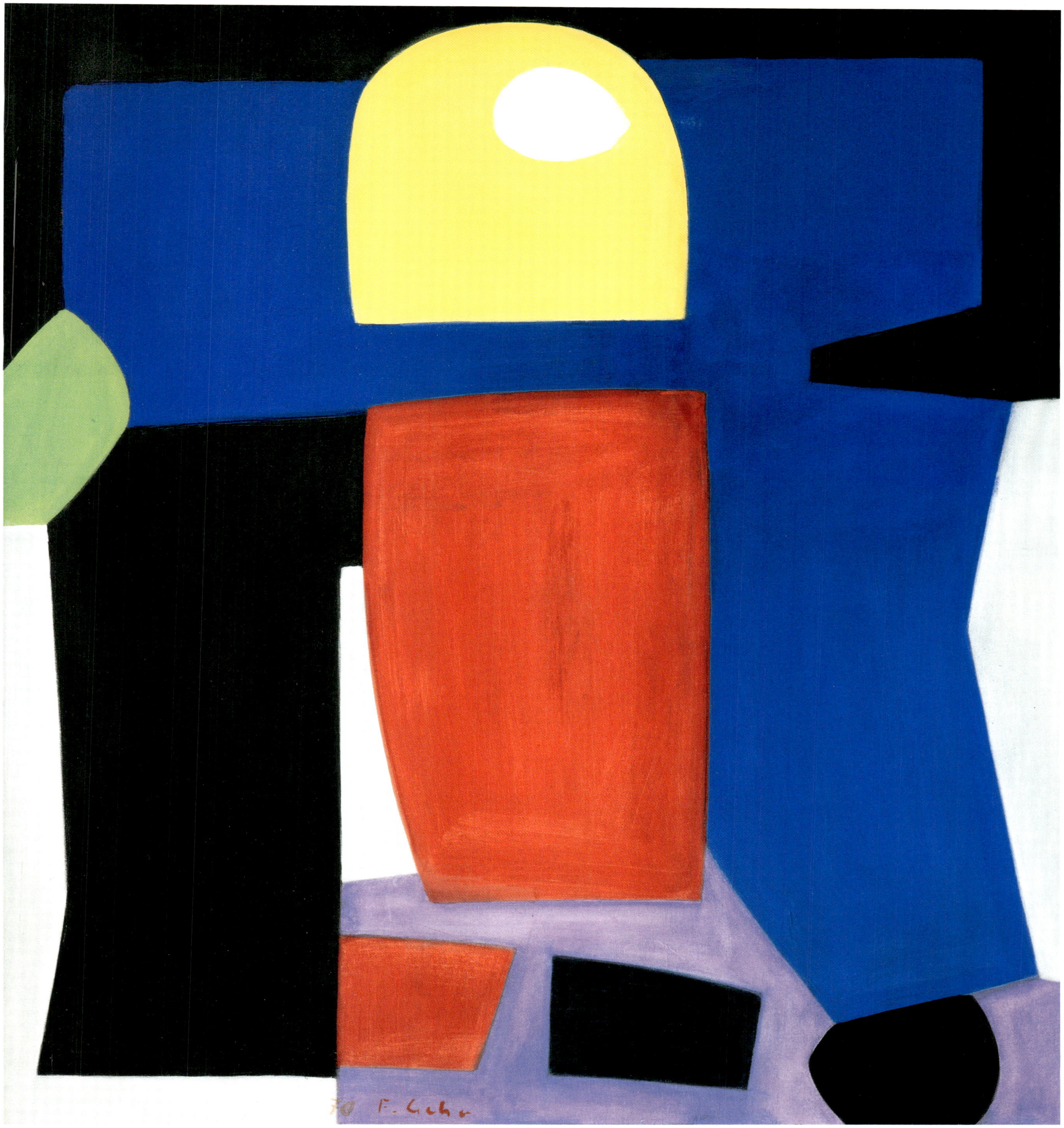
F. Gehr

41

Gelbe Blume 1970

Fresko, 51 x 45 cm, Privatbesitz

Wie Hans Arp in seinen Reliefs strebt Gehr in der Flächigkeit der Form nach Klarheit und Prägnanz. Dies kommt in dem kleinformatigen Fresko *Gelbe Blume* zum Ausdruck.
Eine Blume wird auf ihren knappsten Umriss reduziert: Ein amorphes Gebilde mit geometrischen Binnenstrichen schwebt im Bildraum. Die Andeutung des Stengels in einer sich leicht zuspitzenden Ausbuchtung fügt sich in den Rhythmus der fliessenden Konturen ein. Der Schwung der Linie wird akzentuiert durch die Konfiguration der zitronengelben Winkel und den Pinselduktus auf dem äusseren Bildfeld. Die Farbbeziehung Gelb-Violett lässt die leuchtende Frische der Blüte hervortreten; die Blume mag als Verbindung zwischen Himmel und Erde, zwischen Traum und Wirklichkeit verstanden werden.

Auf die Frage nach der Form kann ich nur antworten, dass ich selber nie weiss, wie sich die Form bildet. Sie bildet sich von einem Tag auf den anderen neu, ist eine durchaus bewegliche Sache. Ich kann nicht sagen, dass ich die Wahrheit besitze, nur, dass ich nach ihr strebe.

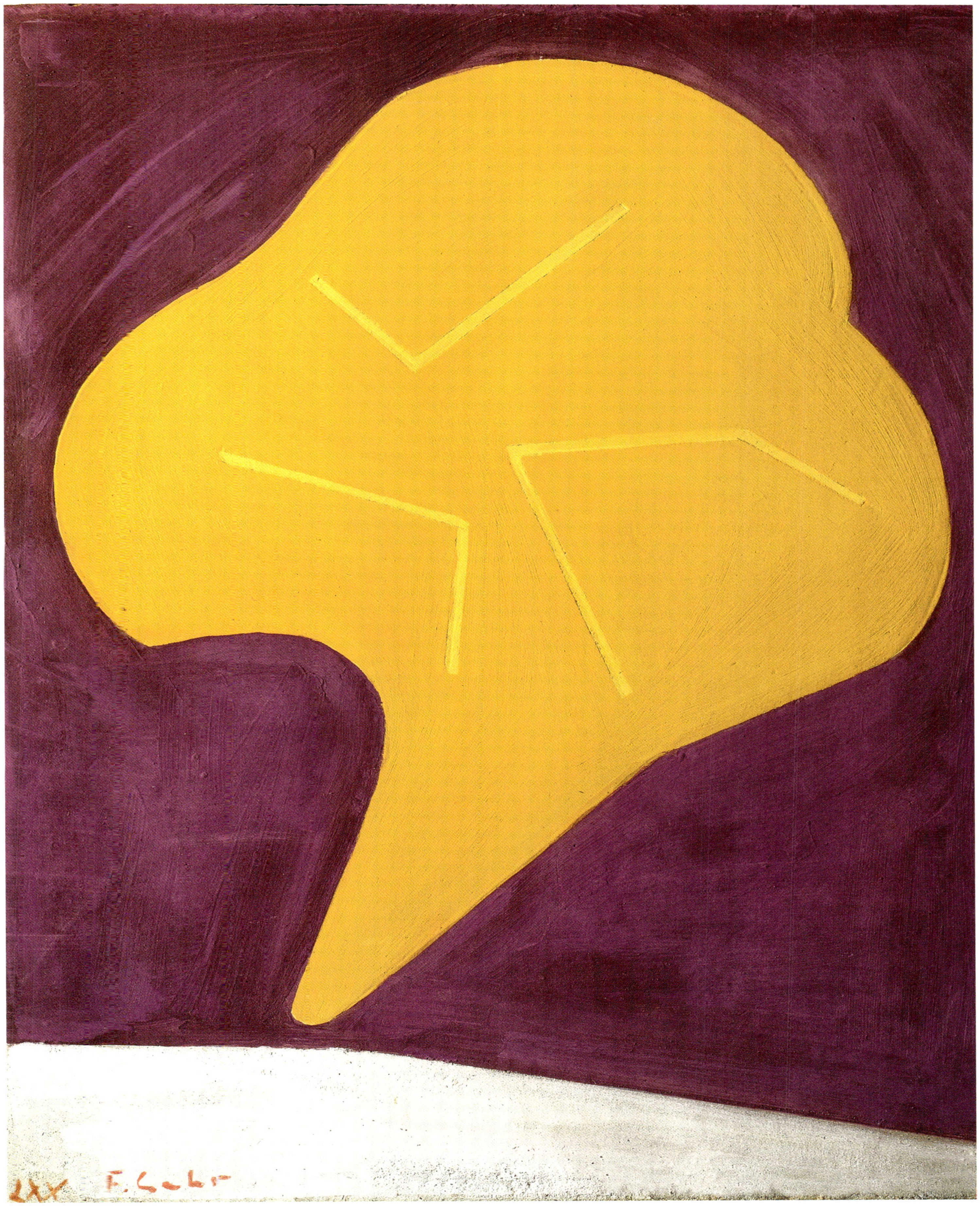
LXX
F. Gehr

Freude am Dasein 1972

Tempera auf Leinwand, 100 x 110 cm, Privatbesitz

Vor rotem Grund, dem allumfassenden Göttlichen, stehen auf schwarzer Erde Mann und Frau mit ausgestreckten Armen und freuen sich an der Schöpfung, die in Gehrs Visualisierung eine geistige Dimension offenbart.

Auch die feinsten und diskretesten Regungen der Seele werden von der Farbe aufgenommen. Alles, was er [der Künstler] an optischen Erscheinungen in dieser Welt zu erkennen vermag, Körperhaftes im Menschen und in der organischen Natur, Luftiges und Fliessendes, Helles und Dunkles in allen Verbindungen kann er in seine Konzeption eingehen lassen, [immer] mehr erkenne ich, dass alles, was auf dieser Welt geschieht, nur insofern bedeutsam wird, als es mit der geistigen Welt verbunden ist.

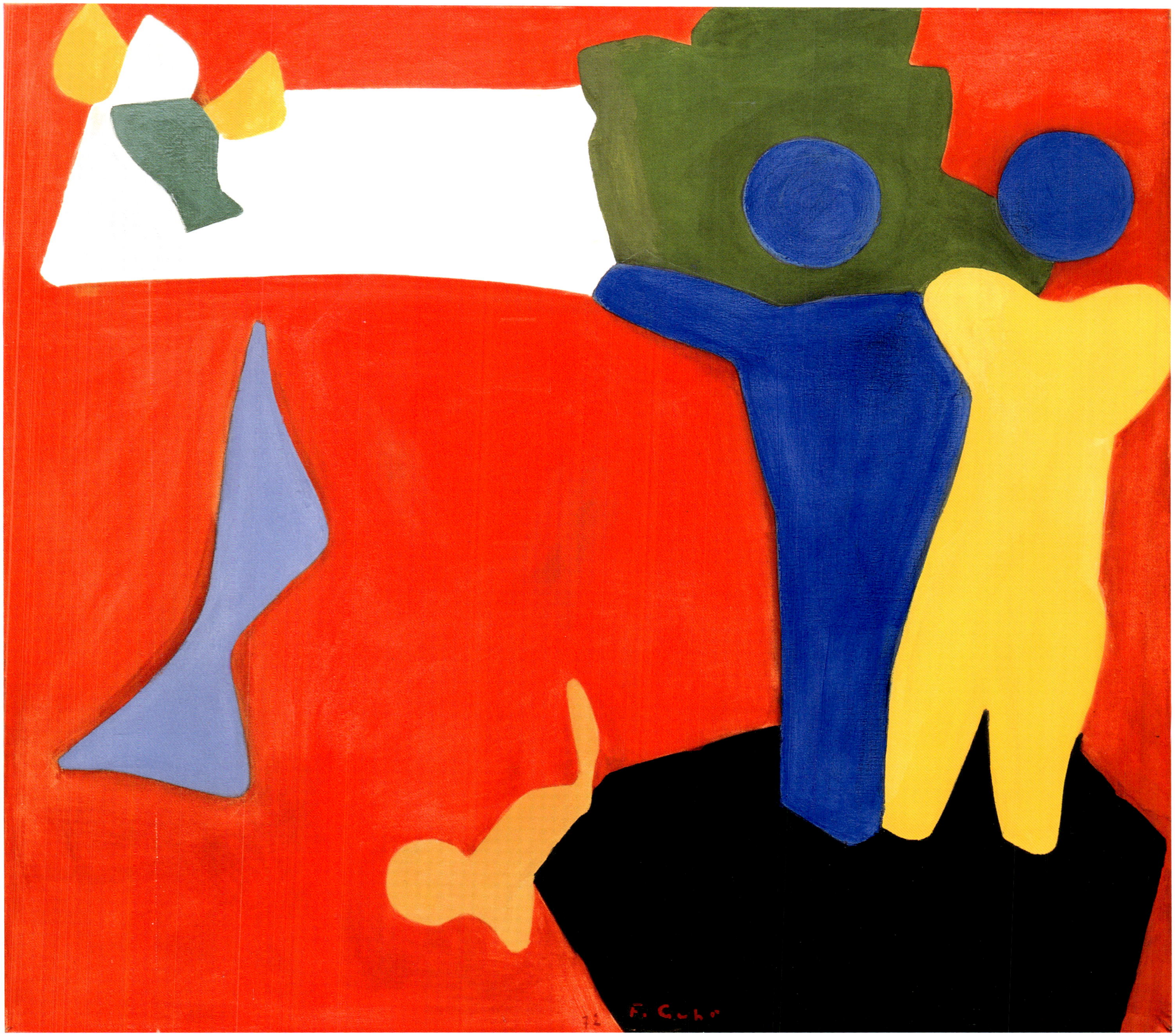

43
Paradies 1972
Fresko, 49 x 46 cm, Privatbesitz

«Darauf sagte die Schlange zur Frau: Nein, ihr werdet nicht sterben. Gott weiss vielmehr: Sobald ihr davon esst, gehen euch die Augen auf; ihr werdet wie Gott und erkennt Gut und Böse. Da sah die Frau, dass es köstlich wäre, von dem Baum zu essen, dass der Baum eine Augenweide war und dazu verlockte, klug zu werden.» (Genesis 3,4–6) Diesen folgenschweren Moment in der Schöpfungsgeschichte macht Gehr zum Thema des vorliegenden kleinformatigen Freskos. Die Eintracht im Paradies vor dem Sündenfall vergegenwärtigt er mit leuchtenden Farben auf hellem Grund. Kraftvoll hebt sich die dunkelblaue Gestalt Adams vom Grau-Weiss ab, während Eva in einem leuchtenden Gelb gemalt ist wie das unregelmässige Band, das das Fresko auf drei Seiten umrahmt und als Schlange gedeutet werden kann. Durch die gemeinsame Farbe veranschaulicht Gehr, dass die Verbindung zwischen Eva und der Schlange zur Vertreibung aus dem Paradies geführt hat.

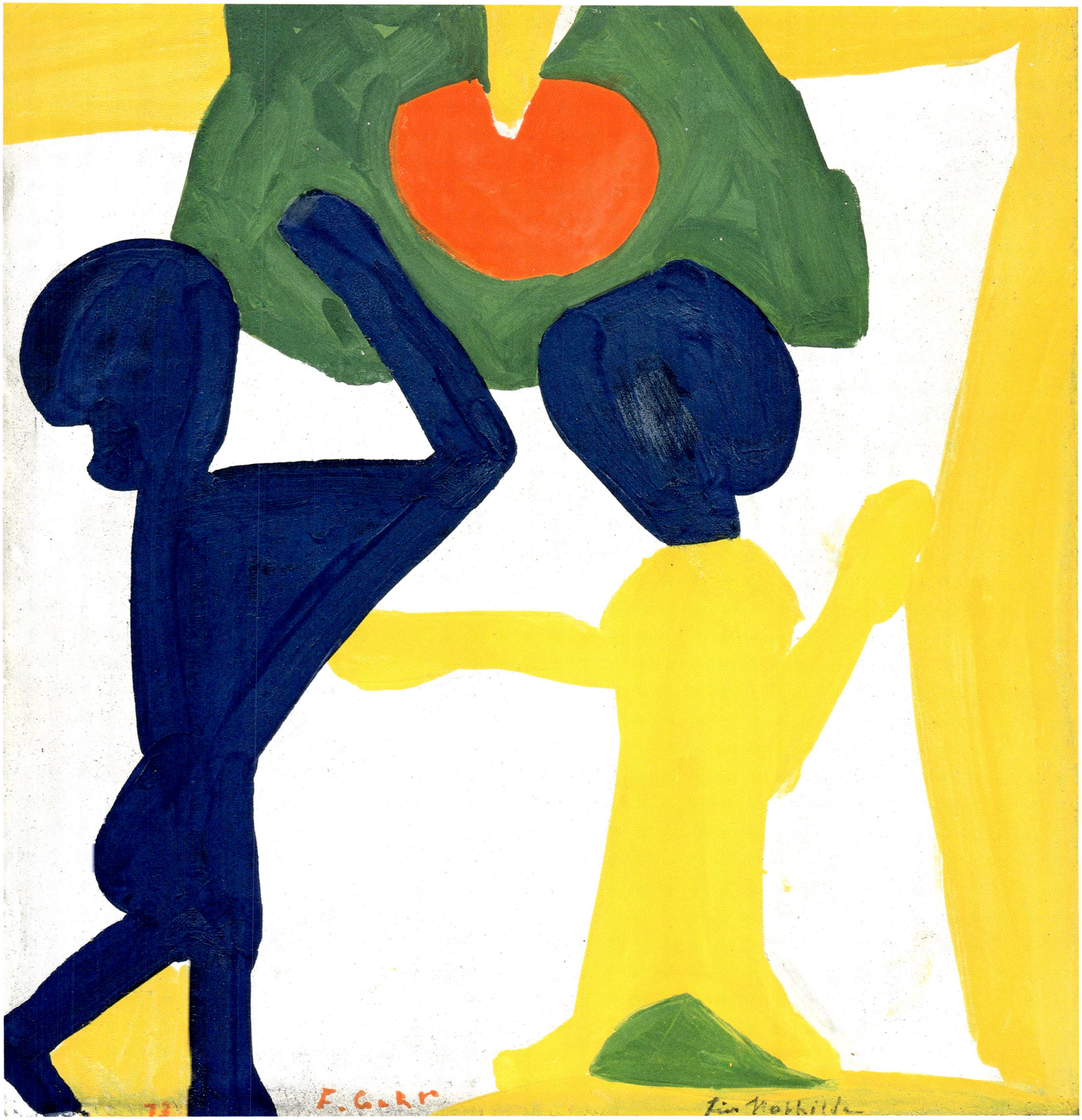
F. Gehr

44

Der anwesende Tod 1973

Tempera auf Leinwand, 120 x 115 cm, Privatbesitz

Das Bild ist nach denselben Kompositionsprinzipien und in derselben Symbolsprache geschaffen wie *Tod und Leben* von 1970 (Seite 91), wobei die einzelnen Elemente, insbesondere der Mensch, die Sonne und die Vegetation, konkreter lesbar sind. Der graue Schatten des Menschen ist verbunden mit der schwarzen Zone des Todes.

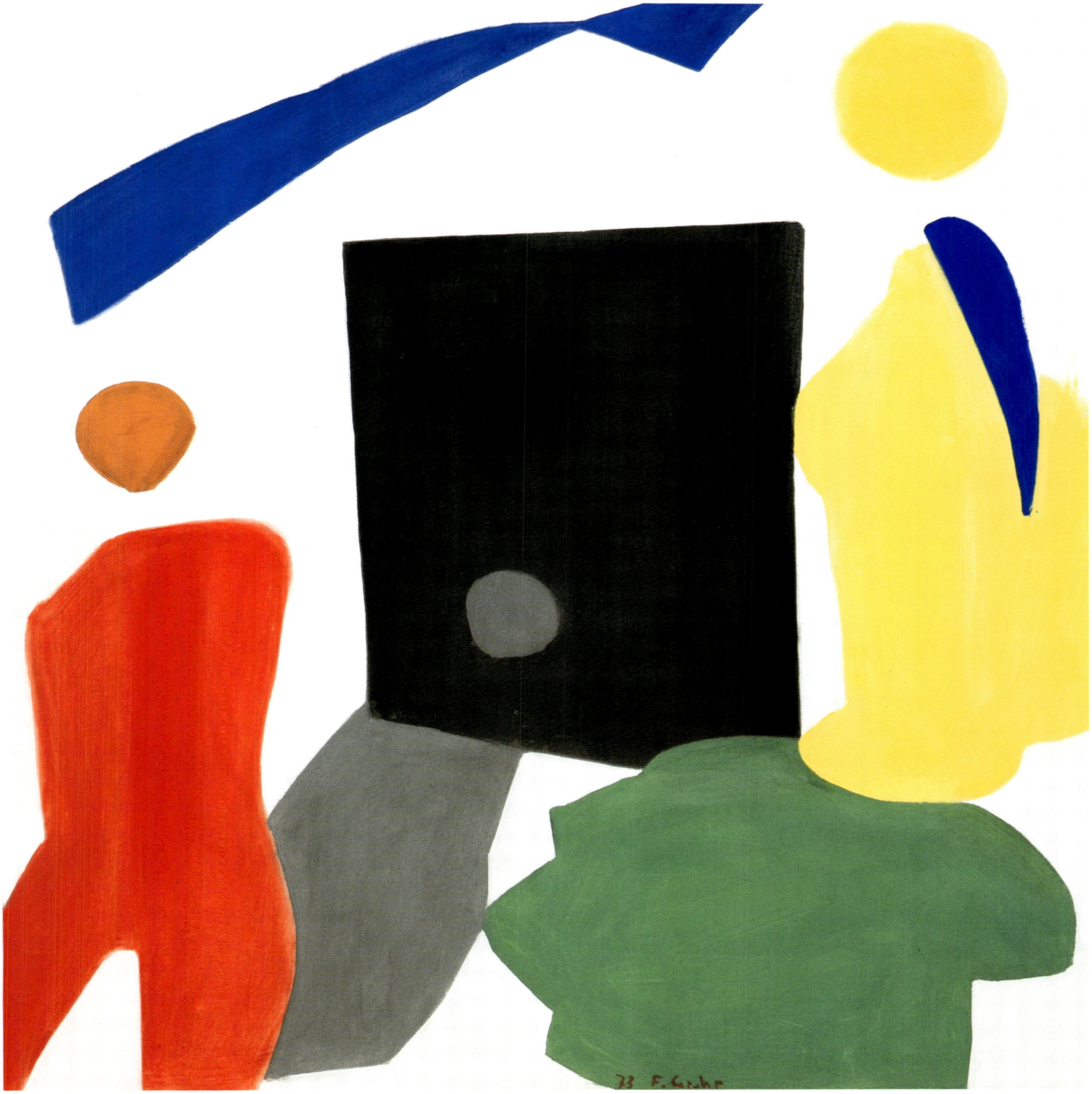

45

Kontemplation 1974

Tempera auf Leinwand, 85 x 110 cm, Privatbesitz

Eine orange Fläche, die über die Bildbegrenzungen hinauszufliessen scheint, lässt die weissen und gelben Formen erstrahlen. Johannes Itten hat die Wirkung von Orange in seiner Farbenlehre analysiert: «Orange als Mischung von Gelb und Rot steht am Brennpunkt der grössten strahlenden Aktivität. Es besitzt sonnenhafte Leuchtkraft in der Sphäre des Materiellen, welche im Rotorange das Maximum an warmer, aktiver Energie erreicht.»[6] In diesem Sinne weckt Orange die Empfindung belebender Wärme und zieht signalhaft die Aufmerksamkeit auf die helleren Zeichen, die als visuelle Umsetzung des göttlichen Wortes in der Unendlichkeit des Raumes zu verstehen sind.

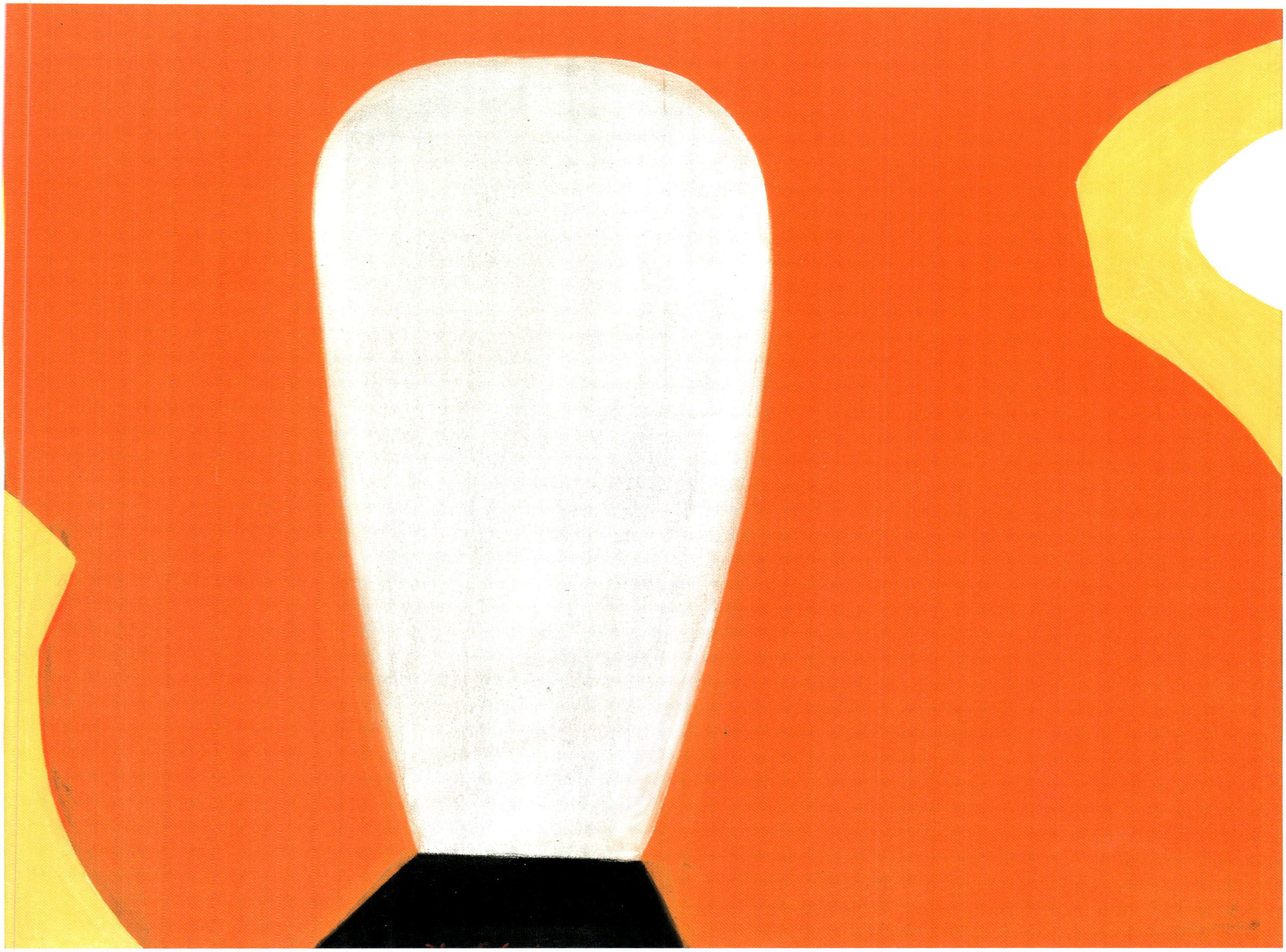

46
Dreifaltigkeit 1974
Fresko, 58,5 x 62,5 cm, Privatbesitz

In einer abstrakten Figuration – ausserhalb der tradierten Ikonographie –
bringt Gehr die Dreifaltigkeit zur Darstellung. Das vorliegende kleinformatige
Fresko diente als Entwurf für den Dreifaltigkeitsteppich des Kirchen-
zentrums Stuttgart-Sonnenberg.
Drei sichelförmige Farbflächen und drei weiss-schwarze Kreise,
die ihrerseits ein Dreieck bilden, sind in der Ebene so verteilt, dass eine
Kreisbewegung entsteht. Der Pinselduktus in der Bildmitte verdichtet
diese zum Strudel. Die drei Figuren fügen sich in seine Bewegung ein und
symbolisieren das zeitlose Sein der Dreiheit in der Einheit.
«Das Sichtbarmachen des Unsichtbaren», wie Paul Klee sein künstlerisches
Schaffen umschrieb, war denn auch ein zentrales Anliegen von Gehrs
religiöser Malerei.

Der Künstler muss von sich selbst und von anderen befreit sein,

wenn er Geistiges, Freies schaffen will.

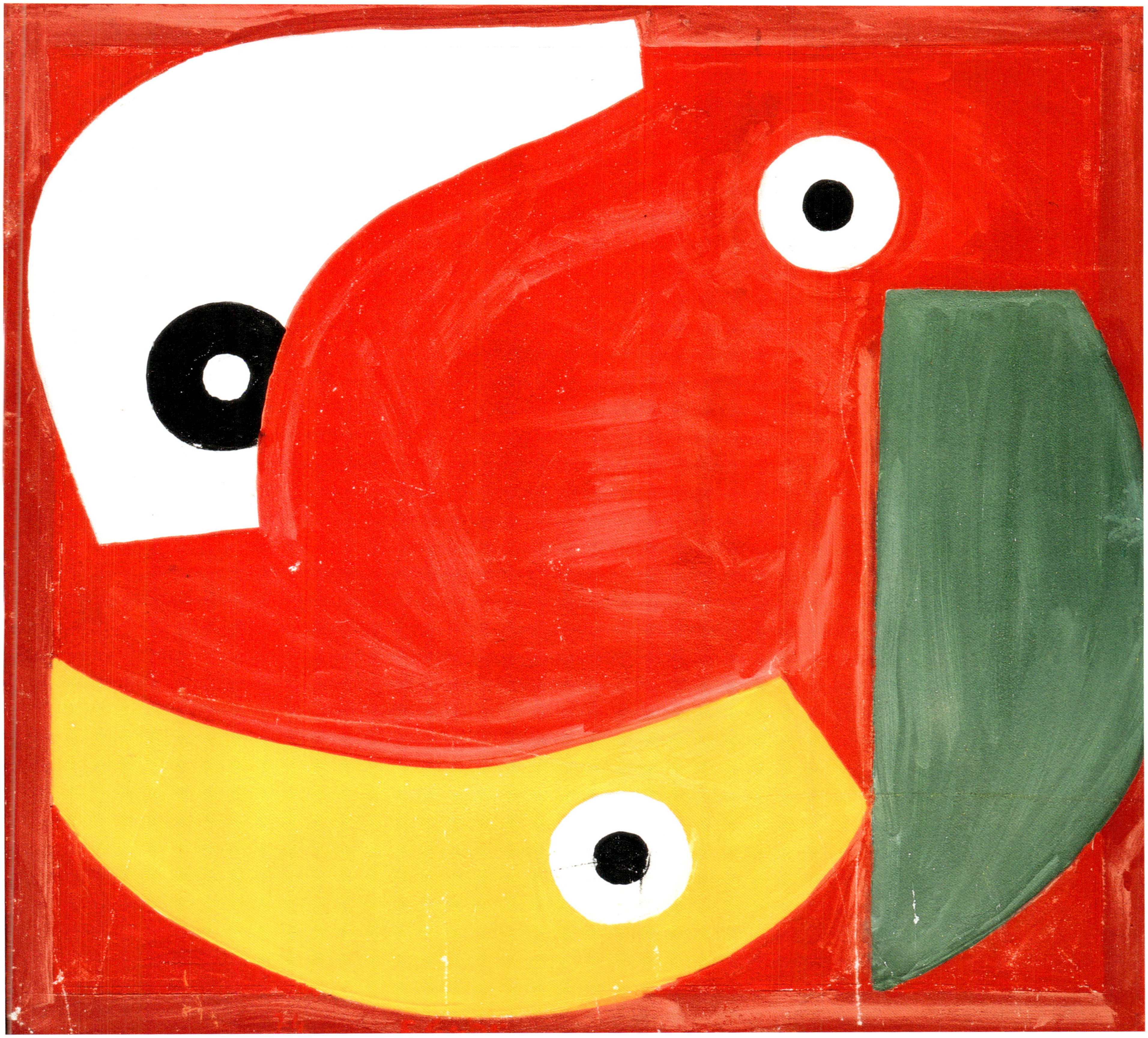

47
Frau vor dem Spiegel 1975
Tempera auf Leinwand, 115 x 80 cm, Privatbesitz

Gehr hat eine Reihe von Akten gemalt, wobei ihm meistens seine Frau Mathilde Modell stand. Während in *Sommerfrau* und *Frau in Landschaft* (Seiten 184 und 185) der weibliche Körper mit der Natur in Verbindung gebracht wird, zeigt der vorliegende Akt ohne Symbolisierung eine Frau vor dem Spiegel. Ihre Aufmerksamkeit gilt allein der Körperpflege, was den akzidentiellen Charakter des Motivs unterstreicht. In starkem Helldunkel-Kontrast lässt Gehr den Oberkörper der Frau im Spiegelbild aufleuchten. Die farblich akzentuierten Rundungen des Gesässes, die weissen, makellosen Beine und das lange schwarze Haar bringen die Erotik des mit bewegter Pinselführung gemalten weiblichen Körpers zum Ausdruck.

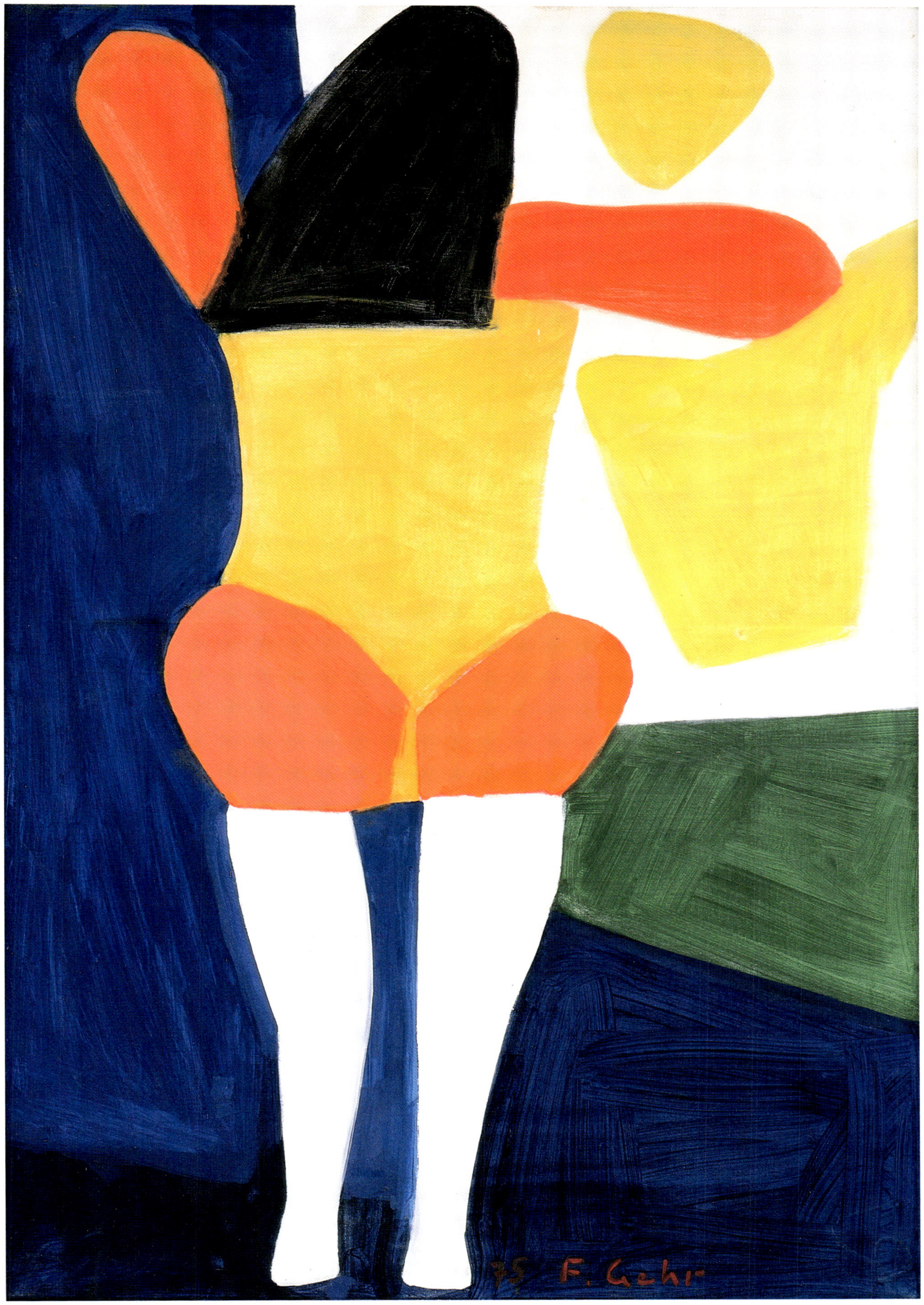

47

Frau vor dem Spiegel 1975

Tempera auf Leinwand, Ausschnitt

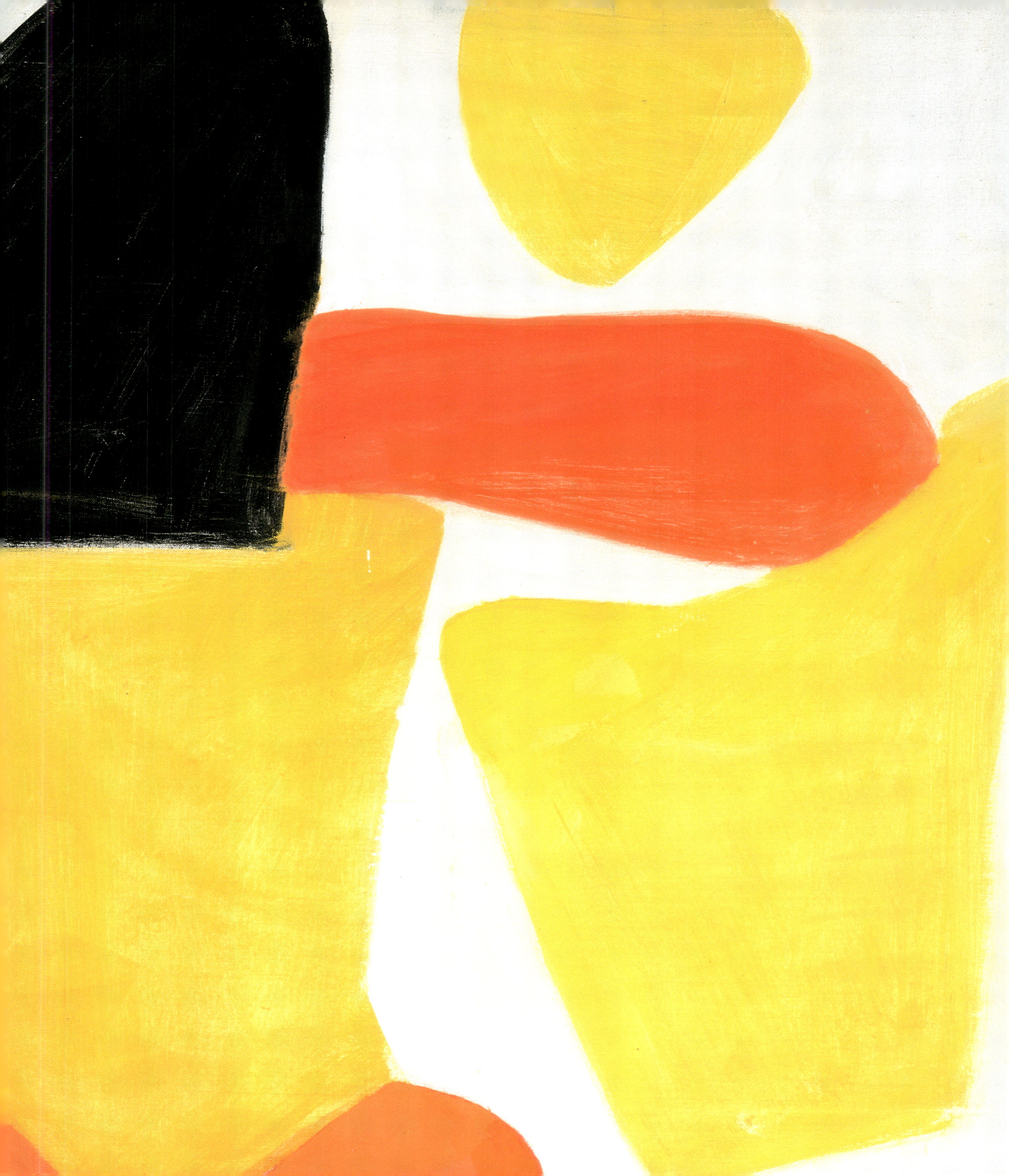

Universum, Tag/Nacht 1975

Tempera auf Leinwand, 72 x 119 cm, Privatbesitz

Seit Anfang der dreissiger Jahre befasste sich Gehr intensiv mit dem Werk von Hans Arp. *Er ist eigentlich immer neben mir gewesen. Er hat mitgeholfen, dass ich zu meinem eigenen Stil kam.* Ein Vergleich von Gehrs *Universum* mit einem Gedicht aus «Sinnende Flammen» von Arp mag die Geistesverwandtschaft dokumentieren.

Weiss noch jemand
wo oben und unten ist?
Weiss noch jemand
was hell und was dunkel ist?
Immer seltener werden die Träumer.
Immer seltener wird es Tag und Nacht.
Liebkost den Veilchenboden
unter den Wolkenbaldachinen.
Folgt den inneren Sternen
den Kernen der heiligen Nächte
und ihren lautlosen Traumliedern.[7]

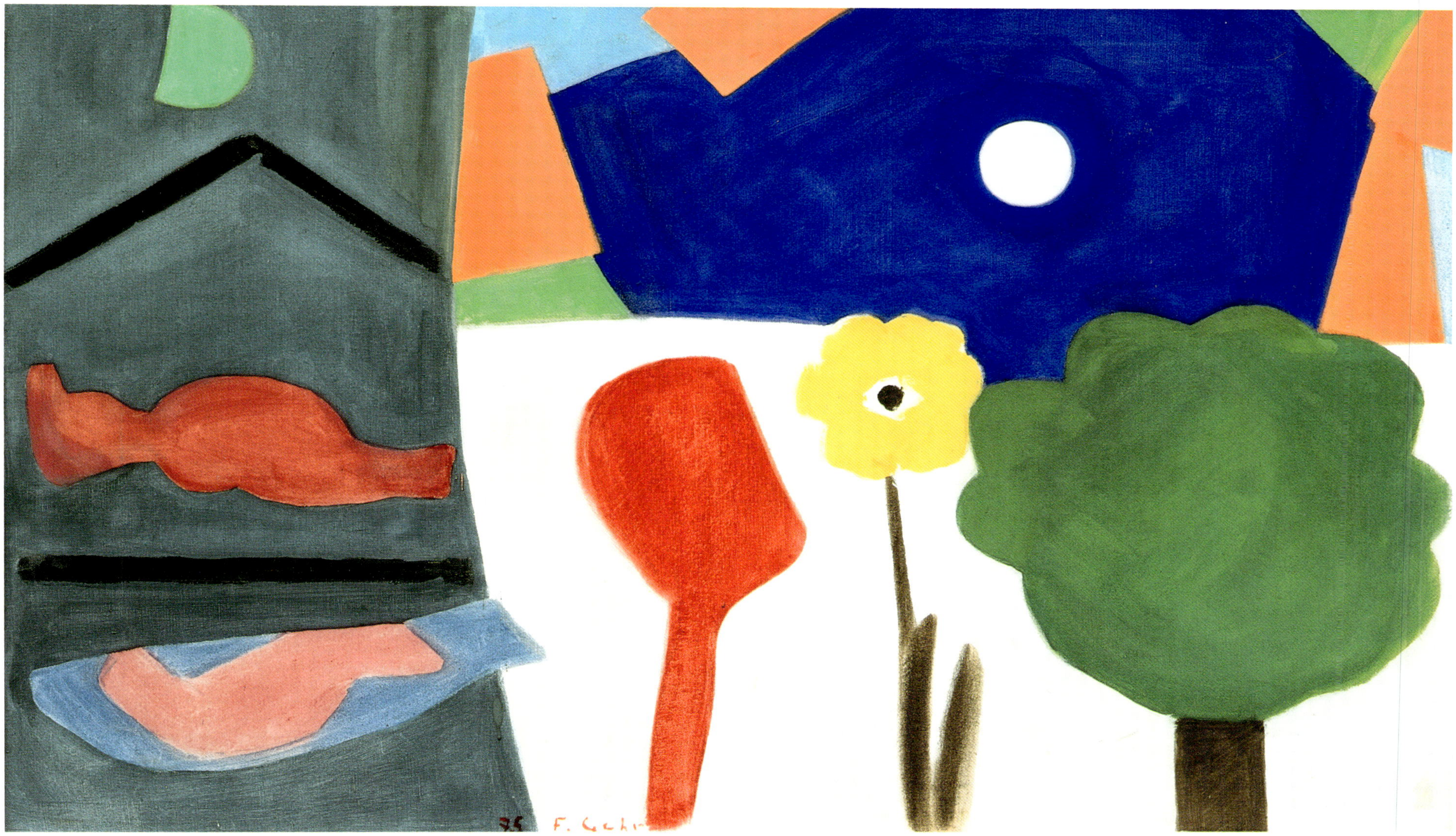

Das Weib und der Drache 1977

Fresko, 73 x 32 cm, Privatbesitz

«Der Drache stand vor der Frau, die gebären sollte; er wollte ihr Kind verschlingen, sobald es geboren war.» (Offenbarung 12,4)
Diesen spannungsvollen Moment aus der Offenbarung des Johannes verarbeitete Gehr 1977 in zwei hochformatigen Fresken, die als Vorstudien zur Ausmalung der Adamskapelle in St.Gerold (Vorarlberg) geschaffen wurden. Im vorliegenden Fresko nimmt eine stilisierte Frauengestalt fast den ganzen Bildraum ein. Ihre runden Körperformen spielen auf die bevorstehende Geburt an.
Radikal ist die formale Verdichtung in der Gestaltung des Drachens: Der in einem spitzen Winkel geöffnete Rachen und der gestauchte Schwanz haben nichts mehr mit dem geflügelten und feuerspeienden Mischwesen auf mittelalterlichen Darstellungen gemein. Die Bedrohlichkeit seiner Erscheinung wird durch die kindlich-naive Darstellungsweise relativiert, wobei der Körper des Drachens zugleich auf den des Ungeborenen verweist.

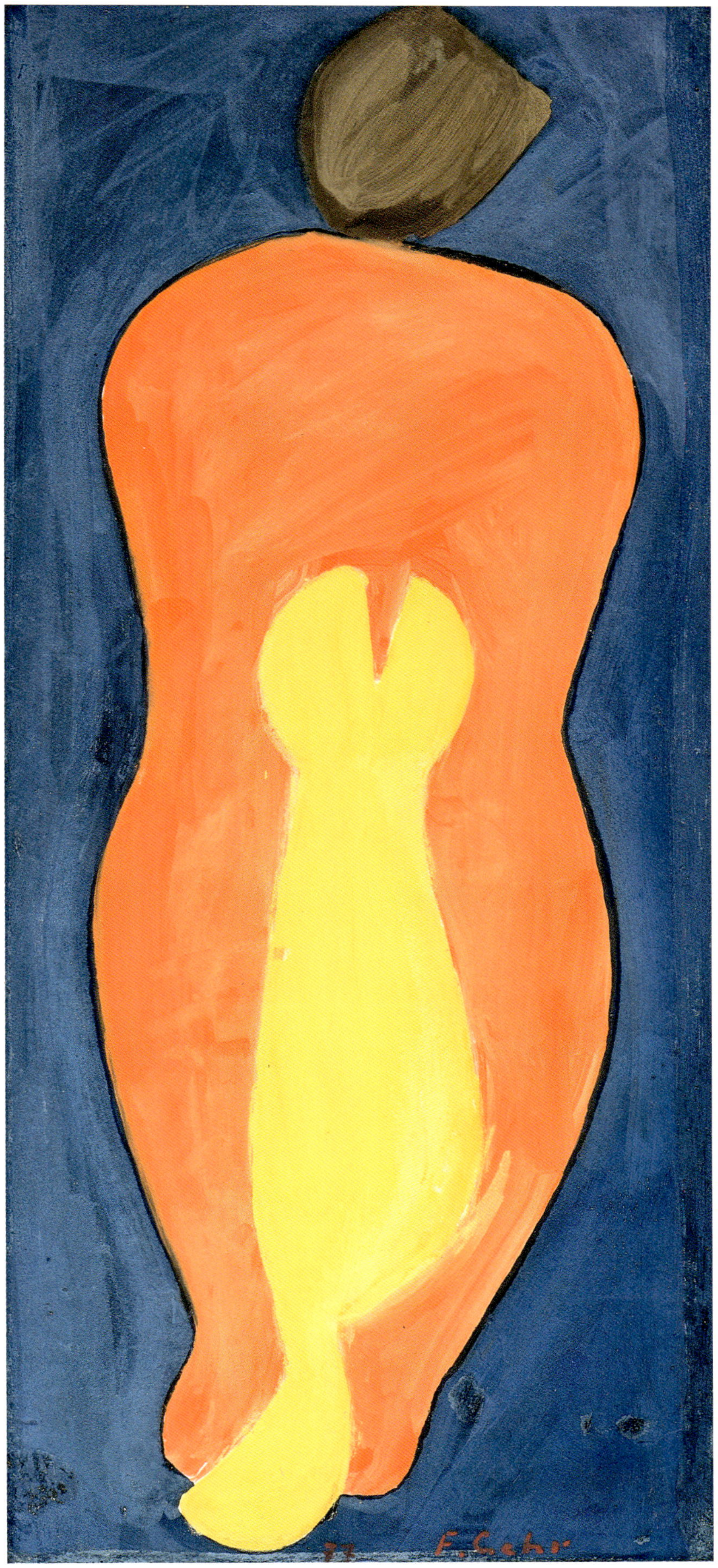

50
De profundis 1978
Tempera auf Leinwand, 60 x 75 cm, Privatbesitz

«Aus der Tiefe rufe ich, Herr, zu dir: Herr, höre meine Stimme!
Wende dein Ohr mir zu, achte auf mein lautes Flehen!» (Psalm 130)
Gehr bringt mit dem Kontrast der Grundformen und einer bewegten
Linienführung die innere Not des Menschen zum Ausdruck, wie sie der
Psalm 130 mit der Stimme Davids artikuliert. Das Dunkelblau,
die Farbe der Nacht und der Melancholie, symbolisiert die Einsamkeit
Davids. Der helle Kopf mit seinem schmerzverzerrten Mund hebt sich vom
dunklen Grund ab und vermittelt den Eindruck des flehenden Gebets.
Die emotionale Intensität resultiert aus dem Gegensatz von unregelmässiger Linie und weissem Rechteck. Die rhythmisierten roten Flächen weisen
auf die Präsenz Gottes hin.
In seiner Ausdruckskraft ist *De profundis* mit Edvard Munchs *Der Schrei*
vergleichbar und kann ebenso als Bild des von Angst und Einsamkeit
gequälten, suchenden Menschen interpretiert werden.

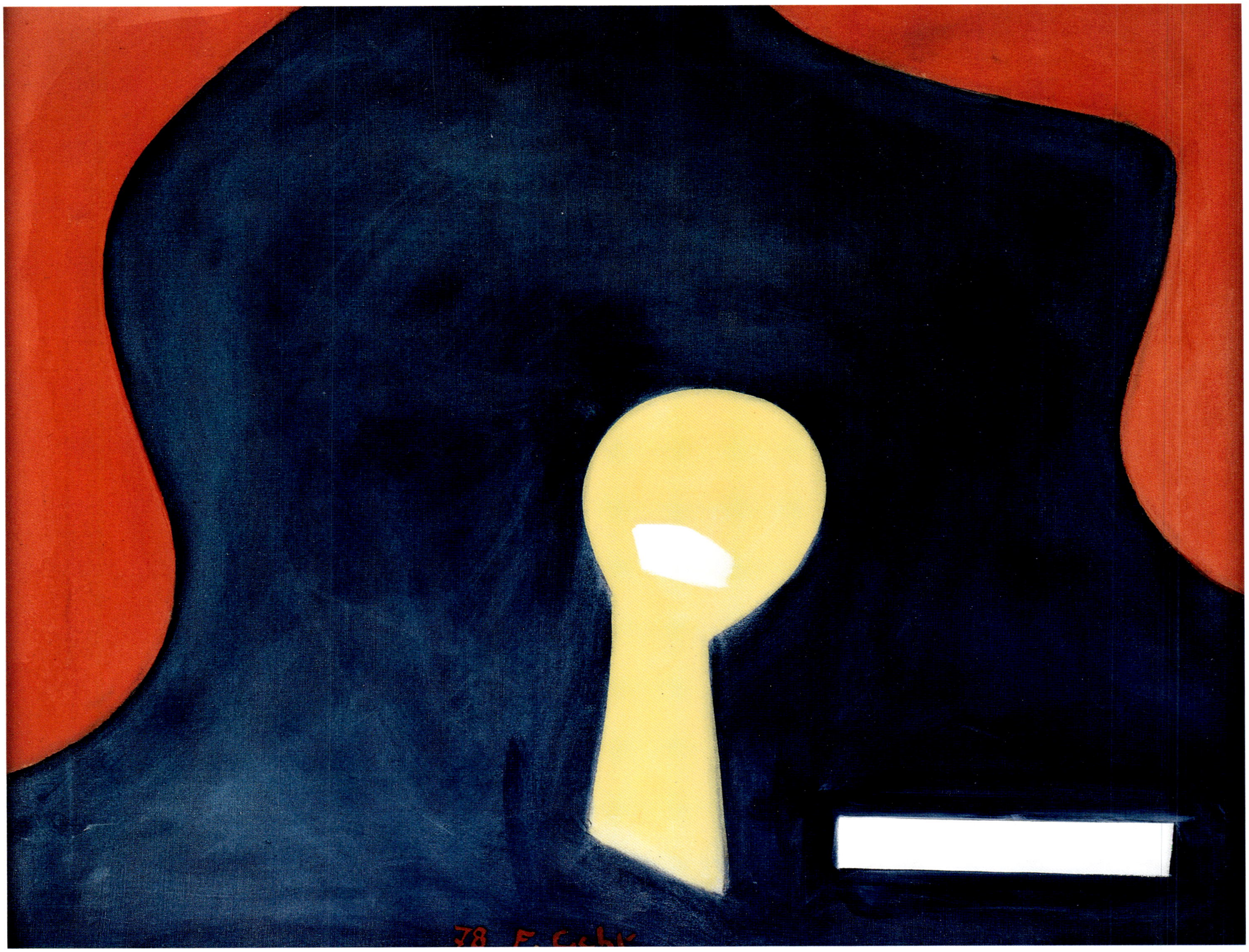
78

Vier Wesen im Raum 1979

Tempera auf Leinwand, 130 x 118 cm, Privatbesitz

Zwei weisse Leisten teilen das fensterartig wirkende rosafarbene Bild
in vier Flächen, in denen schwerelose farbige Zeichen zu sehen sind:
ein rotes Quadrat mit gekappten Ecken, eine hellblaue Wolke, ein hellgrünes
herzförmiges Gewächs und eine braune ovale Frucht. Mit Ausnahme des
dunklen Ovals scheinen diese Gebilde nach oben zu schweben,
am deutlichsten das grüne, dessen rechte Seite über die Querleiste
hinauslappt. Zwischen den beiden rechten Gevierten stellen zwei weisse
Kreise eine lose Verbindung her. In ihrer Abstraktheit gehören die
vier Gebilde einer höheren Ordnung an, oder, um es mit Gehrs Worten
zu sagen, sie verwandeln *das Diesseitige in Formen des Geistes.*

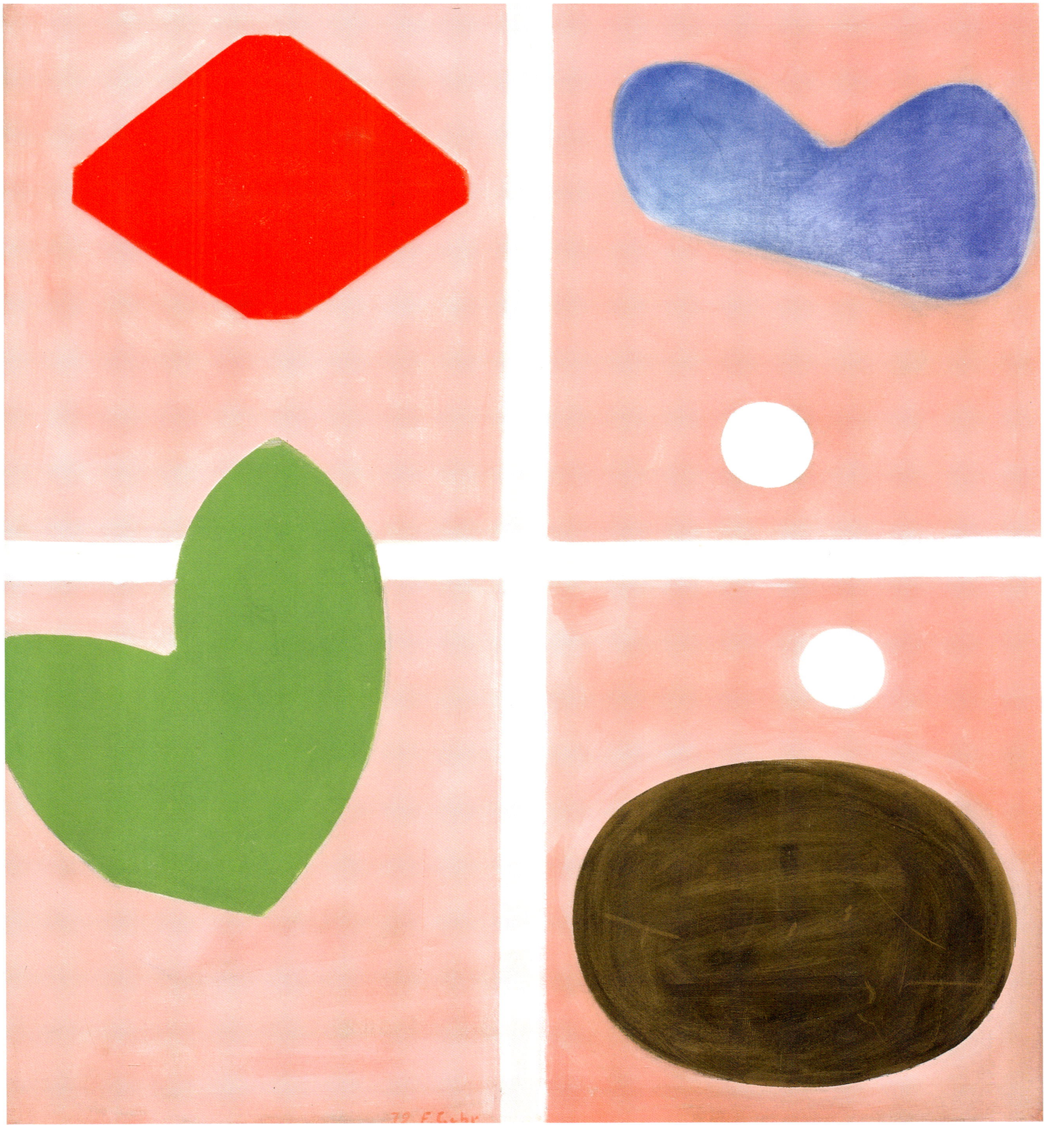

52
Blühender Baum 1972
Tempera auf Leinwand, 100 x 100 cm, Kunstmuseum St.Gallen

53
Rosa Himmel 1977
Tempera auf Leinwand, 116 x 81 cm, Privatbesitz

54
Frühling 1978
Tempera auf Leinwand, 91 x 99 cm, Privatbesitz

55
Grüne Landschaft 1983
Tempera auf Leinwand, 79 x 59 cm, Privatbesitz

56
Landschaft 1978
Aquarell, 66 x 51 cm, Privatbesitz

57
Wolkenbild 1951
Fresko, 61 x 41 cm, Urs Baschung, Luzern

58
Sommerlandschaft 1962
Tempera auf Leinwand, 95 x 110 cm, Privatbesitz

59
Sommer 1978
Tempera auf Leinwand, 79 x 115 cm, Privatbesitz

60
Landschaft Rheintal 1989
Tempera auf Leinwand, 90 x 120 cm, Eigentum der Stadt Altstätten

61
Landschaft 1981
Tempera auf Leinwand, 73 x 109 cm, Privatbesitz

62
Rote Kühe 1953
Tempera auf Leinwand, 90 x 100 cm, Privatbesitz

63
Herbstlandschaft 1985
Tempera auf Leinwand, 90 x 100 cm, Privatbesitz

64
Landschaft 1972
Tempera auf Leinwand, 90 x 90 cm, Privatbesitz

65
Herbstlandschaft 1971
Tempera auf Leinwand, 85 x 110 cm, Privatbesitz

66
Winterlandschaft 1981
Tempera auf Leinwand, 74 x 90 cm, Privatbesitz

Die Landschaftsmalerei spielt in Gehrs Schaffen eine zentrale Rolle. Sie widerspiegelt die verschiedenen Eindrücke, die er von Noldes Expressionismus über Matisse bis zu Paul Klee verarbeitet hat. Motivisch beschränkt sich Gehr dabei auf die engere Heimat.
Gemeinsam ist den Landschaften die koloristische Transparenz, die durch die Technik der Temperamalerei und des Aquarells erreicht wird. Der Abstraktionsgrad variiert stark, unabhängig von der Schaffensphase, aus der die Bilder stammen. Kühle oder warme Farbakkorde geben die Stimmung der jeweiligen Jahreszeit wieder. So lässt sich eine ungegenständliche Komposition als Herbstlandschaft identifizieren oder mit der Blütenpracht des Frühlings assoziieren. In der Stille des Winters erahnt man schon das Wiedererwachen der Natur. Der Zauber des Frühlings ist im Zusammenklang eines rosaroten Himmels, einer hellgrünen Wiese, blauer Bäume und eines gelben Schmetterlings eingefangen. Sommerhitze scheint aus einer gelben Fläche zu steigen, über der sich ein glühend roter Berg erhebt.
Doch so sehr die Licht- und Farbintensitäten wechseln, stets haftet Gehrs Naturräumen etwas Paradiesisches, eine befreiende Schwerelosigkeit an.

Ich spüre einen schönen Zusammenhang der Formen in der Natur,

die Gegenstände sind wundersam miteinander da, in einer Einheit, die mein

Gemüt bewegt. Der besondere Schimmer einer Jahreszeit oder einer

Wetterphase liegt über allem. Man möchte es fassen, die Sinne sind bereit,

aber die Erfahrung hat mich gelehrt, dass es einen weiten Weg der

Umgestaltung braucht, bis es zu einem reinen Klingen kommt.

52

53

54

55

56

57

58

59

60

61

62

63

64

65

65
Herbstlandschaft 1971
Tempera auf Leinwand, Ausschnitt

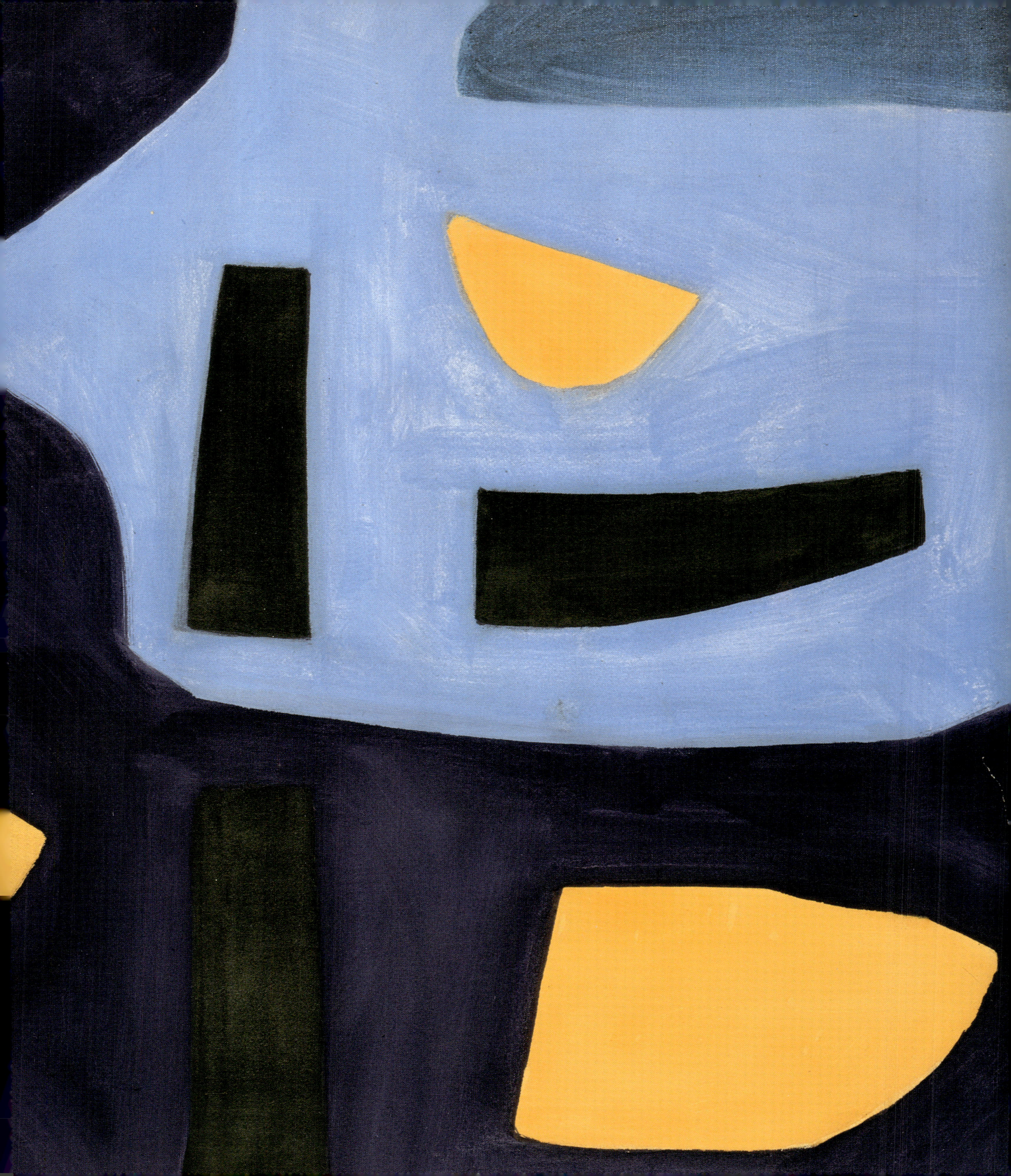

66

67

Zeit und Ewigkeit 1980

Tempera auf Leinwand, 110 x 115 cm, Privatbesitz

Vor weissem Grund ist eine nach allen Seiten ausgreifende rote Fläche erkennbar. Sie wird von geometrischen Gebilden in nuanciertem Grau, Schwarz, Gelb und Weiss durchsetzt, wobei ein Gleichgewicht von runden und eckigen Formen entsteht. Die Dynamik der roten Fläche verbildlicht lebendige Materie in der unendlichen Weite des Kosmos als Metapher für Zeit und Ewigkeit.

Wer nicht mit dem einen Fuss im Ewigen und mit dem anderen im Körperlichen stehen kann, der kommt hier nicht mehr mit, dem wird es schwindelig.

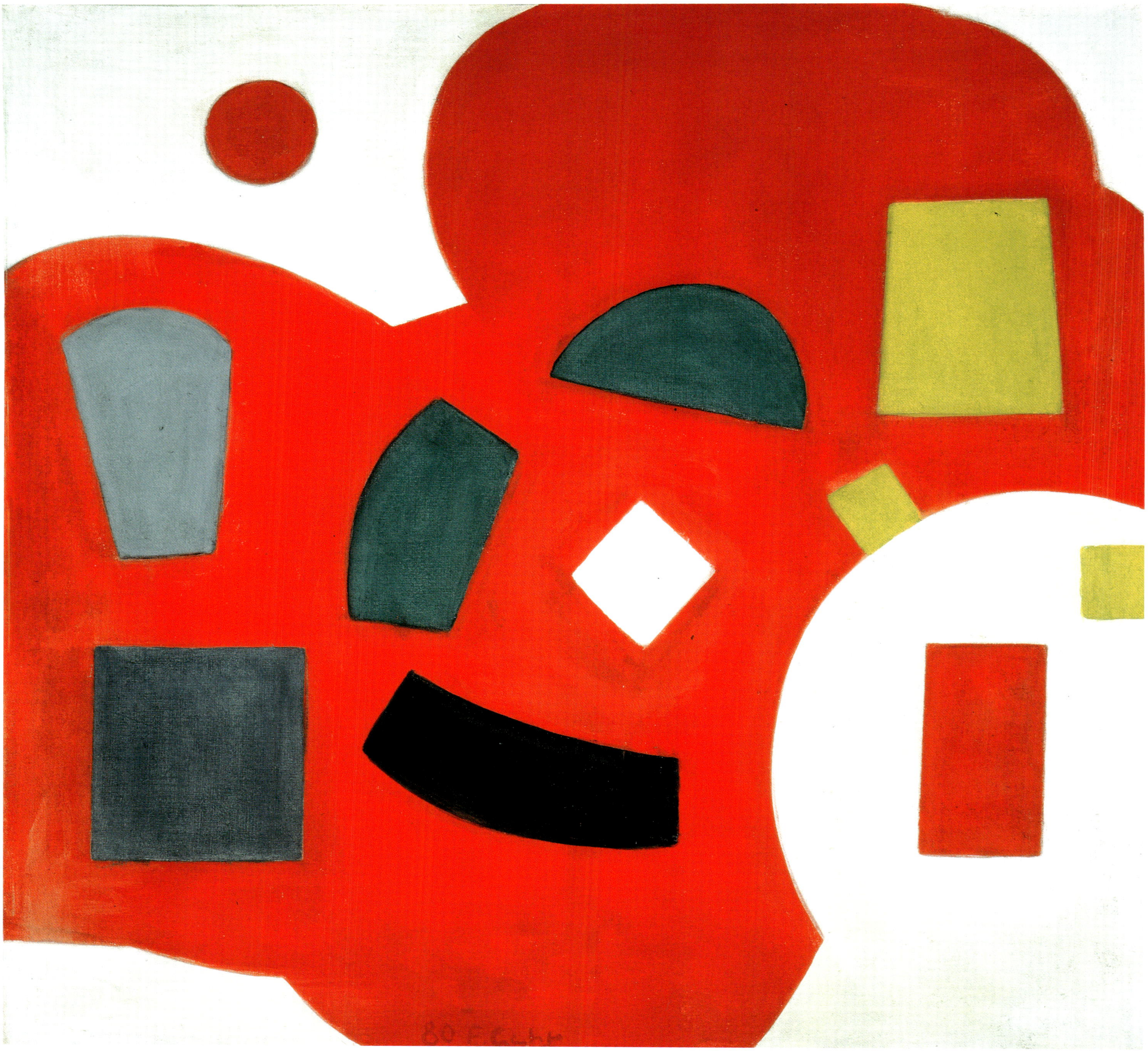

68
Erschaffung der Engel 1980
Tempera auf Leinwand, 109 x 118 cm, Privatbesitz

Engel beschäftigten Gehr zeitlebens. Nach seiner Aussage verkörpern sie als Ausdruck der göttlichen Ordnung *die Übergänge vom Menschen zum Himmel oder sogar von Mensch zu Mensch.*[8]
Im Zentrum der *Erschaffung der Engel* steht der rote Kreis als Symbol von Gottvater. Die Engel fügen sich in die Unendlichkeit des Kosmos ein, der erfüllt ist von der Polarität eines transzendenten Weiss und eines göttlichen Rot.[9]
In freier abstrakter Konfiguration stellt Gehr die Erschaffung der Lichtwesen dar, wie sie König David im Psalm 148,5 preist: «Loben sollen sie [die Engel] den Namen des Herrn; denn er gebot, und sie waren erschaffen.» Die weissen geometrischen Gebilde in den farbigen Flächen lassen die Engel als Boten des göttlichen Lichts erscheinen. Die wie Luftblasen aufsteigenden gelben Kreise deuten die Unmittelbarkeit des Erschaffungsakts an.

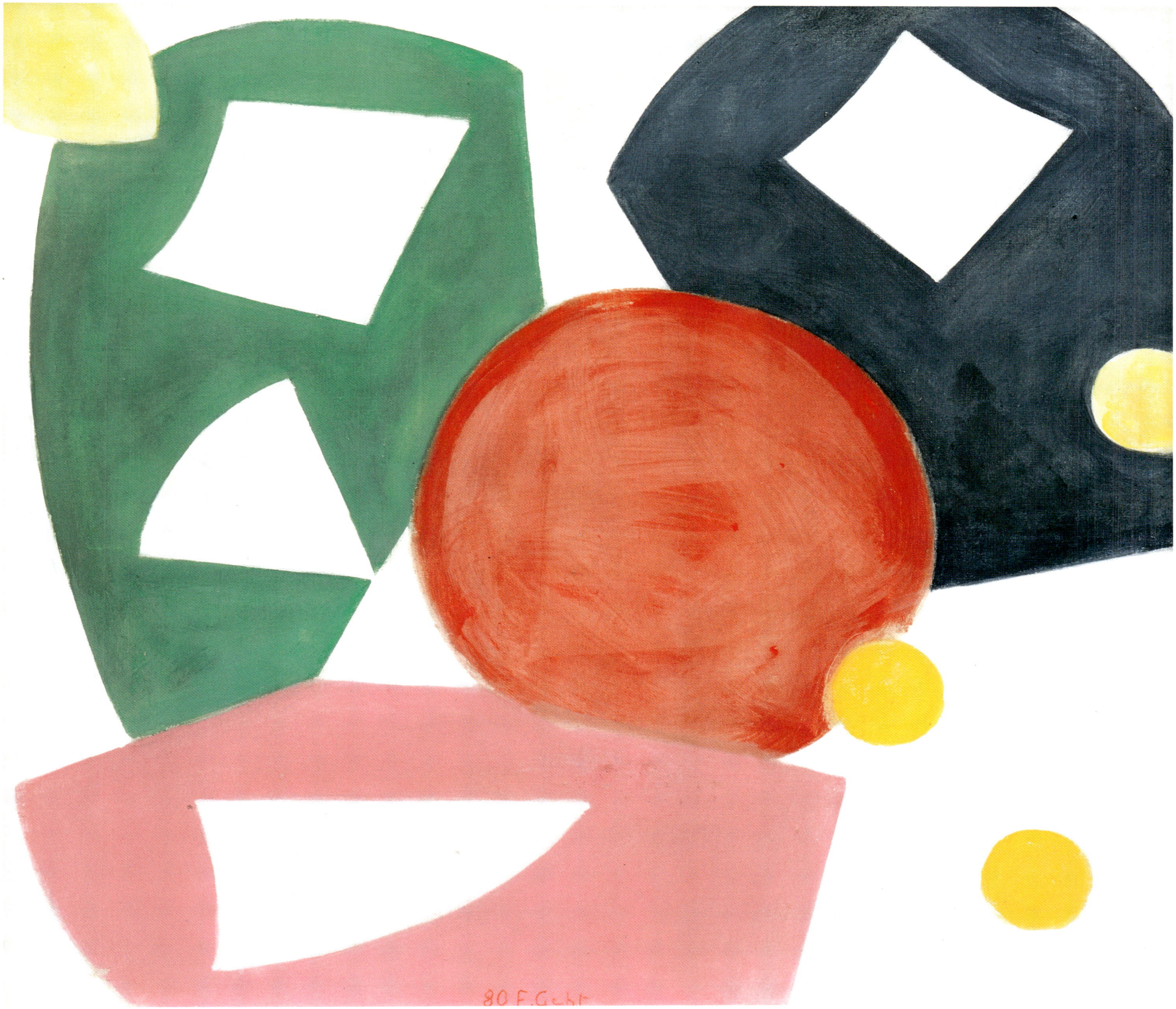

69
Der Kuss 1980
Tempera auf Leinwand, 90 x 102 cm, Privatbesitz

«Farben und Linien sind Kräfte, und im Spiel dieser Kräfte, in ihrer Ausgewogenheit liegt das Geheimnis der Schöpfung.» (Matisse)[10]
Der Kuss findet seine gestalterische Umsetzung in einem abstrakten, geometrischen Ordnungssystem, welches schon in den fünfziger und siebziger Jahren in Gehrs Schaffen zu beobachten ist (vgl. z.B. Seite 59). Eine weisse Diagonale, die wie ein greller Lichtstrahl den dunklen Bildraum durchschneidet und aufsprengt, bringt die farbigen Formelemente in ein Spannungsverhältnis. Die vitale Kraft der Sinnlichkeit im Raum- und Zeitlosen erhält ihre besondere Prägung durch den Schwarz-Weiss-Kontrast. Dieser mag die Polarität von Eros und Ratio veranschaulichen.

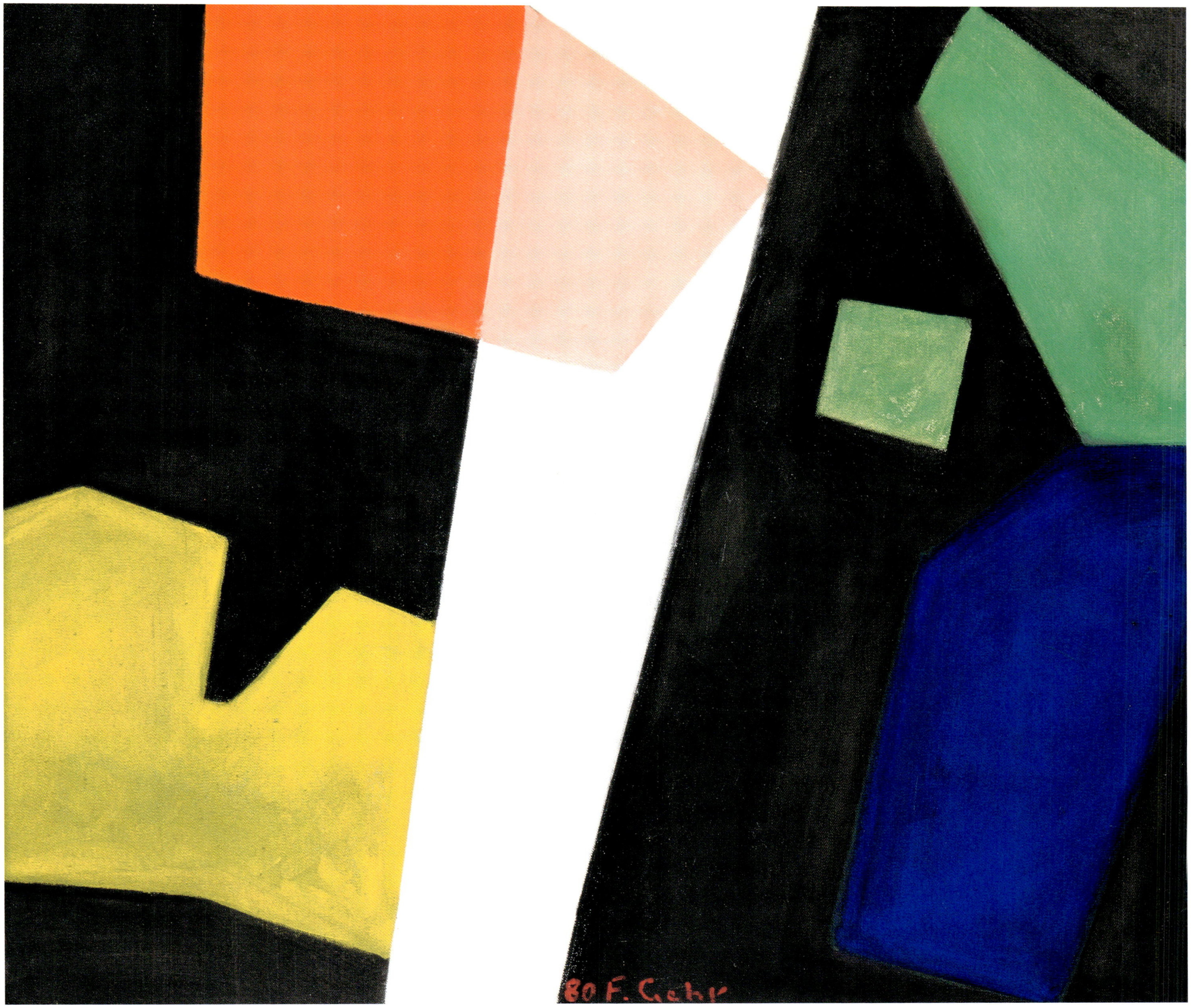
80 F. Gehr

70
Christus mit Dornenkrone 1980
Fresko, 62 x 31 cm, Privatbesitz

Als Zeichen des Spottes setzten die Soldaten dem König der Juden die Dornenkrone auf, legten ihm einen roten Mantel um und gaben ihm in seine rechte Hand einen Stab (vgl. Matthäus 27,28–29).
Die immaterielle Erscheinung Jesu wird in diesem kleinformatigen Fresko durch die Symbolkraft der Hintergrundfarbe Violett suggeriert.
Sie steht für göttliche Macht schlechthin und vereinigt Würde und Ewigkeit.
Die Farbbeziehung Violett-Rot-Schwarz evoziert zugleich die Gefühle von Trauer und Schmerz und ruft das Leiden Christi in Erinnerung.

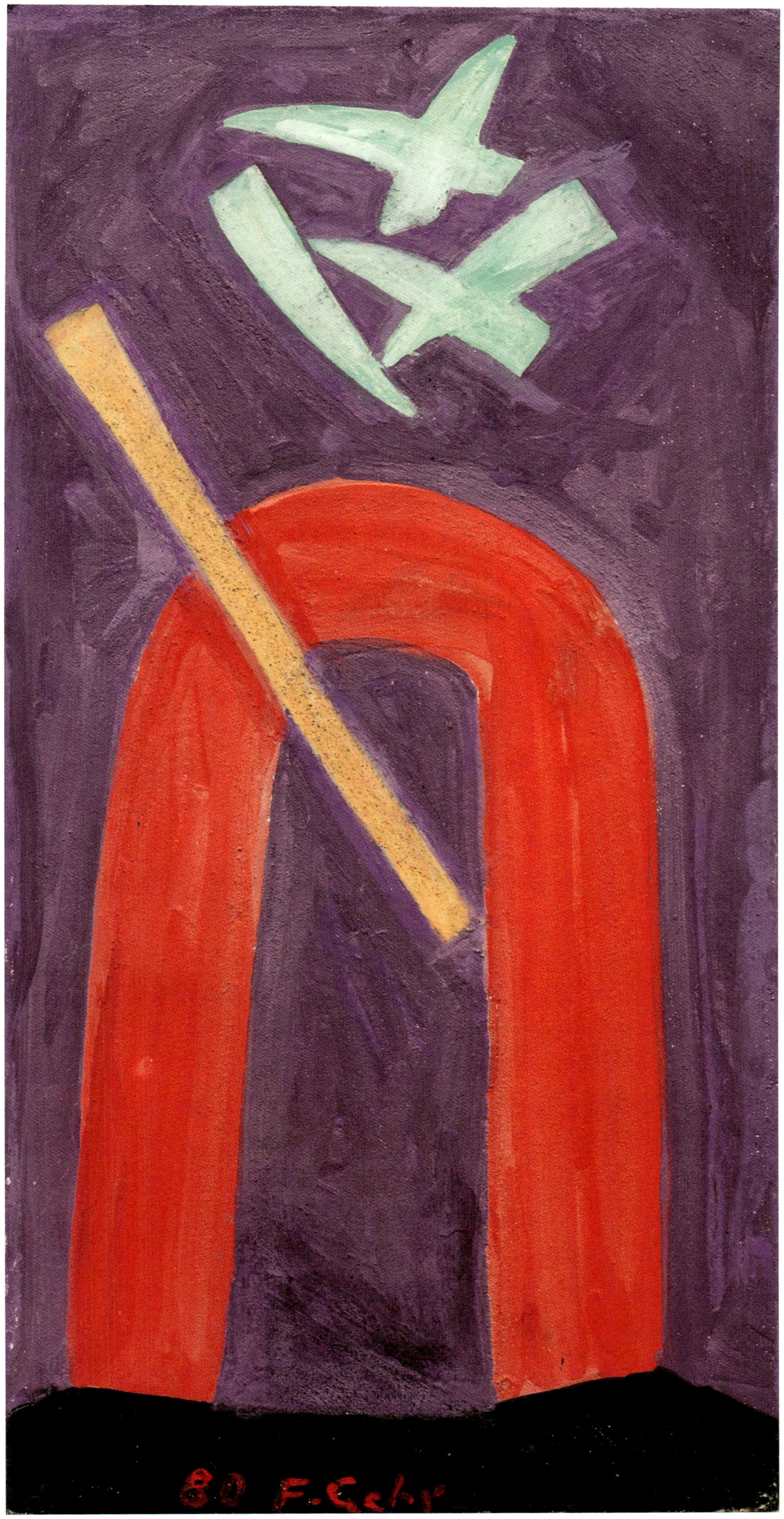
80 F.Gehr

71
Im Licht 1981
Tempera auf Leinwand, 102 x 120 cm, Privatbesitz

Bis in seine letzten Schaffensjahre hat Gehr an seinem ästhetischen Prinzip der Vereinfachung festgehalten. Dabei ist die Verwandlung der Materie in metaphorische Zeichen ein immer wiederkehrendes Thema. Dies zeigt die Darstellung *Im Licht*, wo farbige Elemente, die an Calders Mobiles erinnern, neben einer schwarzen Zone auf weissem Grund schweben. Wie ein ruhender Pol erscheint das schwarze Dreieck mit eingefasstem Kreis, Symbol der Trinität. Die Materie erfährt in ihrer Anordnung um das göttliche Zeichen *eine sichtbar gemachte Verwandlung in Formen des Geistes*, die der Künstler mit heftigem Helldunkel-Kontrast hervorruft.

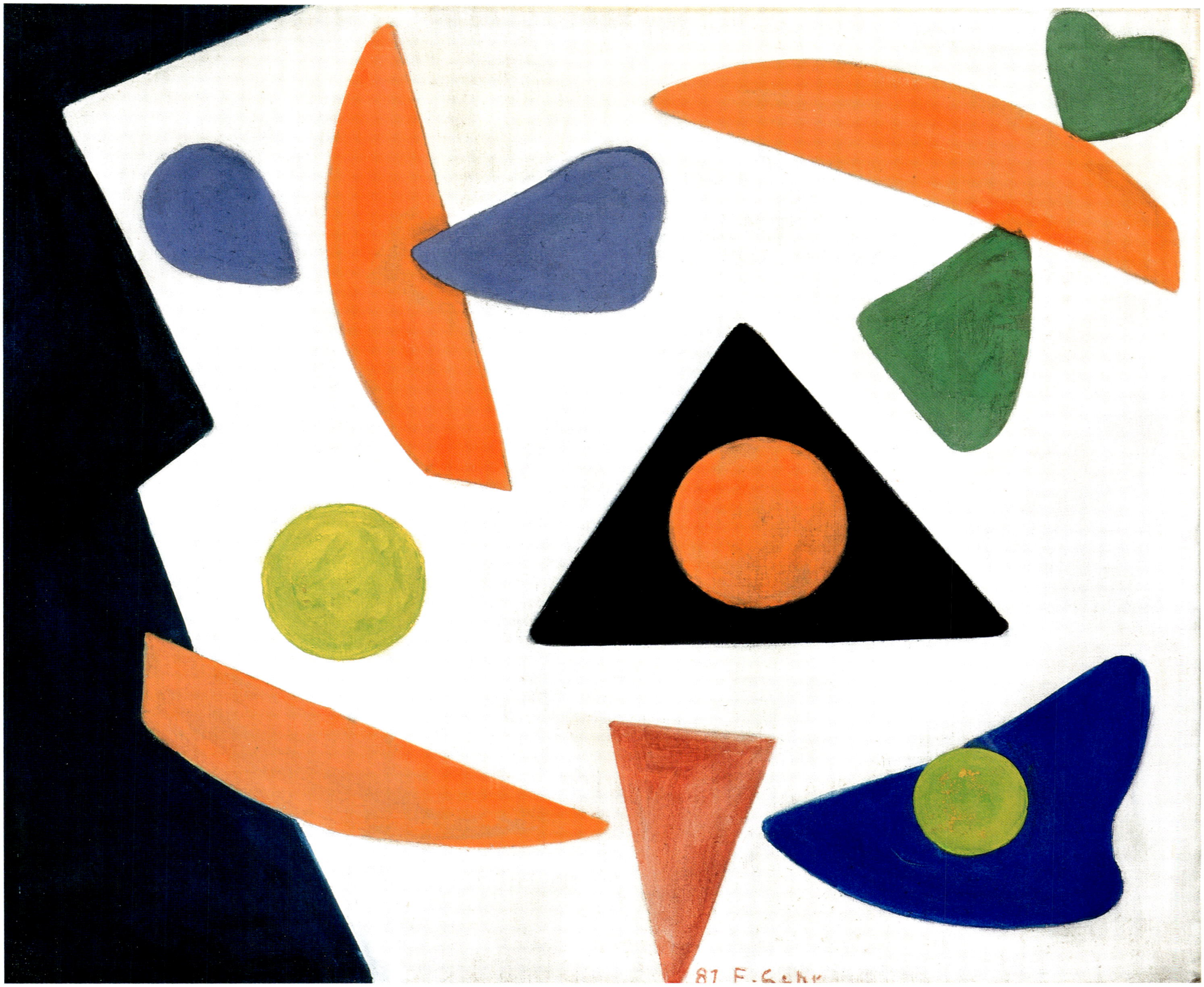
81 F. Gehr

72
Mein Gott, warum hast du mich verlassen? 1982
Tempera auf Leinwand, 100 x 70 cm, Privatbesitz

Die in den Evangelien beschriebene Finsternis bestimmt die Atmosphäre des Bildes. Vom Schwarz hebt sich der gelbe Körper Jesu kontrastreich ab. In Teile zerrissen, vermittelt er den Eindruck des schmerzhaften Todeskampfes, dem Christus mit dem bitteren Ausruf «Mein Gott, mein Gott, warum hast du mich verlassen?» erliegt. (Matthäus 27,46)
Der rote Streifen steht symbolhaft für Gottvater, während das in der Heiligen Schrift geschilderte Beben mit zwei grauen Rechtecken umgesetzt wird. Die Dramatik des Geschehens findet in der Diagonalität der Linien und dem spiralförmig bewegten schreienden Christus Ausdruck.

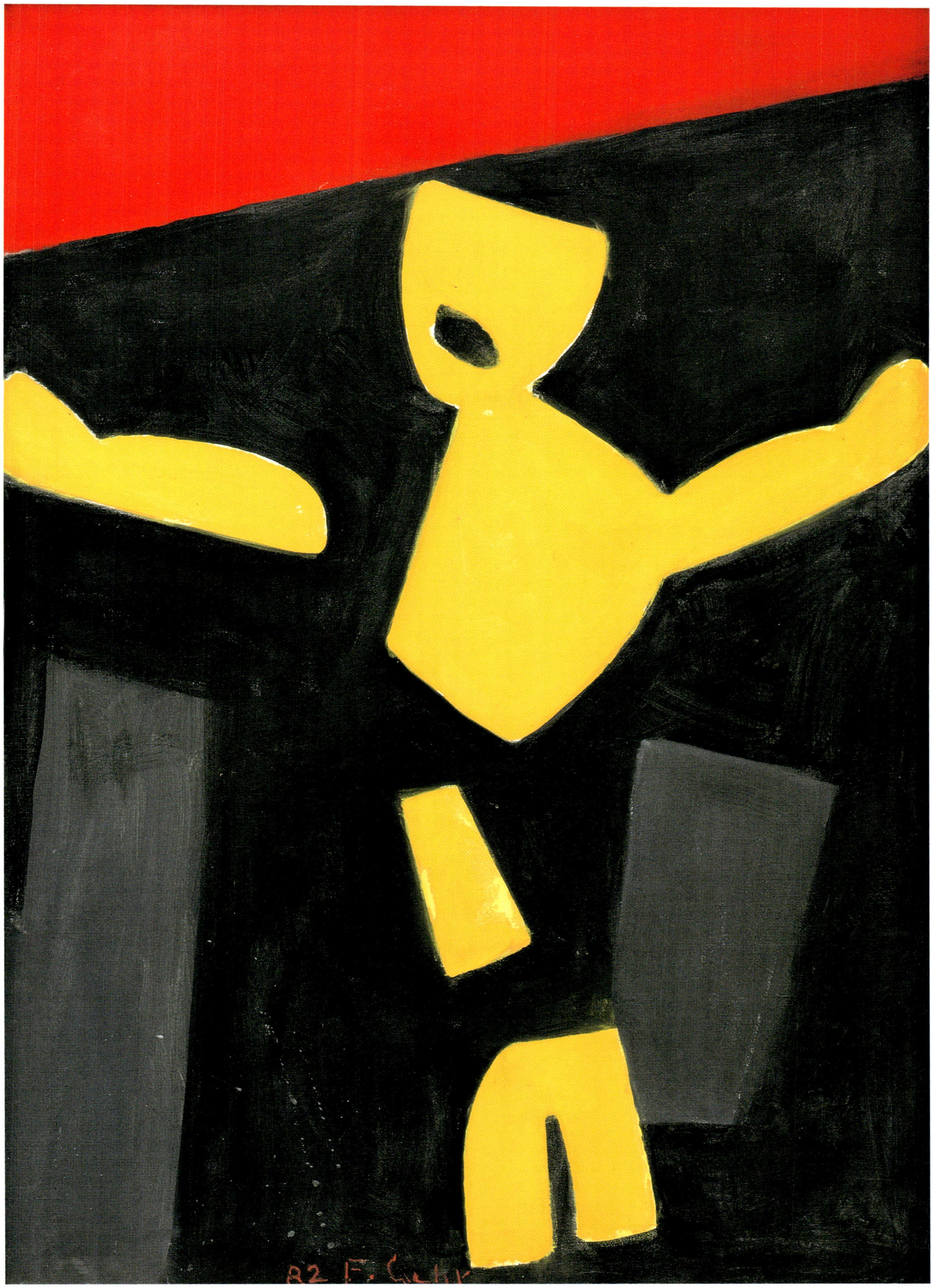

73
Magnificat 1982
Tempera auf Leinwand, 110 x 70 cm, Privatbesitz

Die mit dem kindlich vereinfachten Formvokabular von Strich und Kreis gemalte Figur vor rot-schwarzem Grund stellt Maria dar. Während ihre Beine fest auf dem Boden stehen, sind die ausgestreckten Arme und der Oberkörper Teil der roten göttlichen Zone. Unübersehbar ist der Farbbezug zwischen dem Gelb am oberen Bildrand, das den Heiligen Geist symbolisiert, und der Frucht in ihrem eiförmigen Leib. Das Bild vermittelt das Glücksgefühl, das Maria in ihrem Lobgesang Gottes zum Ausdruck bringt:

«Meine Seele preist die Grösse des Herrn,
und mein Geist jubelt über Gott, meinen Retter.
Denn auf die Niedrigkeit seiner Magd hat er geschaut.
Siehe, von nun an preisen mich selig alle Geschlechter.
Denn der Mächtige hat Grosses an mir getan
und sein Name ist heilig.
Er erbarmt sich von Geschlecht zu Geschlecht
über alle, die ihn fürchten.
Er vollbringt mit seinem Arm machtvolle Taten:
Er zerstreut, die im Herzen voll Hochmut sind;
er stürzt die Mächtigen vom Thron und erhöht die Niedrigen.
Die Hungernden beschenkt er mit seinen Gaben
und lässt die Reichen leer ausgehen.
Er nimmt sich seines Knechtes Israel an
und denkt an sein Erbarmen,
das er unseren Vätern verheissen hat,
Abraham und seinen Nachkommen auf ewig.»
(Lukas 1,46–55)

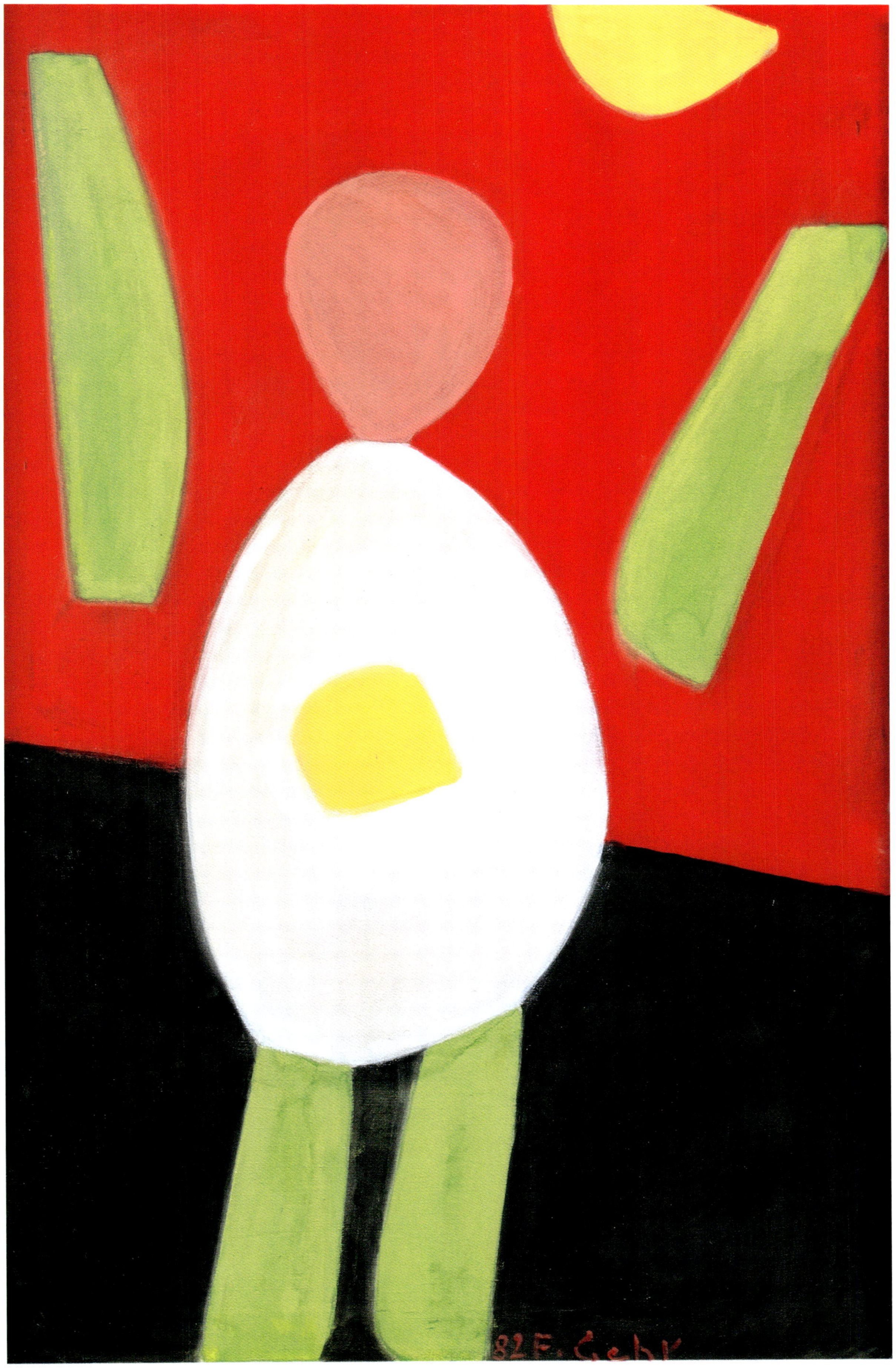
82 F. Gehr

74

Gott kommt zum Menschen 1982

Tempera auf Leinwand, 100 x 90 cm, Privatbesitz

In einem weissen Kreis steht eine menschliche Gestalt.
Tag und Nacht bestimmen ihren irdischen Lebensrhythmus.
Schwebende geometrische Formen in Weiss und Schwarz
sind Zeichen der positiven und negativen Kräfte im Universum
und illustrieren folgenden Gedanken des Künstlers:

Wer sich nicht in die Dunkelheit der geistigen Existenz begeben hat,

wird auch das Licht nicht sehen, wenn es irgendwo einmal auftaucht.

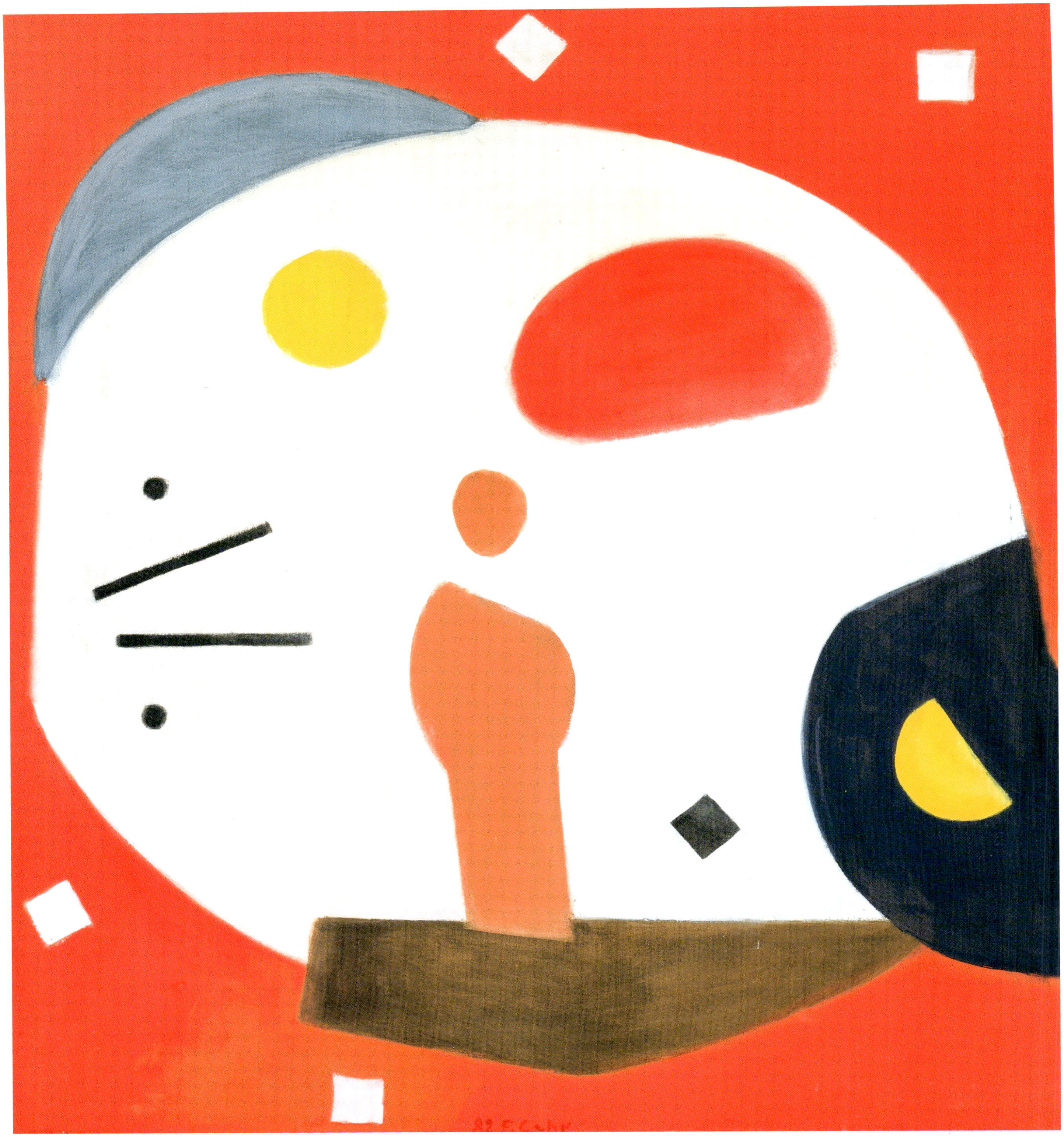

75

Menschwerdung 1984

Tempera auf Leinwand, 80 x 90 cm, Privatbesitz

Die Liebe Gottes, die durch die Geburt Jesu personifiziert wird,
ist ein zentraler Gedanke der *Menschwerdung*. So erleuchtet ein rosaroter
Lichtstrahl das Diesseitige, die grüne Gestalt Marias und die braune Erde.
Wie im Bild *Gottesgebärerin* von 1969 wird auch in diesem Werk die
Menschwerdung mit unmittelbar verständlicher Farbsymbolik – das rosarote
göttliche Licht erfasst das werdende Leben im Mutterleib – visualisiert
(vgl. Seite 73). Die Einbettung der dunklen irdischen Formen in das helle
göttliche Weiss und die Beziehung von Rot und Grün versinnbildlichen
die Kraft der Liebe Gottes zum Menschen.

Ein Geheimnis stand da vor ihrem [Marias] Geiste. Sie sagte [...] «Ja»,

ein «Ja», wie es sonst nie über die Lippen des Menschen gekommen ist.

Und dieses «Ja», in menschlicher Freiheit gesprochen, öffnete der

göttlichen Liebe den Weg.

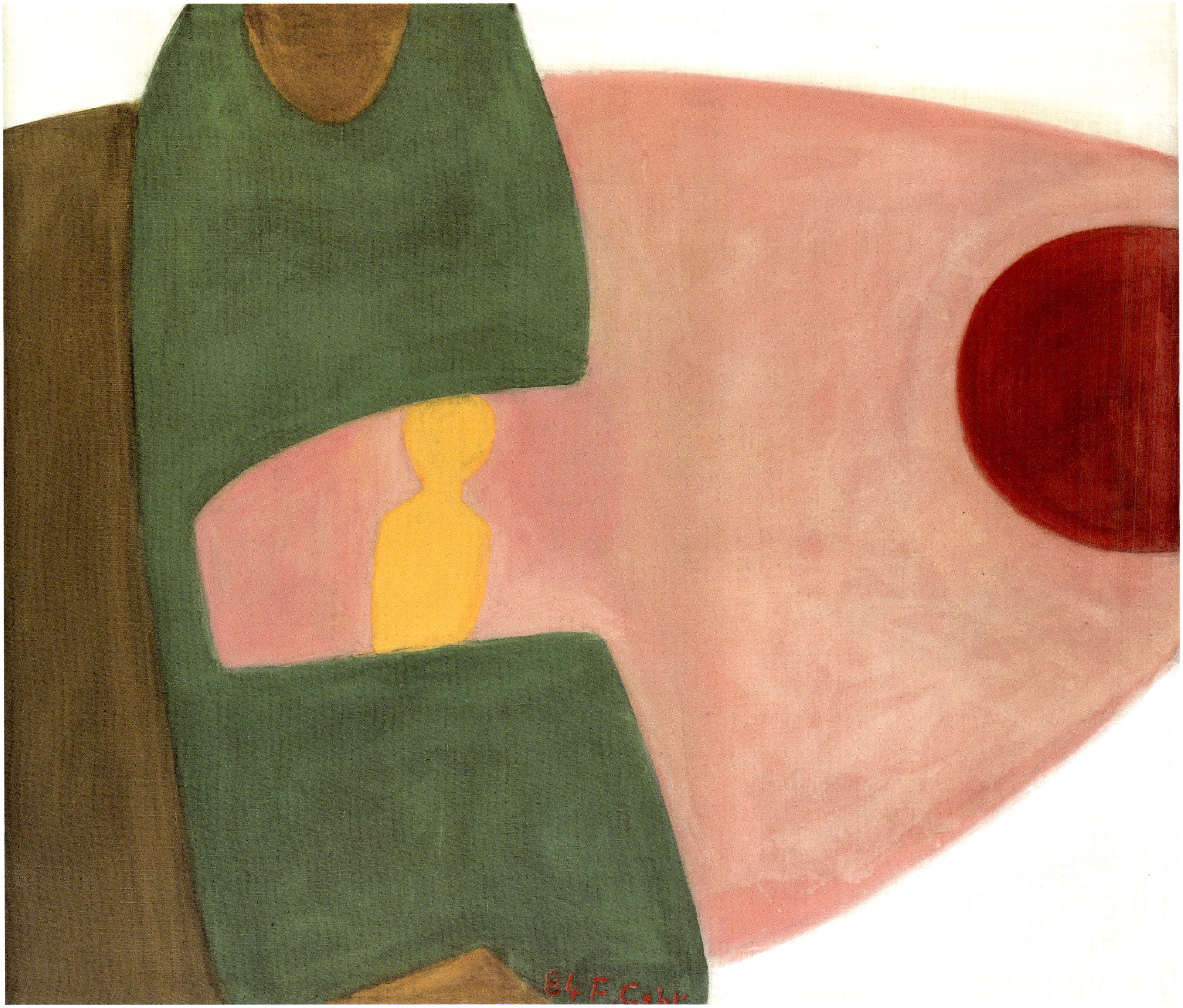

76

Der schützende Geist 1984

Tempera auf Leinwand, 90 x 110 cm, Privatbesitz

In diesem Bild setzt sich der Künstler mit Geist und Materie, Ordnung und Chaos, Freiheit und Bedrängnis auseinander. Die Figur in der Mitte verbindet zwei gegensätzlich gestaltete Bildhälften. Durch ihre schräge Haltung scheint sie sich von der rechten ab- und der linken zuzuwenden, einer gelb-weissen Form auf grünem Grund, die den *ruhig-heiteren Zustand, frei von materieller Bedrängnis* verbildlicht. *Chaos ist auf der rechten Seite des Bildes gemeint, auf unruhigem Weiss schwarze, zusammenhanglose Streifen und Punkte, das wenige Rot soll die Verwirrung noch steigern.* Dieser von Antagonismen geprägten Welt gelten Gehrs Gedanken, die er in seinen Bildern verarbeitet.

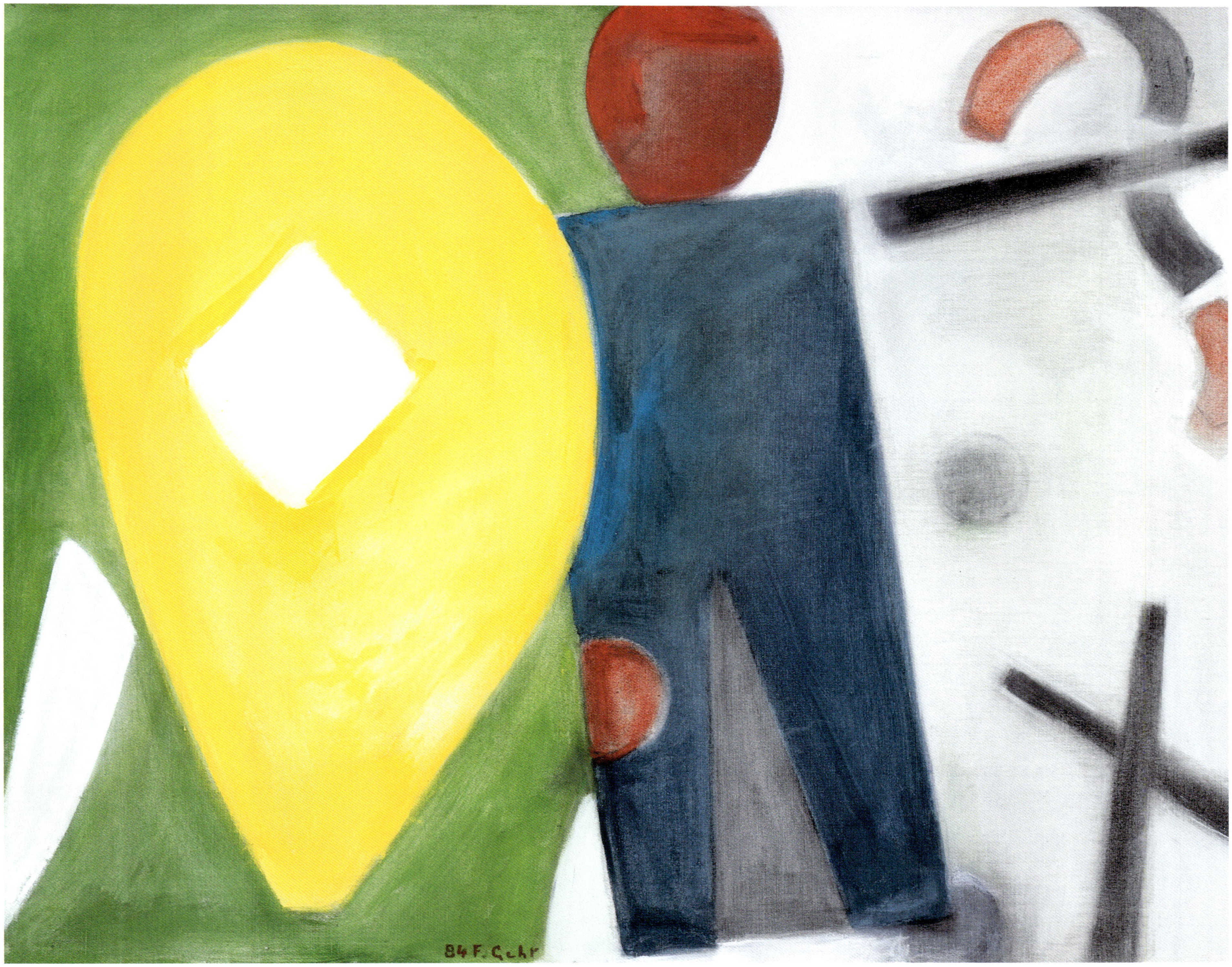
84 F. Gehr

77

Gethsemane 1984

Tempera auf Leinwand, 89 x 79 cm, Privatbesitz

Nach dem letzten Mahl zog Jesus sich mit drei Jüngern zum Gebet in den Garten Gethsemane am Fusse des Ölbergs zurück. Er entfernte sich von ihnen, kniete nieder und betete: «Mein Vater, wenn es möglich ist, so gehe dieser Kelch an mir vorüber. Aber nicht wie ich will, sondern wie du willst.» (Matthäus 26,39)

Diesen Moment stellt Gehr in *Gethsemane* dar. Die Verzweiflung Jesu manifestiert sich in der heftigen Bewegtheit der Arme, während das Schwarz seines Gewandes den Zustand der Angst symbolisiert. Im Kontext der biblischen Vorlage steht Weiss für die Gegenwart Gottes. Der rosarote Kelch, der die Blutstropfen am Kreuz aufnehmen wird, weist auf die bevorstehende Passion.

Angst, Trauer und Schmerz, die auch die Darstellung *Mein Gott, warum hast du mich verlassen* (Seite 147) prägen, erinnern an das Menschsein Jesu auf Erden.

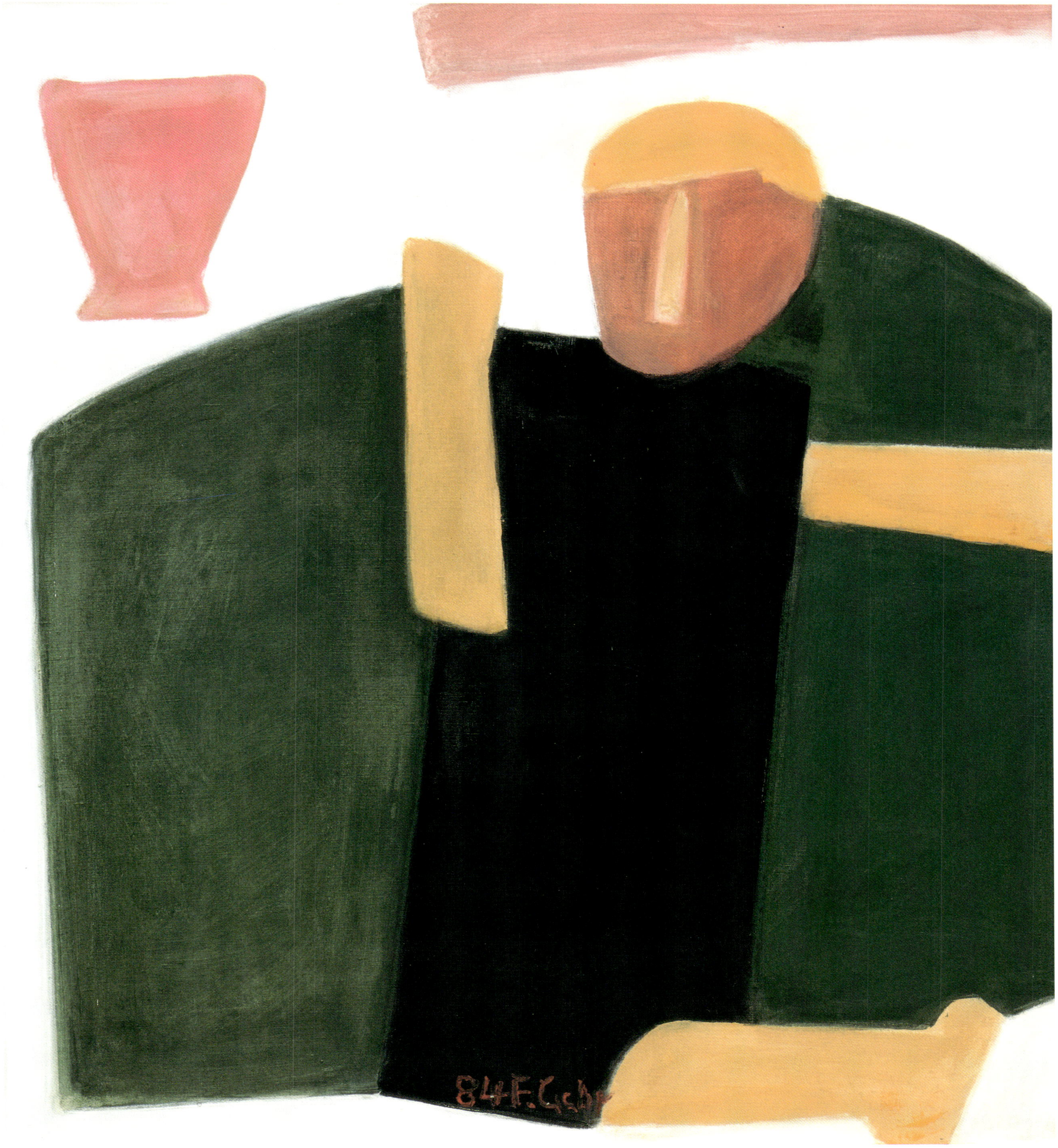

78
Äpfel 1969
Tempera auf Leinwand, 80 x 90 cm, Privatbesitz

79
Rote Äpfel 1973
Fresko, 70 x 59 cm, Privatbesitz

80
Äpfel 1973
Fresko, 57,5 x 45,5 cm, Sammlung Andreas Gehr

81
Äpfel 1973
Aquarell, 65 x 50 cm, Sammlung Andreas Gehr

82
Äpfel 1973
Aquarell, 53 x 41 cm, Privatbesitz

83
Äpfel 1975
Aquarell, 51 x 67 cm, Privatbesitz

Der Dialog von Form und Farbe bestimmt nach Wassily Kandinsky den Ausdruck eines Bildes: «Dieses unvermeidliche Verhältnis zwischen Farbe und Form bringt uns zu Beobachtungen der Wirkungen, welche die Form auf die Farbe ausübt.»[11] In Gehrs Apfelbildern kommt die aktivierende Wirkung des Rots in der Kreisform zur Ruhe: *Die roten Äpfel liegen vor dir auf dem Tisch. Schaue sie lange an. Lass ihre runde Ruhe auf dich wirken. Das tut gut. Wenn du dann wieder gehen musst, so werden sie dir ihr Geistigstes mitgeben: Den Begriff Rot, ein Geheimnis des Schöpfers, mit nichts vergleichbar, am nächsten noch dem Blau und dem Gelb.*
In allen Apfelbildern Gehrs findet sich ein spannungsvolles Spiel von hellen und dunklen, kalten und warmen Farben, die sich in geometrischen Formen die Balance halten. Ebenso bricht das Licht als weisse Fläche hervor – beim Aquarell sind es die transparente Farbigkeit und das ausgesparte Weiss des Papiers – und lässt das Imaginäre bildhaft werden, *das Paradies im Grunde der Seele, als Ahnung.*
Der Apfelbaum erscheint auch im Hohen Lied Salomos als Traumbild der verliebten Sulamith: «Wie ein Apfelbaum unter den wilden Bäumen, so ist mein Freund unter den Jünglingen. Unter seinem Schatten zu sitzen begehre ich, und seine Frucht ist meinem Gaumen süss.»
So wird Gehr von der in sich ruhenden Schönheit des Apfels, die seit biblischen Zeiten mit Sinnlichkeit und verführerischer Kraft verknüpft ist, zu zahlreichen Bildvariationen inspiriert.

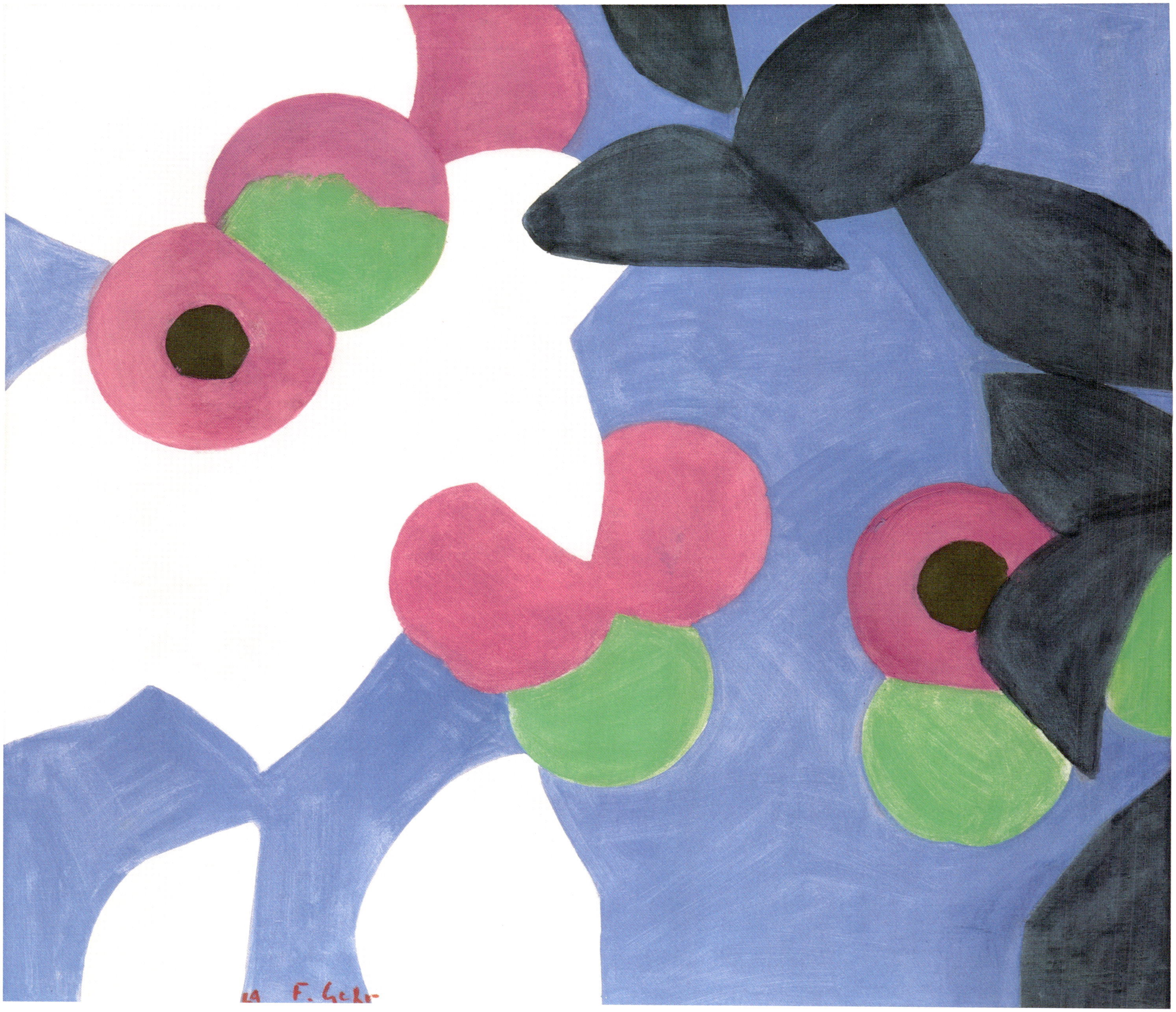

78
Äpfel 1969
Tempera auf Leinwand, Ausschnitt

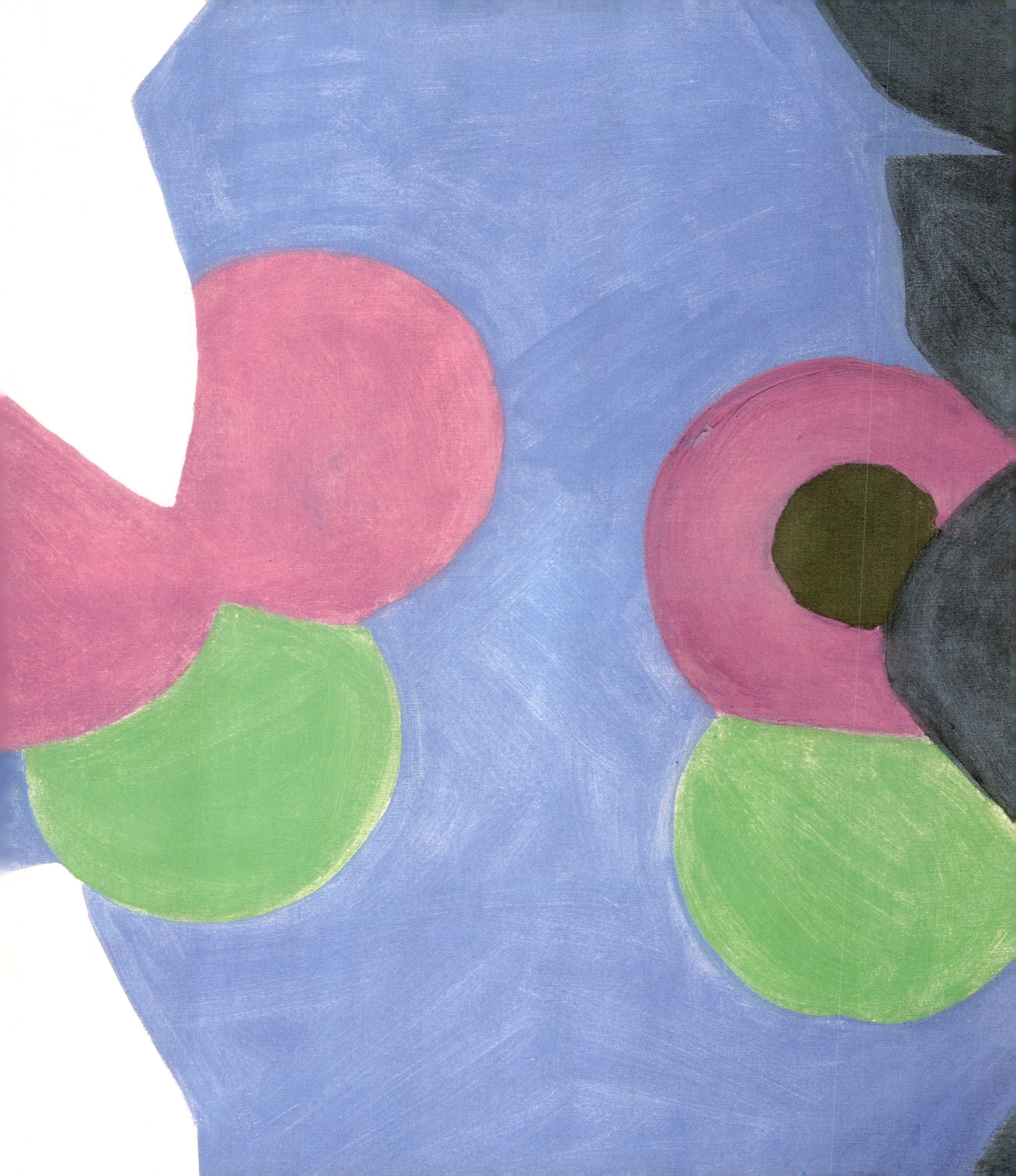

79

80

81

82

83

84
Mariä Himmelfahrt 1984
Tempera auf Leinwand, 110 x 90 cm, Privatbesitz

Nach ausserbiblischer Überlieferung vereinigte Christus die Seele Marias, die er bei ihrem Tode zu sich genommen hatte, mit ihrem Leib, und die Muttergottes stieg, von Engeln getragen, in den Himmel auf.[12]
In einer farbigen, dreipassähnlichen Wolke schwebt Maria von der Erde – angedeutet durch eine dunkelblaue Zone – zum Himmel. Der Rot-Blau-Gelb-Klang vor weissem Grund verleiht der schlichten Komposition eine transzendente Leichtigkeit.

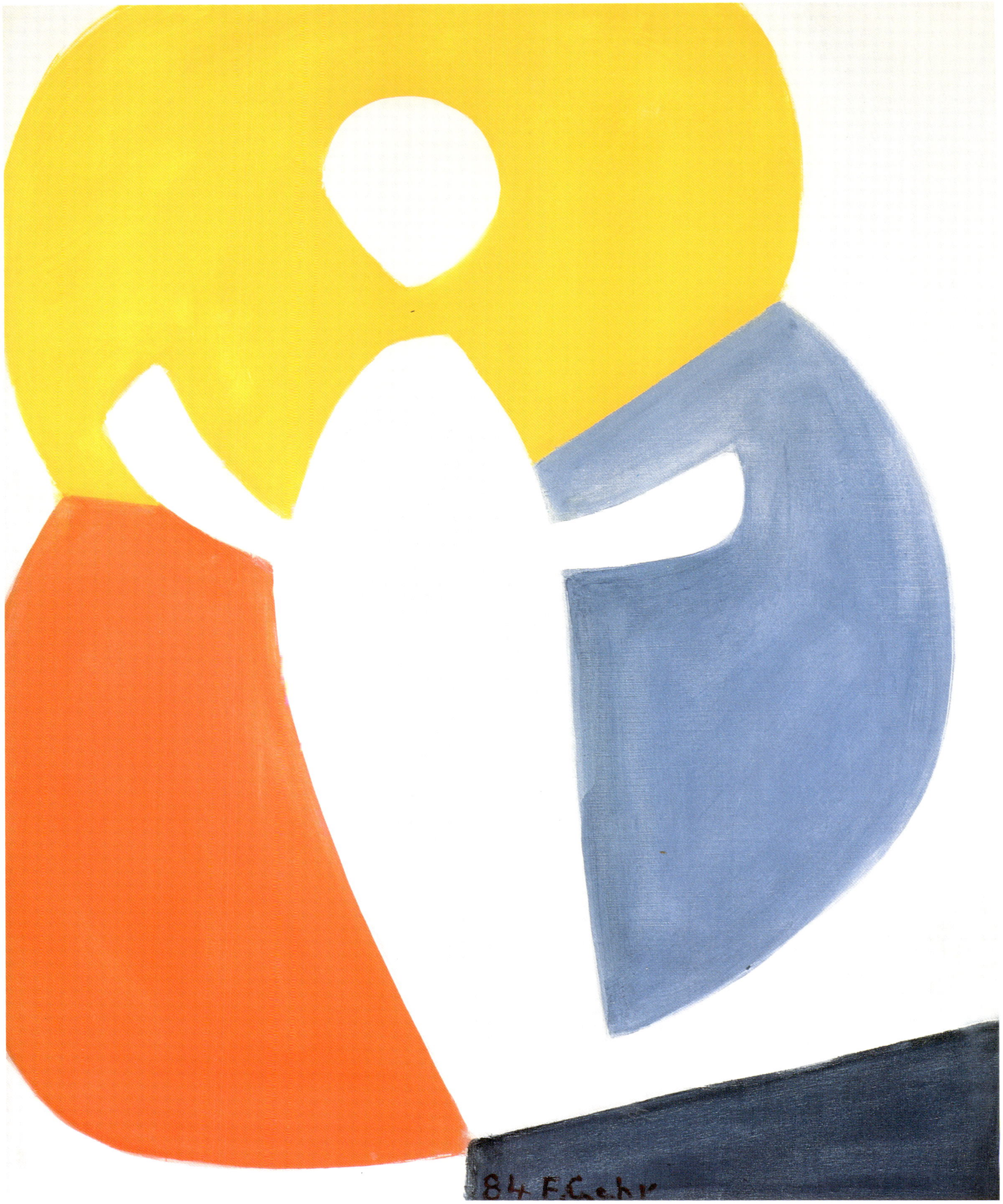
84 F.Gehr

85

Ohne Titel 1985

Tempera auf Leinwand, 70 x 80 cm, Privatbesitz

Das Bild verströmt abgeklärte Ruhe, Ausgeglichenheit und Leichtigkeit. Fünf Elemente von erdigem Kolorit erscheinen auf weissem Grund schwerelos. Dabei schafft die schwarze Vertikale ein Gegengewicht zu den horizontalen Bildelementen. Ist es *ein ruhiges, lautloses Eingehen der gegenständlichen Gegebenheiten im Raum der Bildfläche*, das Gehr ausdrücken will?

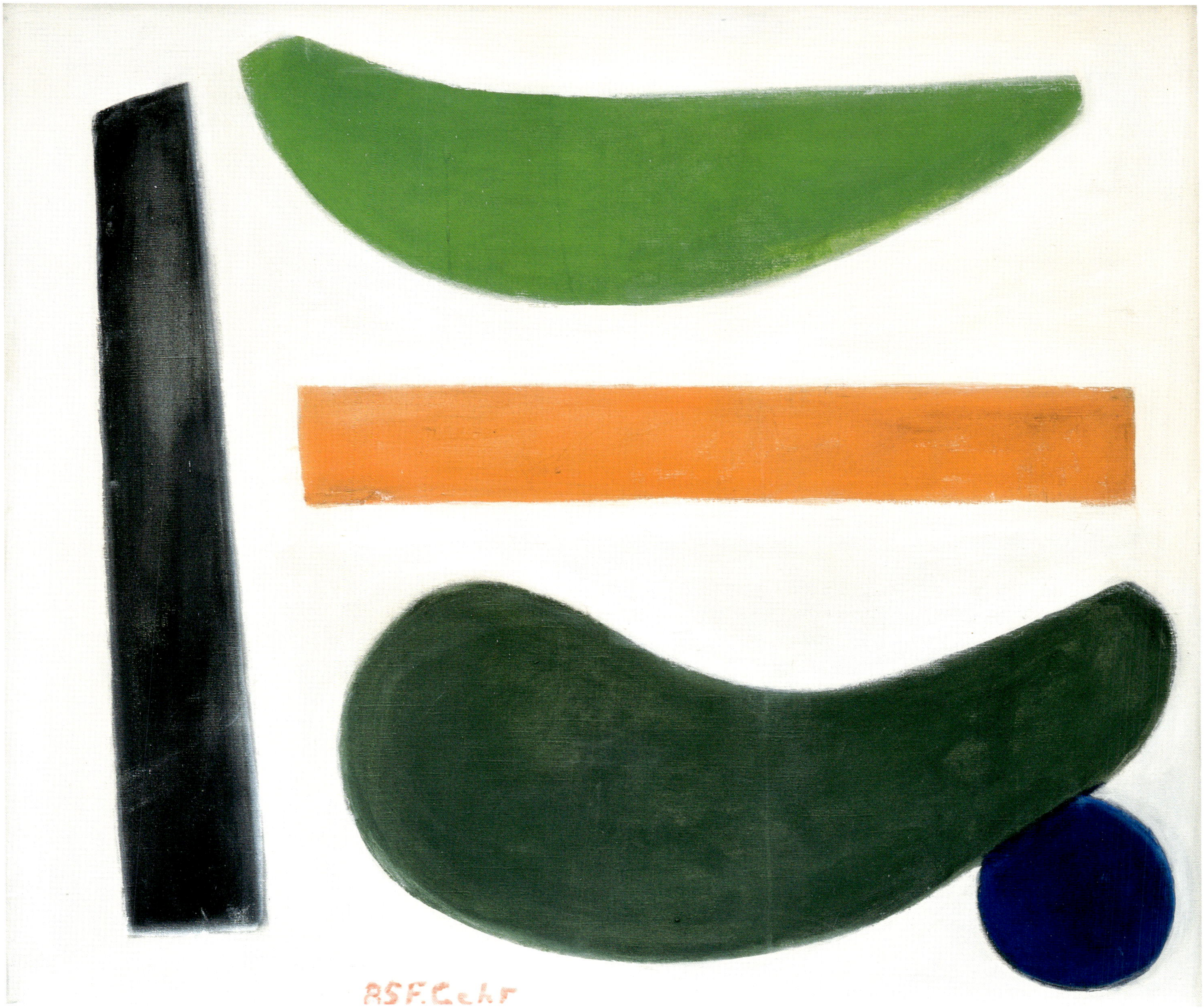

86
Diesseits – Jenseits 1986
Tempera auf Leinwand, 90 x 100 cm, Privatbesitz

Als farblichen und gestischen Kontrast zum Leben visualisiert der Künstler
in dieser Version den Tod seiner Frau. Während ein schwarzes Rechteck
das Paar trennt, vereint die weisse Fläche das Diesseits mit dem Jenseits.
Der Dunkelheit und Schwere der Erde stehen die Leichtigkeit und
Heiterkeit der Erlösung durch den Tod und das ewige Leben gegenüber.

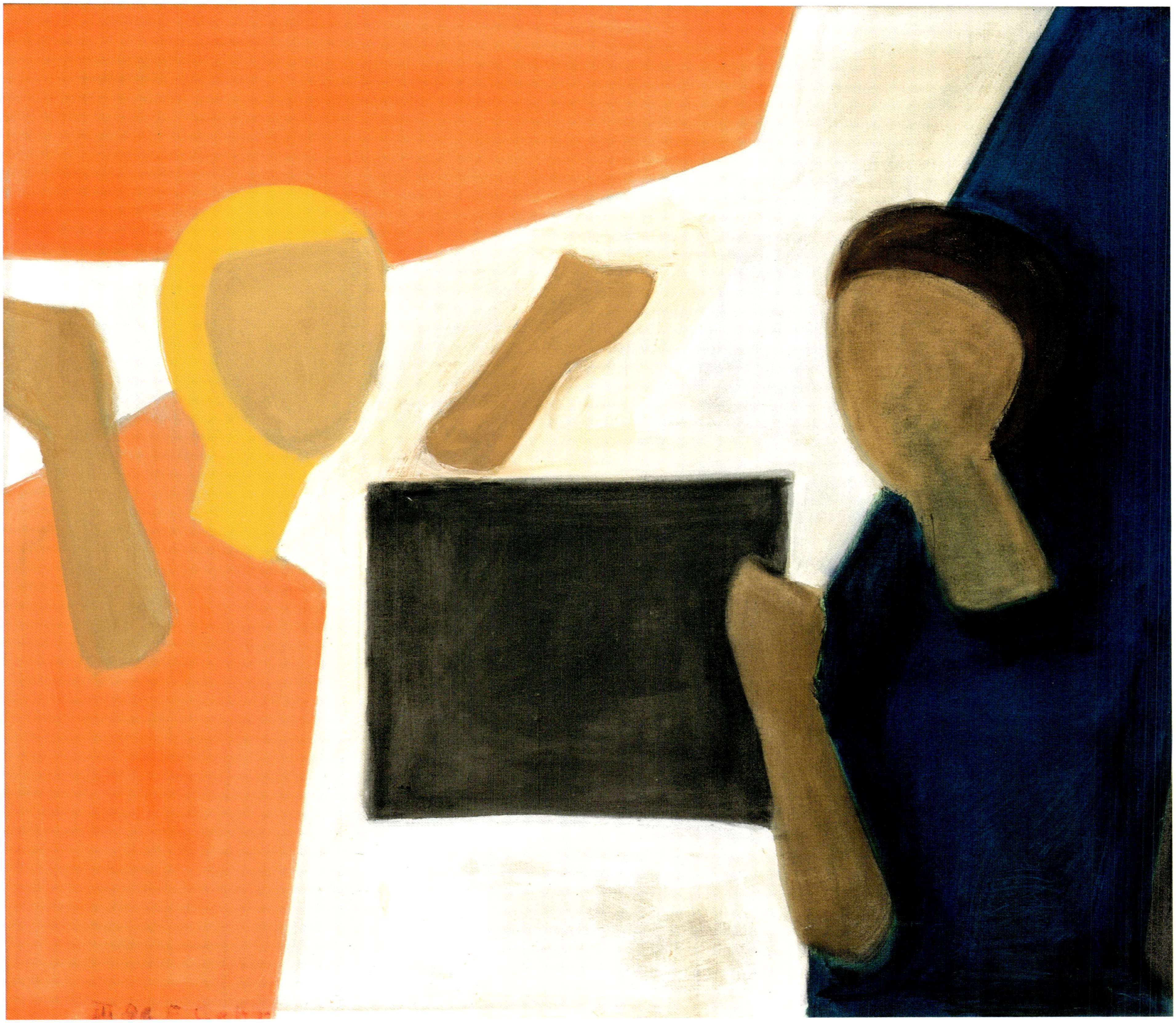

87
Pfingsten 1986
Tempera auf Leinwand, 100 x 80 cm, Privatbesitz

Im Bild *Pfingsten* versammeln sich die Jünger, um zu beten, unter ihnen die hellblaue Gestalt Marias. «Da kam plötzlich vom Himmel her ein Brausen, wie wenn ein heftiger Sturm daherfährt, und erfüllte das ganze Haus, in dem sie waren. Und es erschienen ihnen Zungen wie von Feuer, die sich verteilten; auf jeden von ihnen liess sich eine nieder. Alle wurden mit dem Heiligen Geist erfüllt.» (Apostelgeschichte 2,2–4)
Das göttliche Licht, in Form eines gelben Rechtecks, zeichnet besonders die Gestalt Marias aus. Der Helldunkel-Kontrast zwischen der oberen und der unteren Bildzone intensiviert das Weiss zwischen den blauen Gestalten, das die lichte Gegenwart des Heiligen Geistes unter den Figuren zum Ausdruck bringt. Ihr gegenseitiges Zugewandtsein entspricht den Worten der Bibel, nach denen «alle […] in fremden Sprachen zu reden [begannen], wie es der Geist ihnen eingab.» (Apostelgeschichte 2,4)

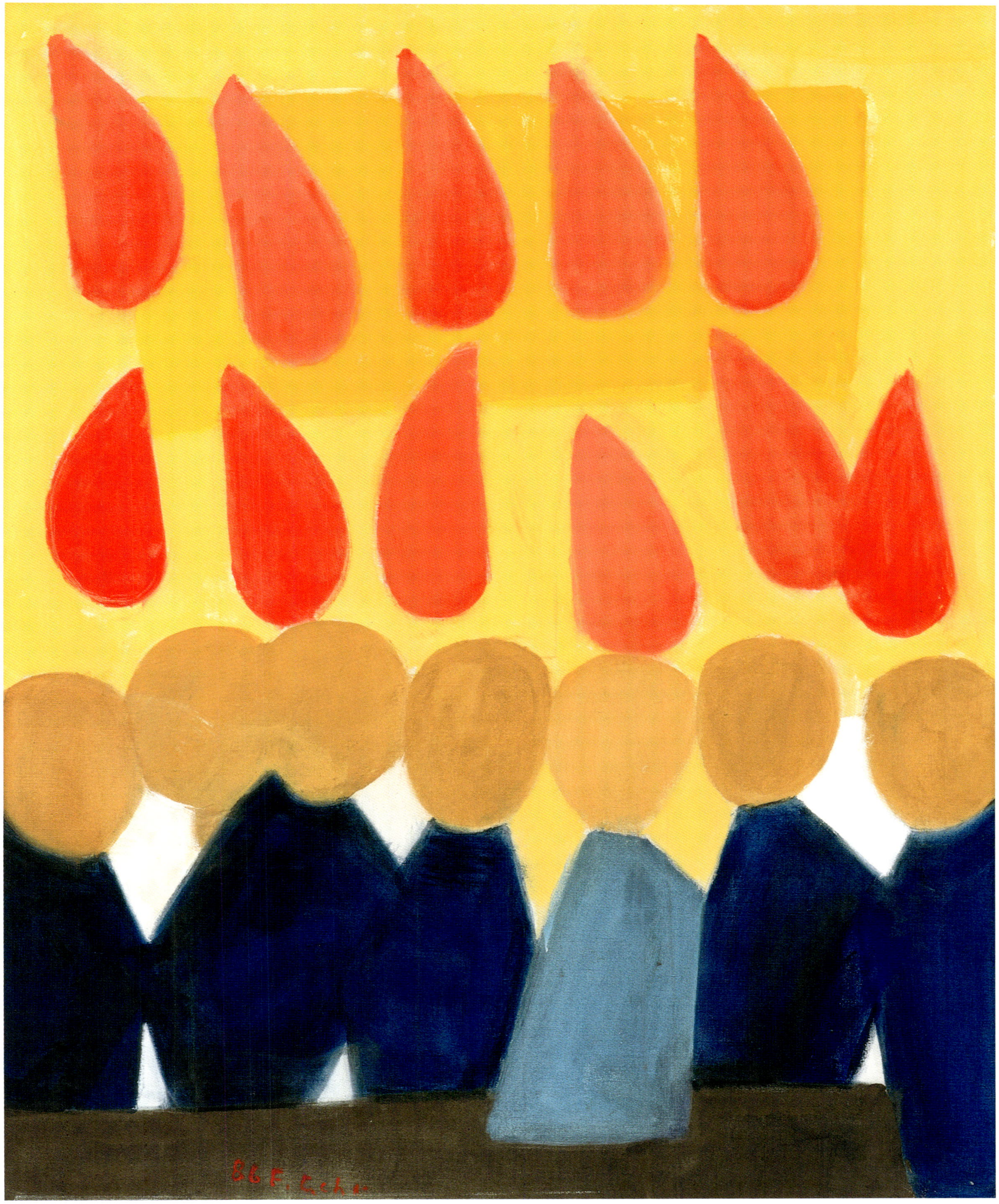

88
Kontemplation 1987
Tempera auf Leinwand, 90 x 100 cm, Privatbesitz

Die Symbolkraft der Farbe und der Form bestimmt bei Gehr stets die Bildaussage. Die Geschlossenheit des roten Kreises, in der Anfang und Ende aufgehoben sind, versinnbildlicht in der Darstellung *Kontemplation* das Göttliche. Rot und Weiss als Gegensätze zum Schwarz stehen für das Leben. Gelb als Farbe der Sonne bringt Dunkles zum Leuchten und steht zusammen mit dem Weiss für die geistige Welt, in der sich der kontemplative Mensch befindet.
Die Formen prägen sich durch ihre Einfachheit ein und unterstreichen Gehrs Bemühen, eine verständliche Sprache in der modernen Kunst zu finden.

Aber ich kann nicht ganz für mich allein Mensch sein. Ich möchte mich mit dem Bild in Kontakt bringen zu anderen Menschen.

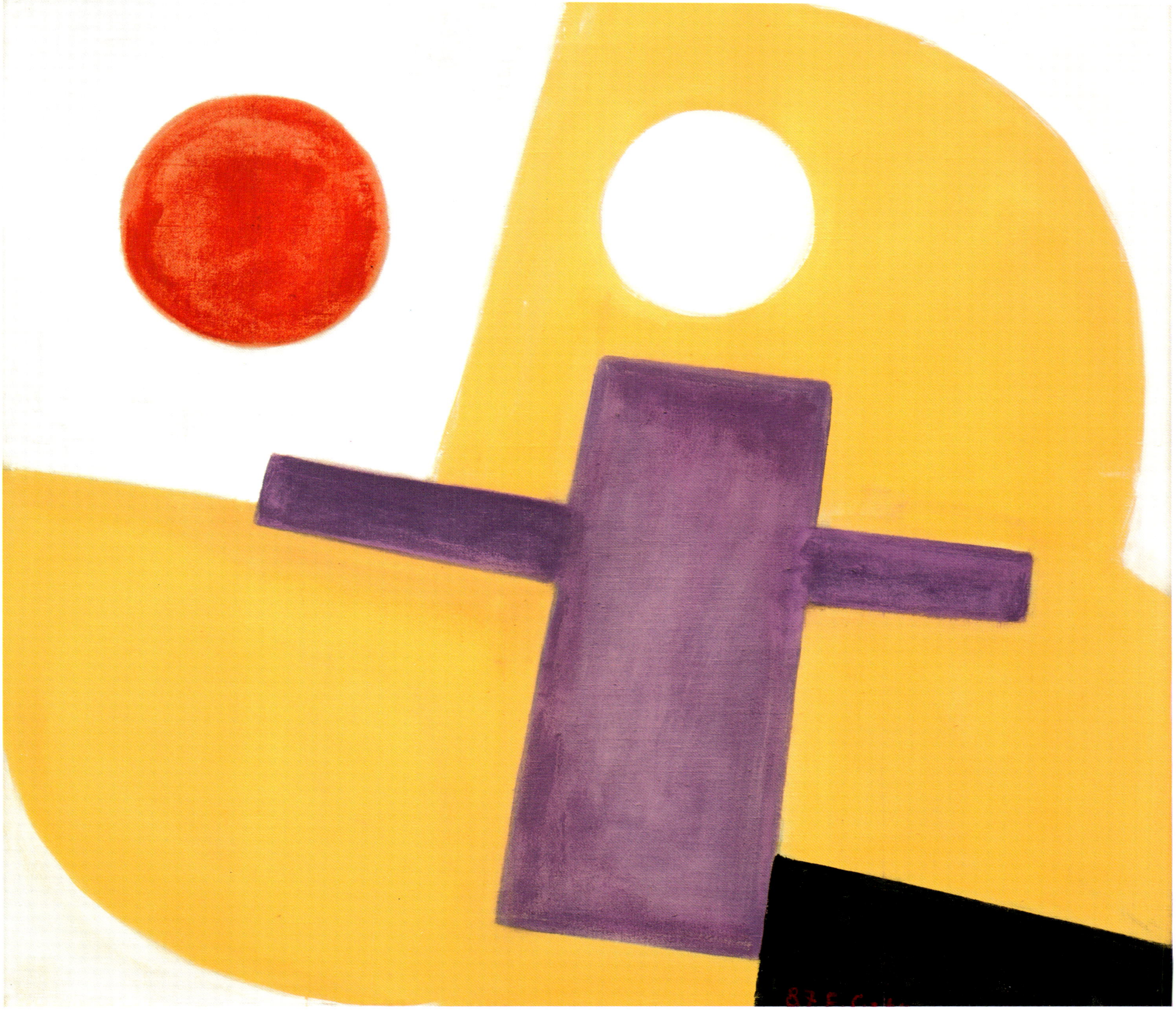

89
David und die Musik 1988

Tempera auf Leinwand, 110 x 120 cm, Privatbesitz

«Wie schön ist es, dem Herrn zu danken, deinem Namen, du Höchster, zu singen, am Morgen deine Huld zu verkünden [...] zur zehnsaitigen Laute, zur Harfe, zum Klang der Zither. Denn du hast mich durch deine Taten froh gemacht; Herr, ich will jubeln über die Werke deiner Hände. Wie gross sind deine Werke, o Herr, wie tief deine Gedanken!» (Psalm 92,2–6)
König David, der Herrscher Israels, huldigt in dichterischen Versen Gott, seinem Herrn. Der Künstler hält sich genau an die biblische Vorlage. Die Morgenstimmung inszeniert er mit einem weissen Hintergrund, der die frische Farbigkeit der geometrischen Gebilde unterstreicht. Die königlichen Attribute, Krone und purpurrotes Gewand, kontrastieren mit der Leichtigkeit der im Raum schwebenden Formen, die die Töne aus Davids jubelndem Saitenspiel gleichsam in Klangfarben umsetzen.

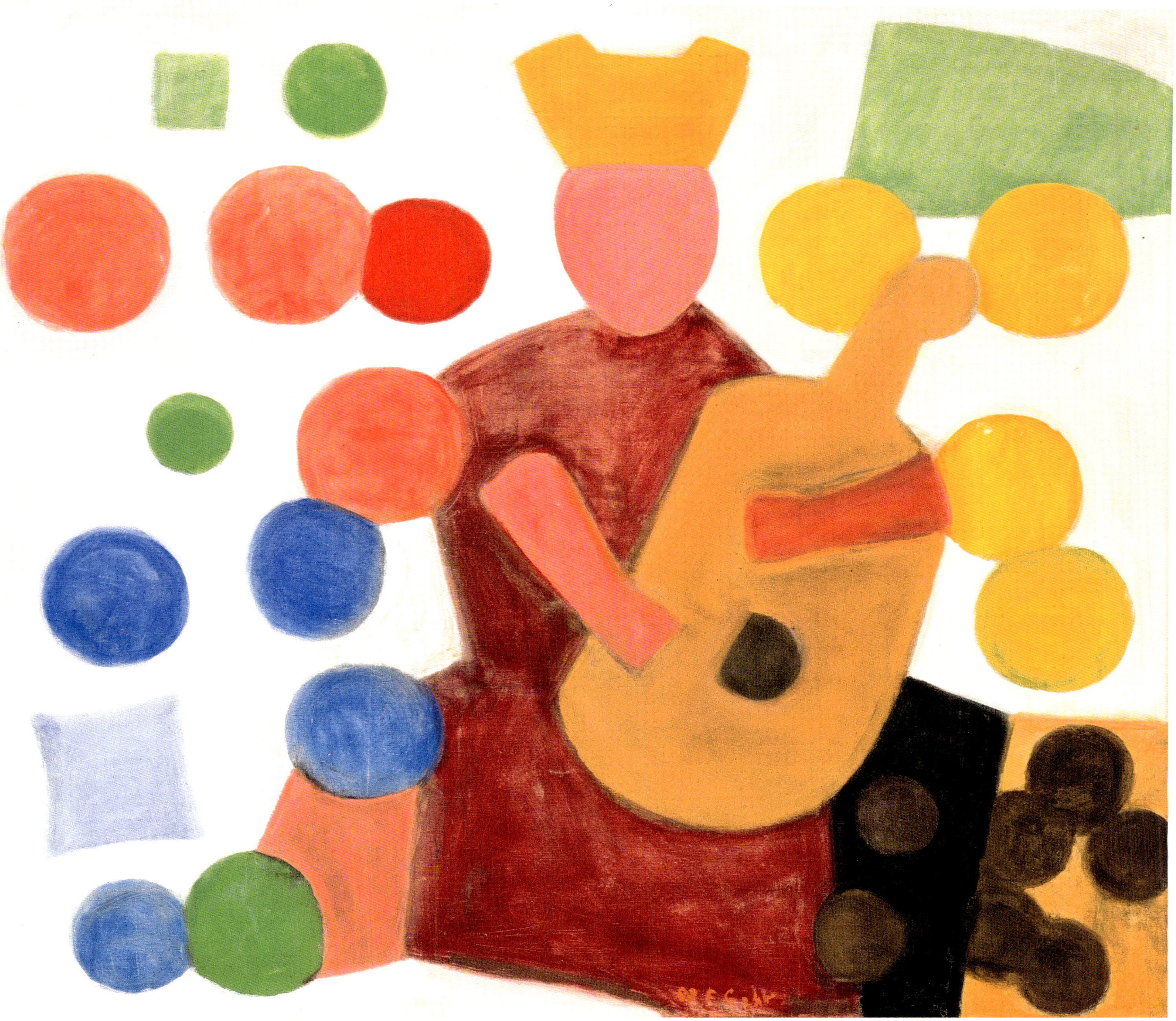

90
Abschiedsrede an die Jünger 1989
Tempera auf Leinwand, 90 x 110 cm, Privatbesitz

Die zwölf Apostel haben sich um Jesus versammelt. Sie folgen seiner Abschiedsrede, die er gestenreich begleitet. Mit dem linken Arm weist er zum gelben Kreis, dem Symbol von Gottvater: «Wahrlich, wahrlich ich sage euch: Wer an mich glaubt, der wird die Werke, die ich vollbringe, ebenso vollbringen; ja, noch grössere wird er vollbringen; ich gehe ja zum Vater.» (Johannes 14,12)
Trotz farblicher Homogenität sind die einzelnen Zuhörer in ihren Körperhaltungen leicht differenziert. Jesus am nächsten und ihm zugeneigt ist der Lieblingsjünger Johannes. Die blaue Fläche schneidet aus dem weissen Grund den oberen Teil des Kreuzes, das an die bevorstehende Passion denken lässt.

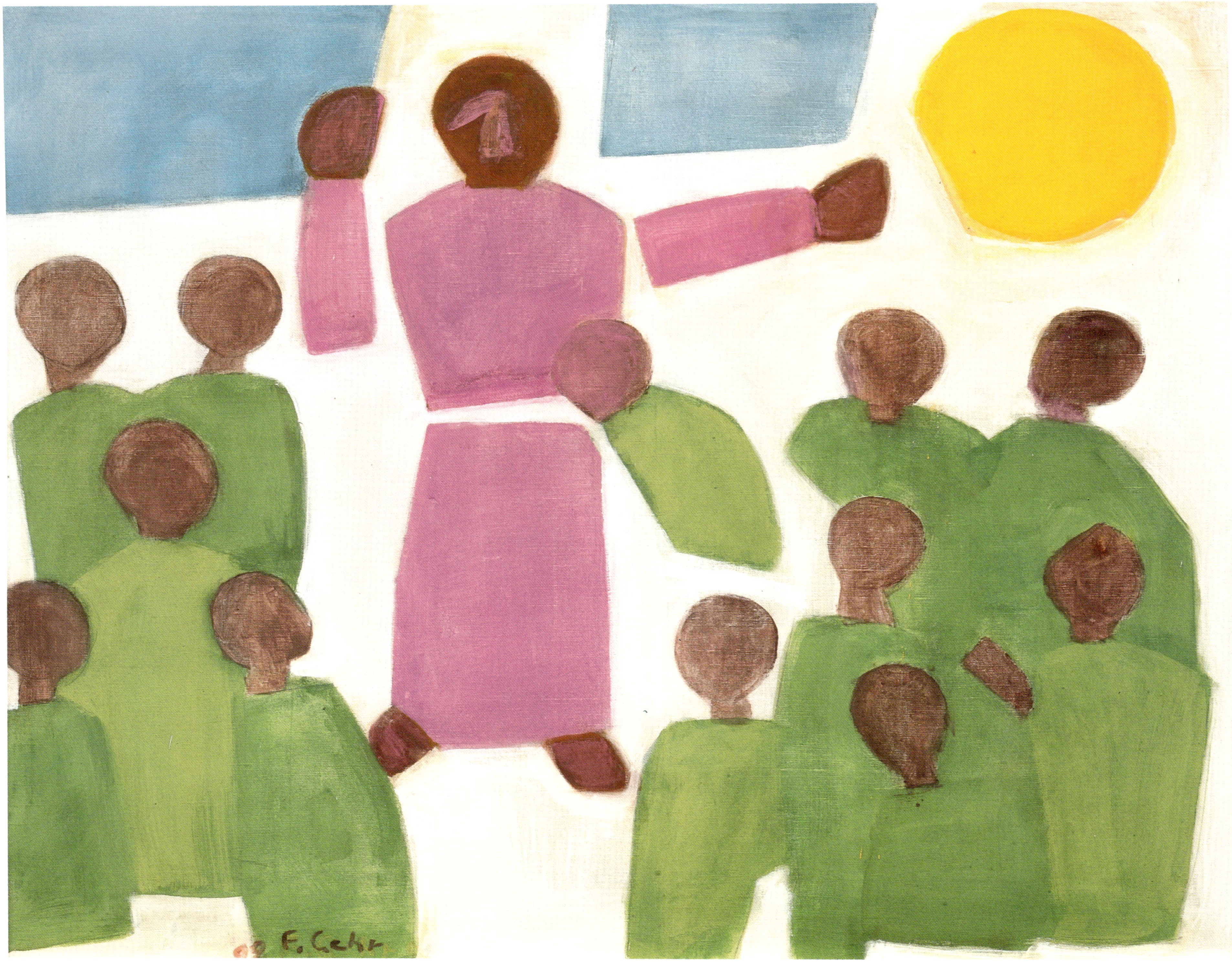
F. Gehr

91
Sommerfrau 1969
Tempera auf Leinwand, 110 x 100 cm, Privatbesitz

92
Frau in Landschaft 1966
Tempera auf Leinwand, 110 x 100 cm, Privatbesitz

93
Frau mit Wolken 1982
Tempera auf Leinwand, 90 x 90 cm, Privatbesitz

94
Frau im Garten 1982
Tempera auf Leinwand, 99 x 89 cm, Privatbesitz

Die Frau steht bei Gehr häufig im Kontext der Natur. In Übereinstimmung mit vegetativen Bildelementen ist sie Ausdruck von Fruchtbarkeit und Sinnlichkeit. In *Frau mit Wolken* steht eine rundliche Gestalt unmittelbar vor dem Betrachter. Arme und Beine fehlen, der Kopf ist im Verhältnis zur Körpergrösse klein gestaltet. Die rechte Brust und das Gesäss sind durch hellere Farbgebung hervorgehoben und aus verändertem Blickwinkel gemalt. Quellwolken und Berge fügen sich dem Rhythmus von runden Naturformen ein und suggerieren die Einheit von Natur und Frau, die ebenso in *Sommerfrau* und *Frau in Landschaft* fassbar wird. Augenfällig ist diese Verbindung auch bei der *Frau im Garten*, wo eine weibliche Gestalt in gebückter Haltung Blumen pflückt. Ihre prallen Brüste und der Kontrast des dunklen Schosses zum weissen Körper spielen nicht nur auf ihre Mutterrolle an, sondern auch auf die Kraft des Eros.

91

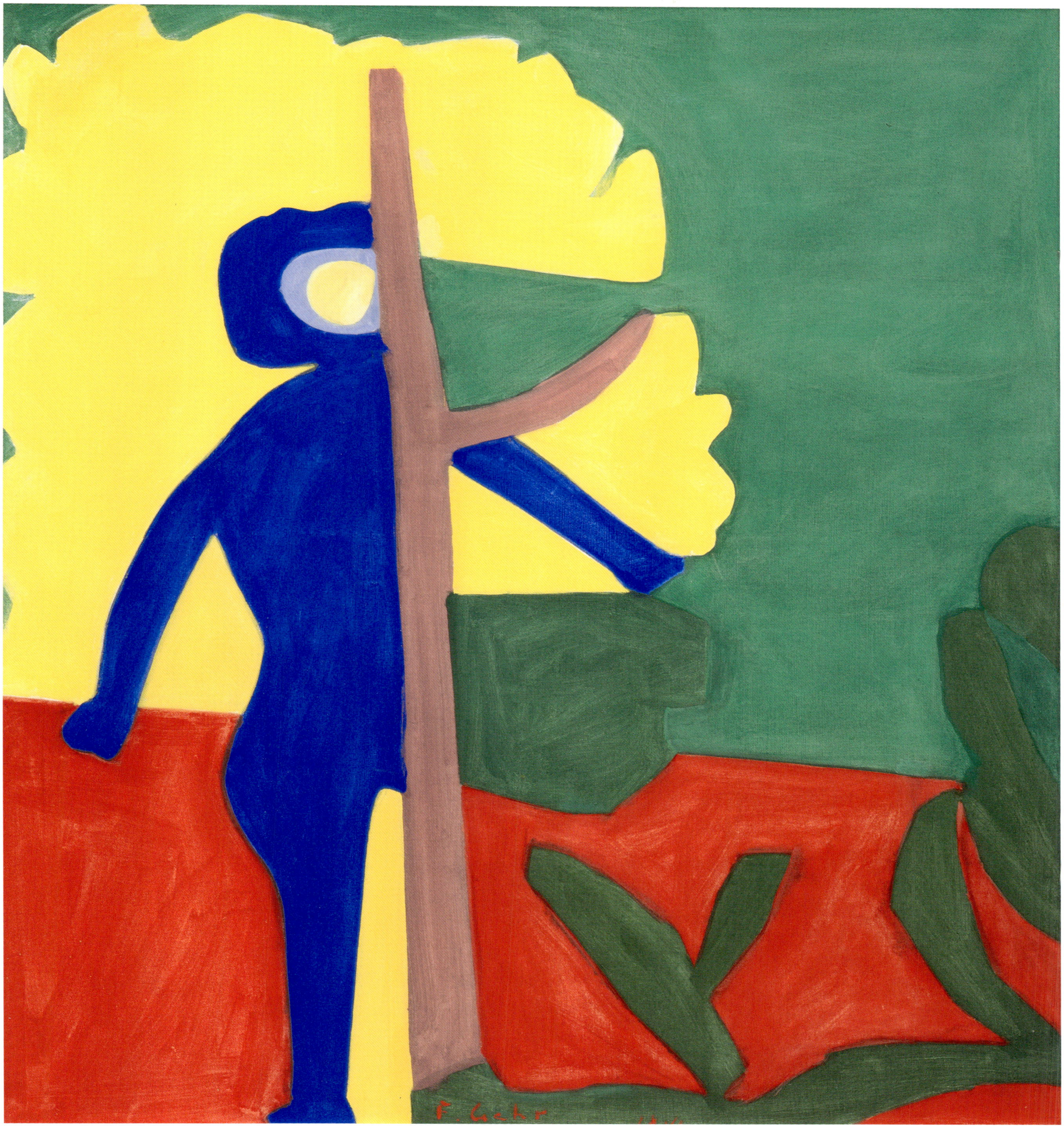

92
Frau in Landschaft 1966
Tempera auf Leinwand, Ausschnitt

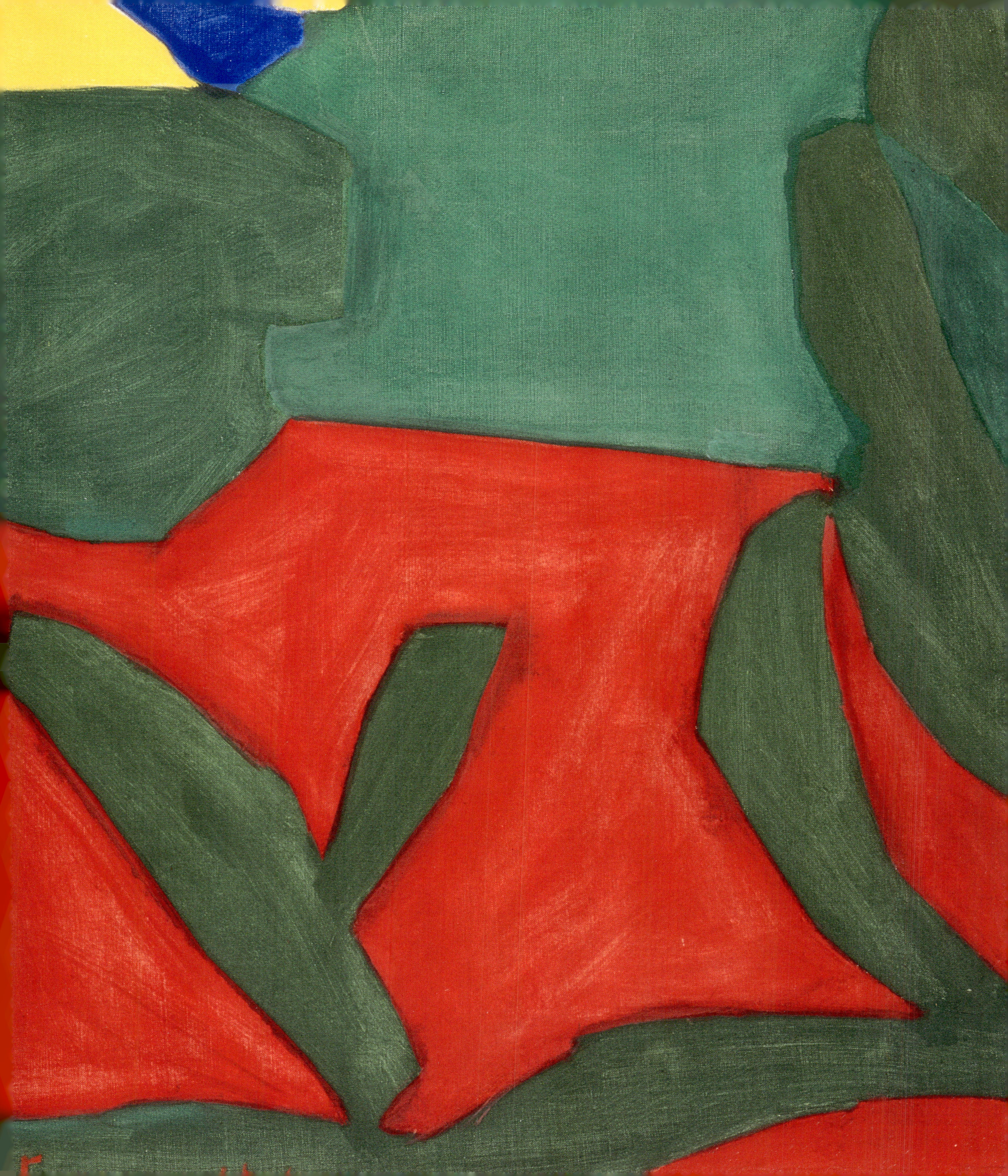

93

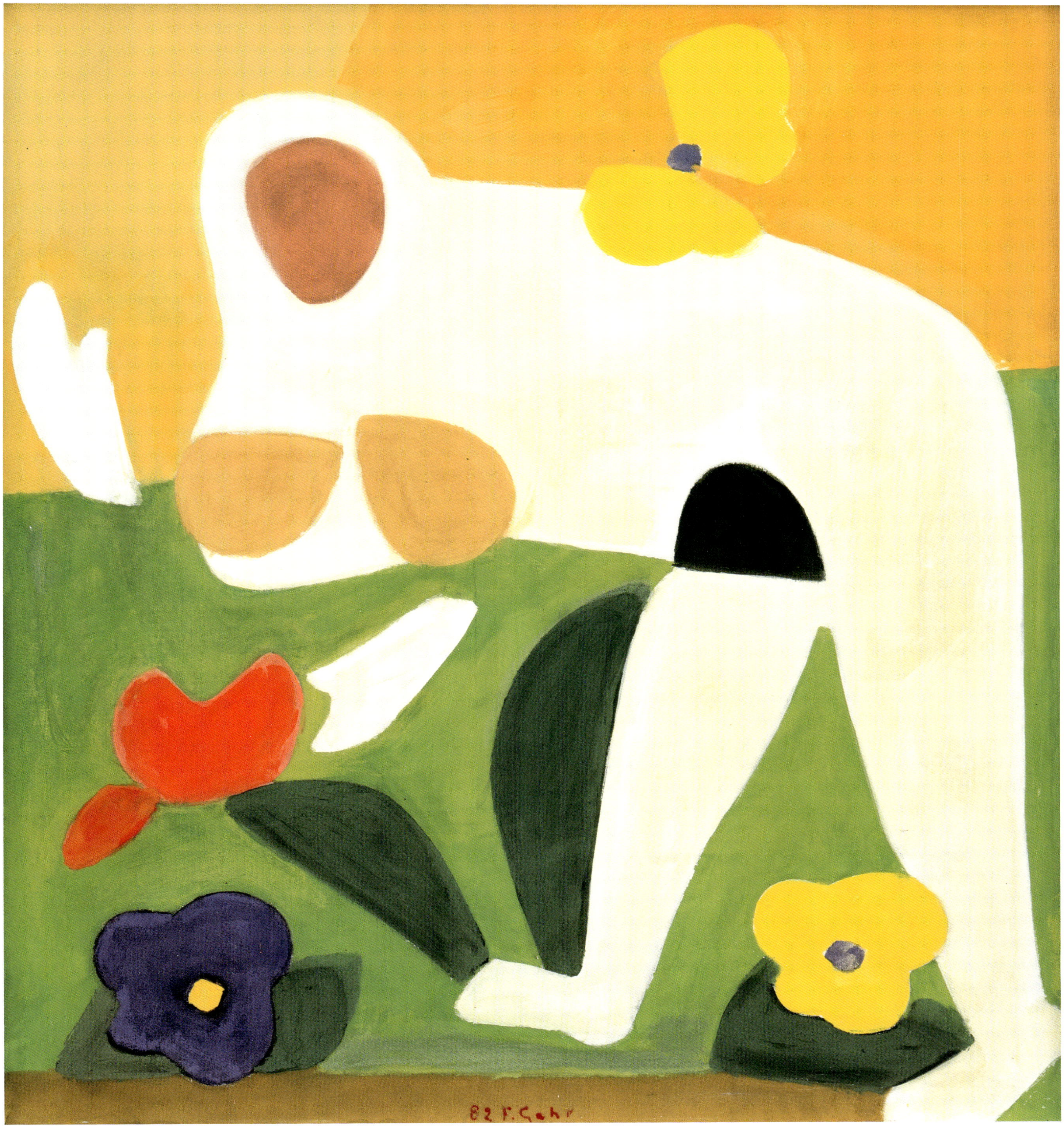
82 F. Gehr

95
Gott im Menschen 1990
Tempera auf Leinwand, 90 x 100 cm, Privatbesitz

Als eines der letzten Motive in seinem Spätwerk hat Gehr drei zeichenhaft abbreviative Köpfe gemalt. Mit 94 Jahren bekräftigt er: *Gott ist im Menschen.* Aus den elementaren geometrischen Formen wie Kreis, Horizontale und Vertikale baut der Maler das menschliche Gesicht. Je zwei weisse und rote Kreissegmente bilden die äusseren Begrenzungen des Kopfes.
Die Formen werden durch eine goldgelbe Grundierung zusammengehalten, die das Antlitz durchleuchtet. Sie symbolisiert den seelisch-geistigen Aspekt, *Gott im Menschen.*
Die Gegenwelt der geistigen Dimension bildet ein angeschnittenes braunes Trapez, das Gehr als das Profane bezeichnet hat.[13] Eine nahe Verwandtschaft mit Jawlenskys Serie der *Têtes mystiques,* die mit kraftvoller Farbigkeit ein verinnerlichtes Menschenbild wiedergeben, ist unverkennbar.

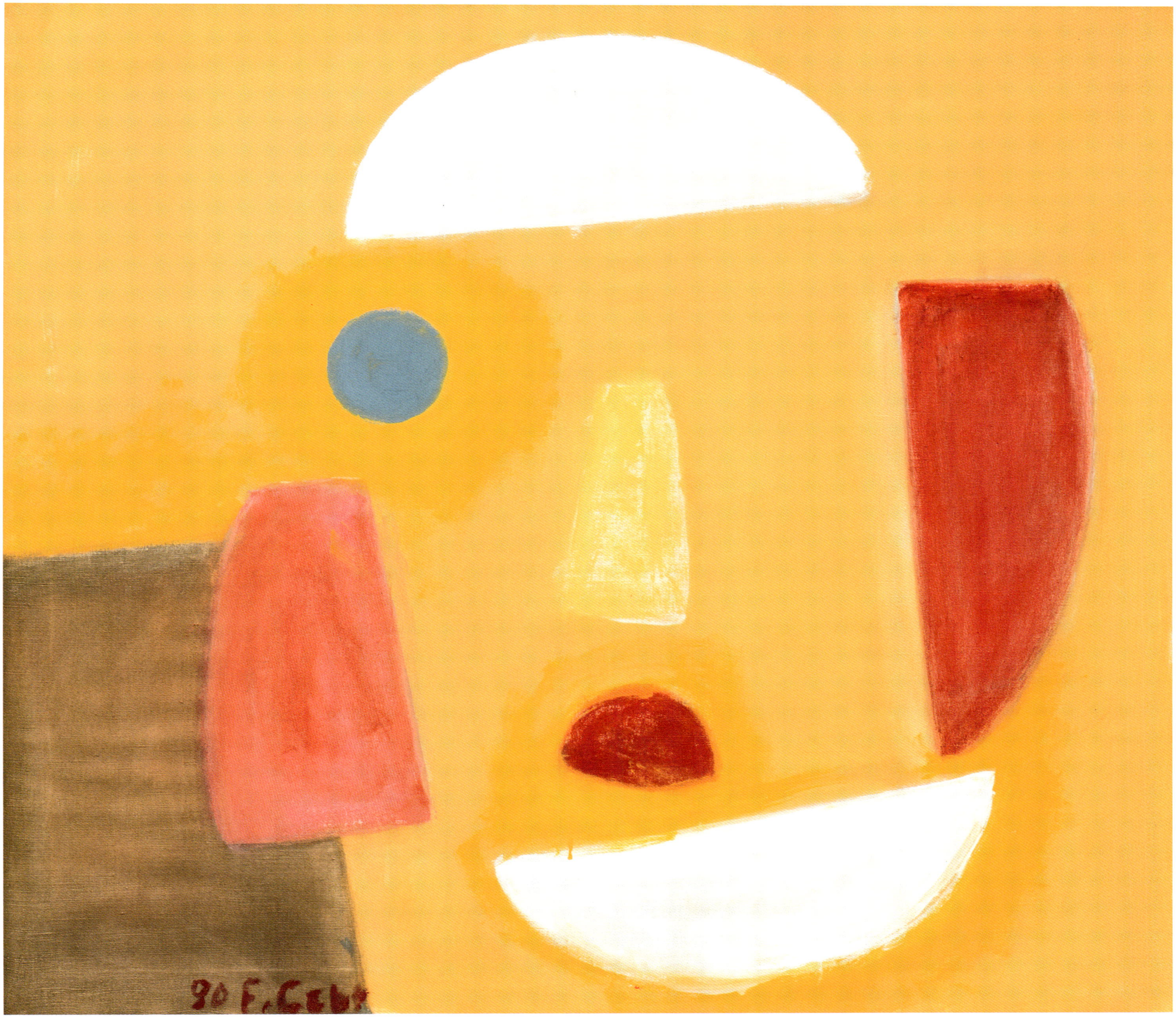
80 F. Gehr

96
Drei Könige 1990
Tempera auf Leinwand, 80 x 100 cm, Privatbesitz

«Und der Stern, den sie [die Sterndeuter] hatten aufgehen sehen,
zog vor ihnen her bis zu dem Ort, wo das Kind war; dort blieb er stehen.
[...] Sie gingen in das Haus und sahen das Kind und Maria, seine Mutter;
da fielen sie nieder und huldigten ihm. Dann holten sie ihre Schätze
hervor und brachten ihm Gold, Weihrauch und Myrrhe als Gaben dar.»
(Matthäus 2,9–11)
Rhythmisch gesetzte Farbakzente vereinen die Bildhälften und
haben darüber hinaus symbolische Bedeutung: Der Heilige Geist,
die Gesichtspartien Marias und das Köpfchen des Christuskindes sind in
Rosaviolett dargestellt. Die weltliche Macht der Könige spiegelt sich in
ihren roten Gewändern und dem Glanz der gelben Kronen. Blau und Weiss
nehmen Bezug auf die abstrakten Engelwesen vor weissem Grund.
Die unterschiedliche Grösse der Figuren lässt Maria als würdevoll ruhende
Gottesmutter im Umfeld der farbenfrohen Drei Könige erscheinen.

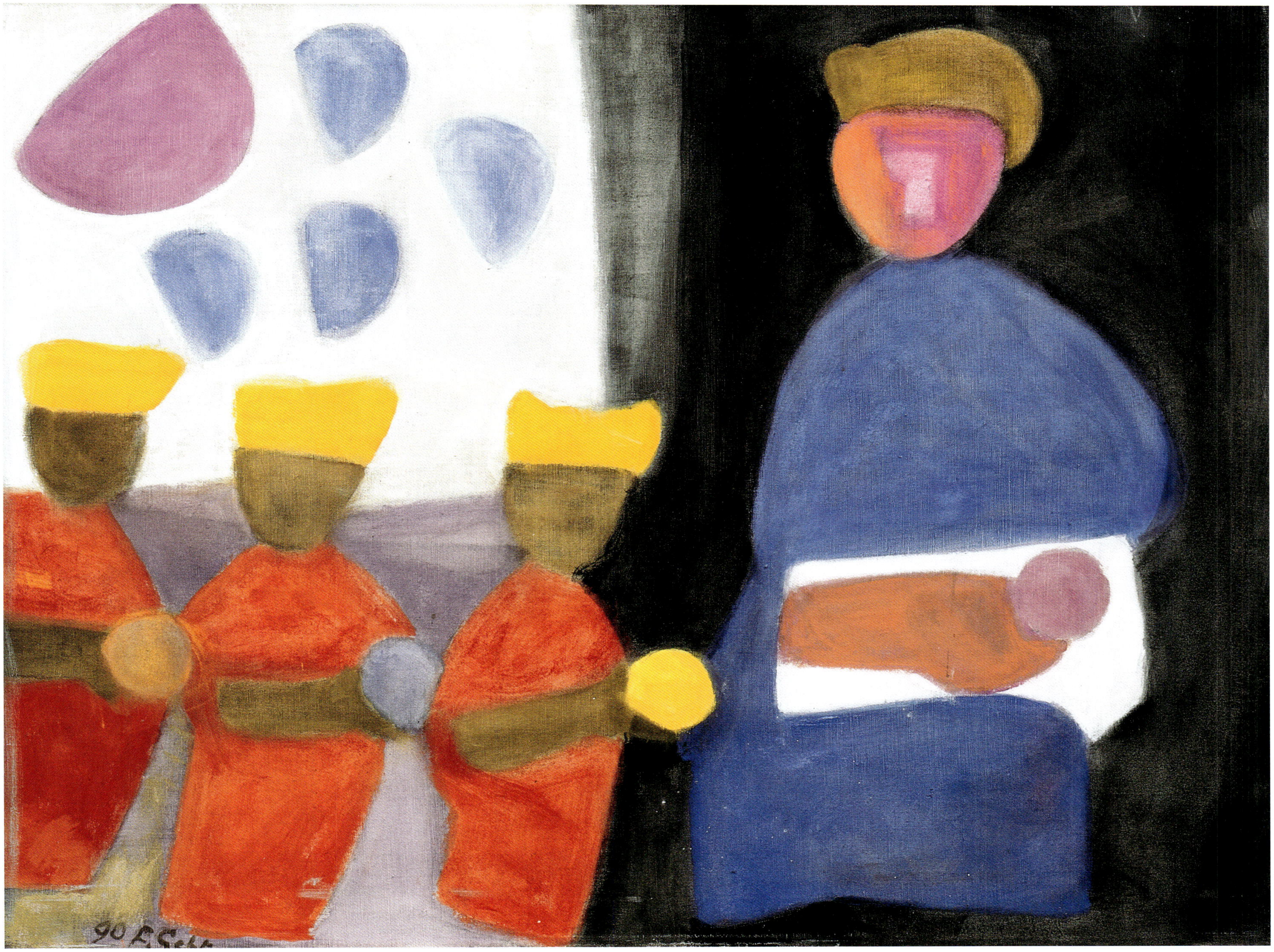

97

In deine Hände empfehle ich meinen Geist 1991

Tempera auf Leinwand, 99 x 88 cm, Privatbesitz

In den achtziger und neunziger Jahren hat sich der greise Künstler immer wieder von der Bibel und ihrer anschaulichen Sprache zu Bildschöpfungen anregen lassen. So inspirierten ihn die letzten Worte Jesu nach dem Lukas-Evangelium (23,46) «Vater, in deine Hände empfehle ich meinen Geist» zum vorliegenden Gemälde, das in unverminderter Intensität Gehrs klärenden Gestaltungswillen zeigt.

Die offenen, angeschnittenen gelben Hände Gottvaters scheinen den Sohn in sein Reich aufzunehmen. Während das leuchtende Weiss auf den Geist verweist, Gelb und Blau Erlösung und Auferstehung versinnbildlichen, ist das Materielle in den erdigen Farben Zinnoberrot und Sienabraun wiedergegeben.

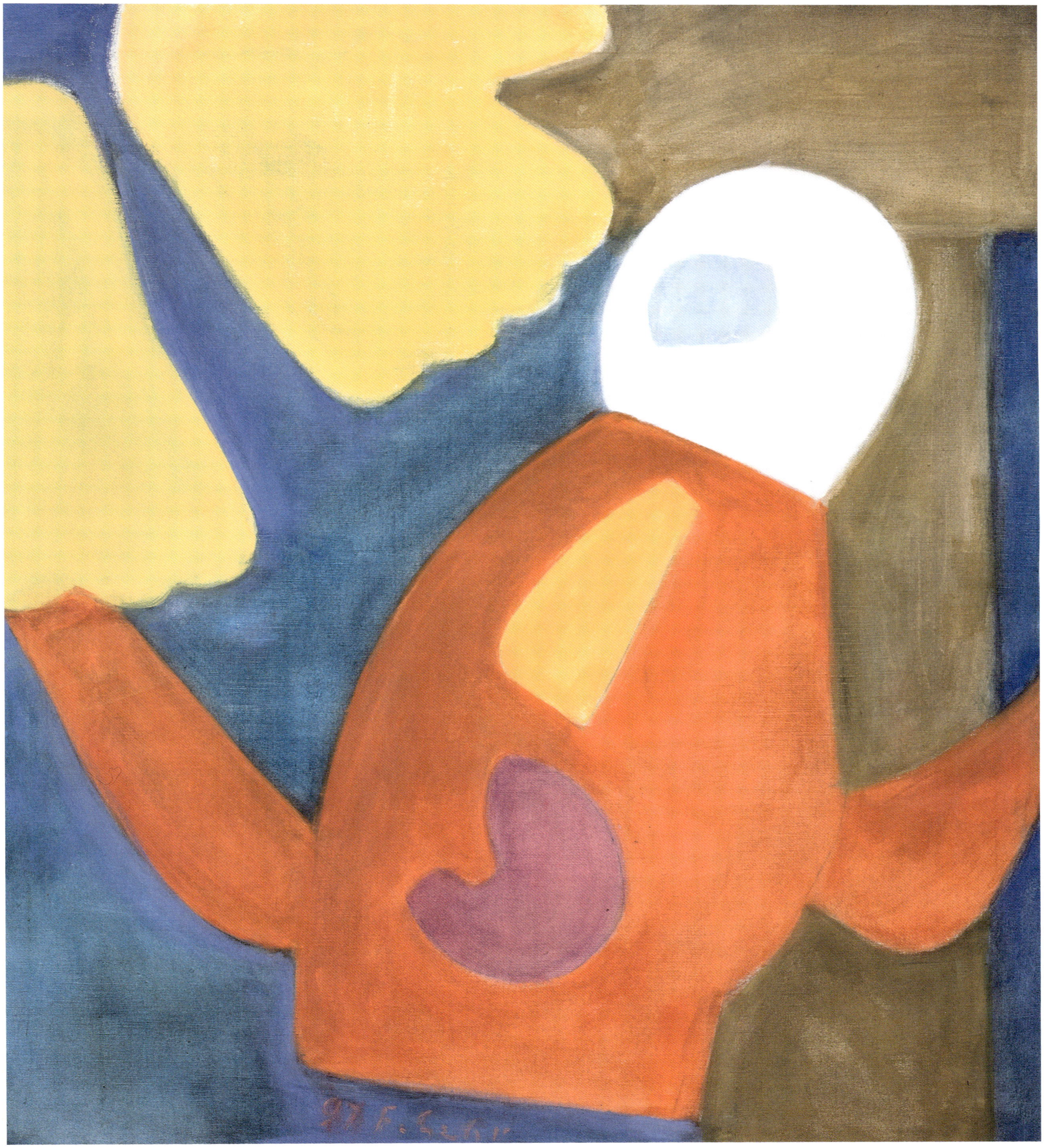

Christi Himmelfahrt 1991

Tempera auf Leinwand, 110 x 90 cm, Privatbesitz

Nachdem Christus den Jüngern den Auftrag erteilt hatte, als seine Zeugen in die Welt hinauszugehen, «wurde er in den Himmel aufgenommen und setzte sich zur Rechten Gottes.» (Markus 16,19)
Gehr hält sich auch hier eng an den biblischen Text. Der Betrachter nimmt die Position der niederknienden Jünger ein, während Jesus, seine Hände zum Segensgestus erhoben, in den Himmel emporschwebt. Die Einheit von Gottvater, Sohn und Heiligem Geist verkörpert die weisse Wolke mit den verschiedenfarbigen Kopfformen. Das Schweben wird akzentuiert durch die gelben und weissen kosmischen Kreise auf dem blauen Bildgrund.

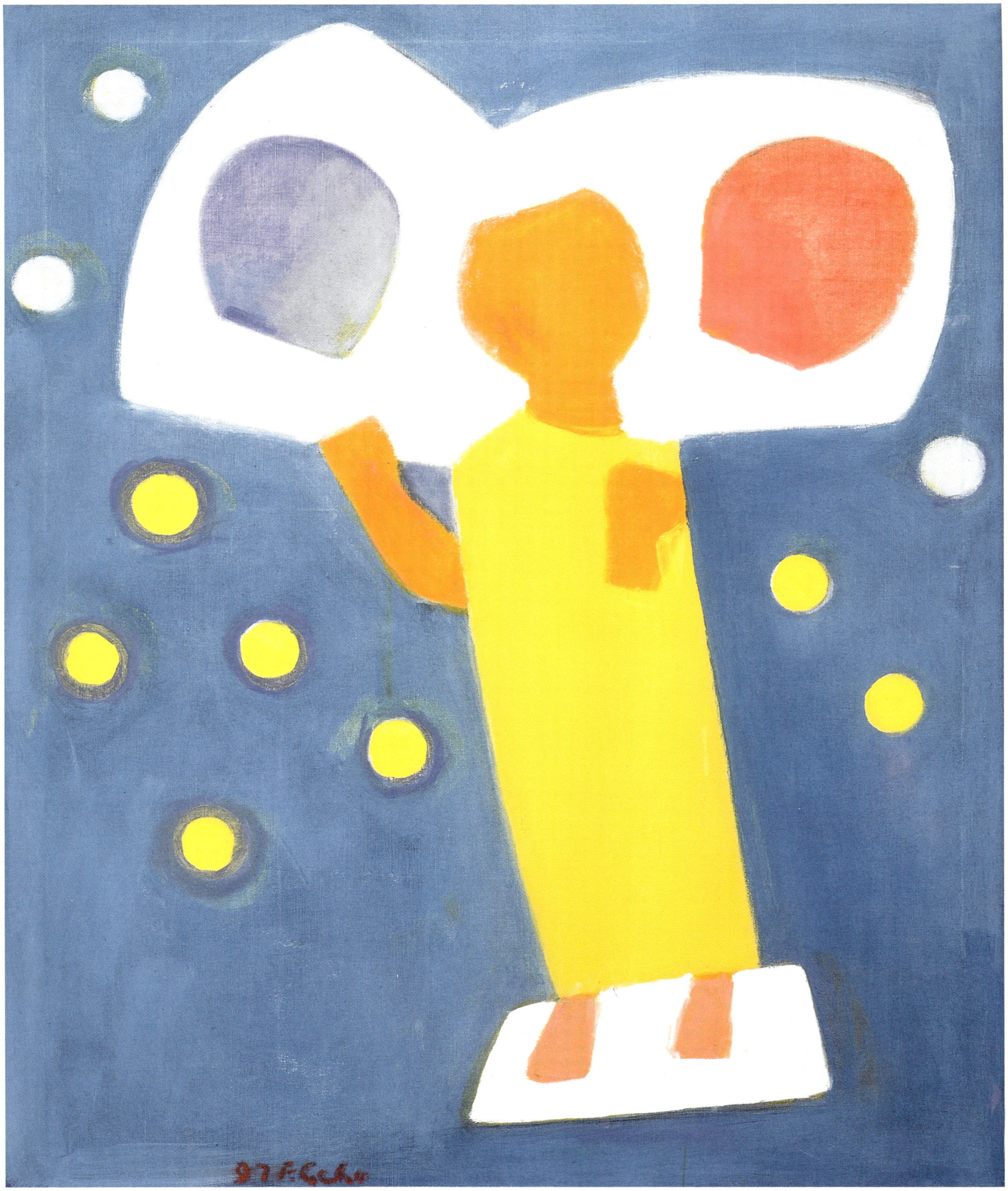
97 F.Gehr

99

Angesicht 1992

Tempera auf Leinwand, 100 x 90 cm, Kunstmuseum St.Gallen

Während im Temperabild *Gott im Menschen* (Seite 191) eine lichte geistige und eine ungeordnete materielle Welt einander gegenüberstehen, verschwindet diese Polarität im *Angesicht*. Nur das transparente Olivgrün des Grundes erinnert an Irdisches. Die Verbundenheit mit der geistigen Sphäre wird durch den entrückten Blick nach oben und durch die helle Farbigkeit der Gesichtsteile zum Ausdruck gebracht. Das Formgerüst ist in sich geschlossen und widerspiegelt in seiner monumentalen Grösse innere Gefasstheit.

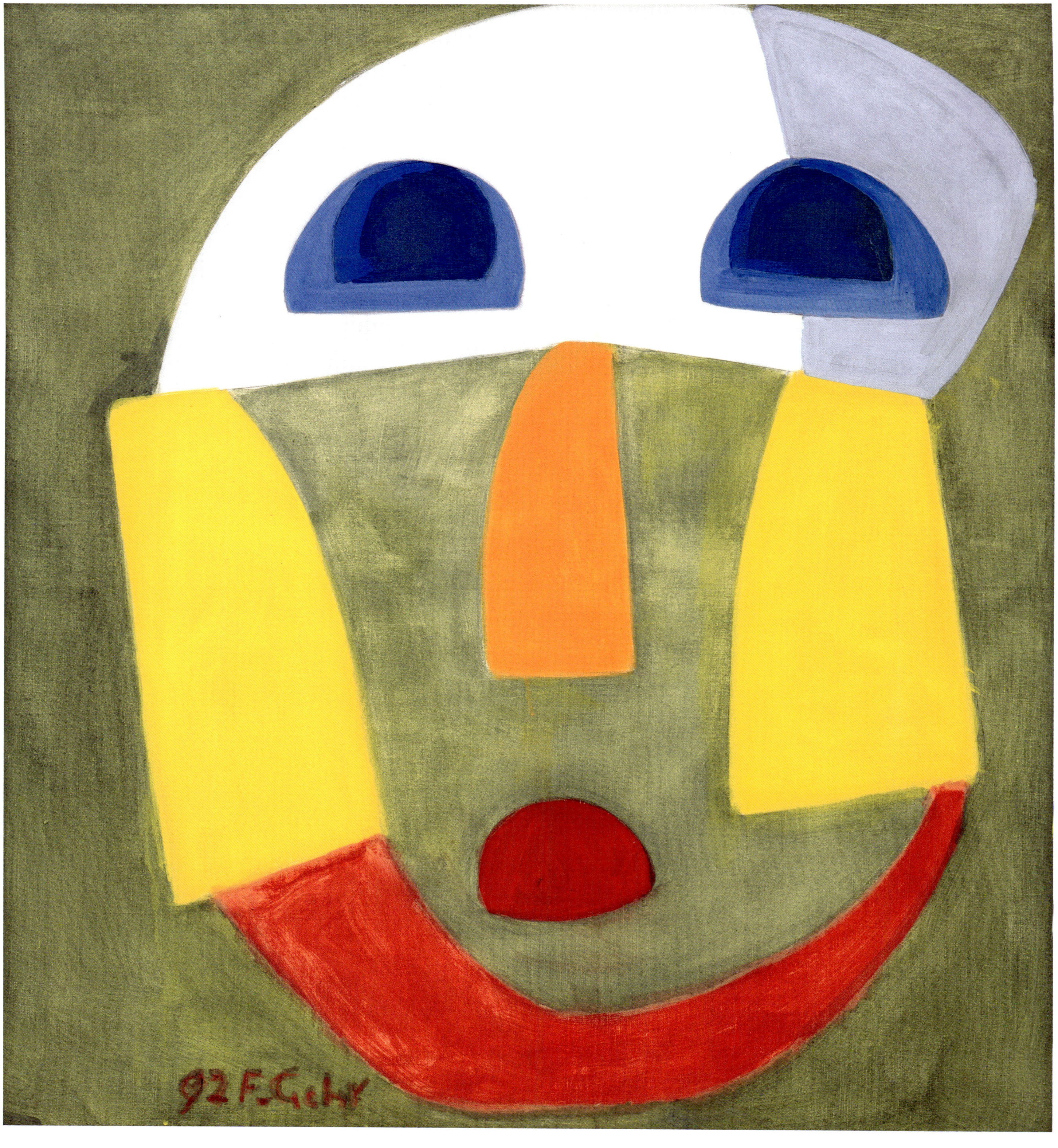
92 F. Gehr

100

Heimsuchung 1992

Tempera auf Leinwand, 110 x 100 cm, Privatbesitz

Nachdem Maria vom Engel vernommen hatte, dass Elisabeth, die als unfruchtbar galt, auch schwanger war, machte sie sich auf den Weg zu ihr. In der *Heimsuchung* begrüsst Maria – gekennzeichnet durch das gelbe Zeichen des Heiligen Geistes – mit erhobenen Armen ihre Verwandte. Zacharias, Elisabeths Mann, beobachtet die Begegnung. Freude und Demut der beiden Frauen hat Gehr in Körperhaltung und Gebärdensprache ausgedrückt. Die Szene gewinnt in ihrer formalen Verdichtung Intensität und Unmittelbarkeit.

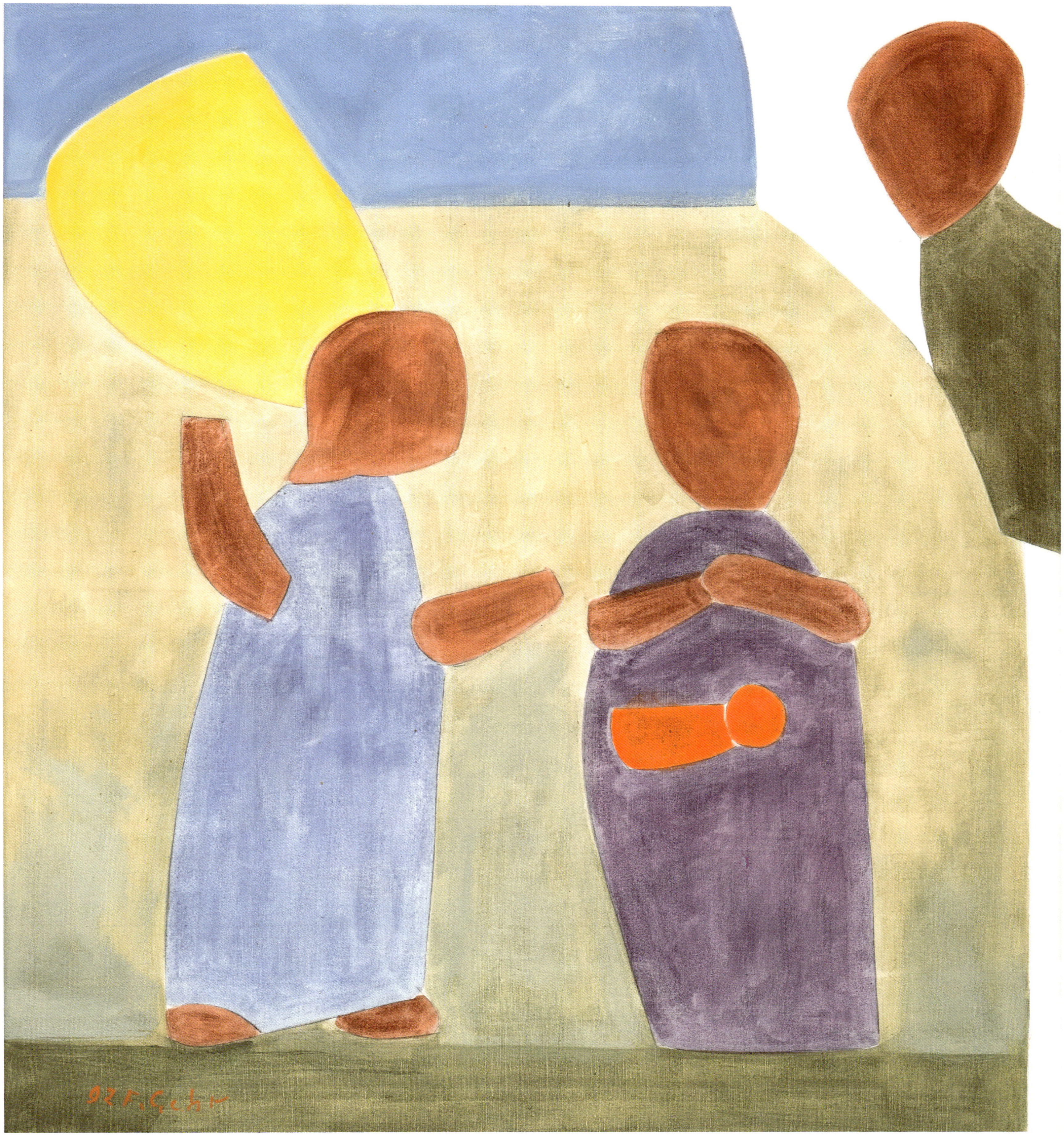

101
Maria und Josef 1992

Tempera auf Leinwand, 120 x 100 cm, Privatbesitz

102
Heilige Familie 1992

Tempera auf Leinwand, 100 x 80 cm, Privatbesitz

Nach dem Matthäus-Evangelium wollte sich Josef, da er wusste, dass Maria nicht von ihm schwanger war, von ihr trennen. Da erschien ihm ein Engel: «Josef, Sohn Davids, fürchte dich nicht, Maria als deine Frau zu dir zu nehmen; denn das Kind, das sie erwartet, ist vom Heiligen Geist.» (Matthäus 1,20)

In *Maria und Josef* steht das gelbe Oval über der schlafenden Gestalt Josefs für seinen Traum. Die Worte des Engels werden als farbige Symbole umgesetzt: das hellblaue, flügelartige Gebilde neben Maria als Zeichen des Heiligen Geistes und das strahlende Weiss als Bezirk des Kindes.

«Als Josef erwachte, tat er, was der Engel des Herrn ihm befohlen hatte, und er nahm seine Frau zu sich. Er erkannte sie aber nicht, bis sie ihren Sohn gebar. Und er gab ihm den Namen Jesus.» (Matthäus 1,24–25)

Im Bild *Heilige Familie* spiegelt sich die Gelöstheit und Freude des Paares an der Geburt Jesu in lebhafter Gestik und Haltung. Gelbe Kreise auf lichtem Grund zeugen vom Glück dieser Stunde. Mit heller nuancierten Gesichtspartien die Blickrichtung von Maria und Josef anzeigend, verdeutlicht der Künstler, dass ihre ganze Aufmerksamkeit dem Neugeborenen gilt.

101

102

103
Christus und Johannes der Täufer 1992
Tempera auf Leinwand, 100 x 90 cm, Privatbesitz

Jesus kam an den Jordan und wollte von Johannes getauft werden. Dieser aber entgegnete ihm: «Ich möchte von dir getauft werden, und du kommst zu mir? Jesus antwortete ihm: Lass es nur zu! Denn nur so können wir die Gerechtigkeit (die Gott fordert) ganz erfüllen. Da gab Johannes nach.» (Matthäus 3,14–15)
In der kargen Jordanlandschaft stehen vor transparentem Grund die flächig gemalten Gestalten von Jesus und Johannes. Das weisse Zeichen über der hellgelb leuchtenden Christus-Figur kennzeichnet den Heiligen Geist. Das Erstaunen des Johannes und die Aufforderung Jesu, ihn zu taufen, sind in der Körperhaltung und den lebhaften Gebärden der beiden ausgedrückt.

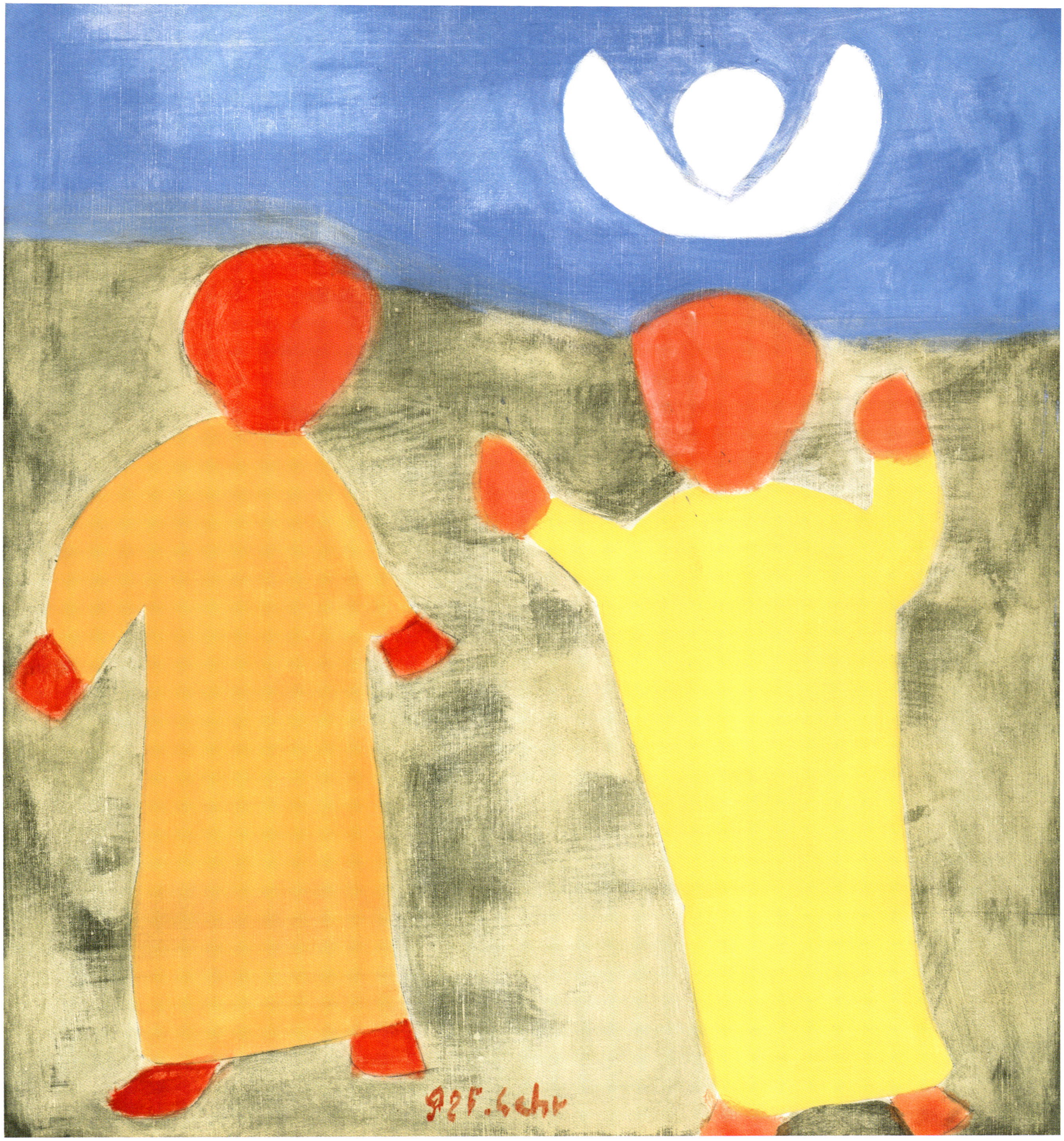

104
Menschwerdung 1993
Tempera auf Leinwand, 100 x 80 cm, Privatbesitz

In einer stark reduzierten Bildsprache visualisiert Gehr das
Glaubensmysterium: Gottvater (in rot-gelber Gestalt) schenkt der
Menschheit seinen Sohn durch die Muttergottes.
Wiederum versinnbildlichen die weissen Punkte den Kosmos.

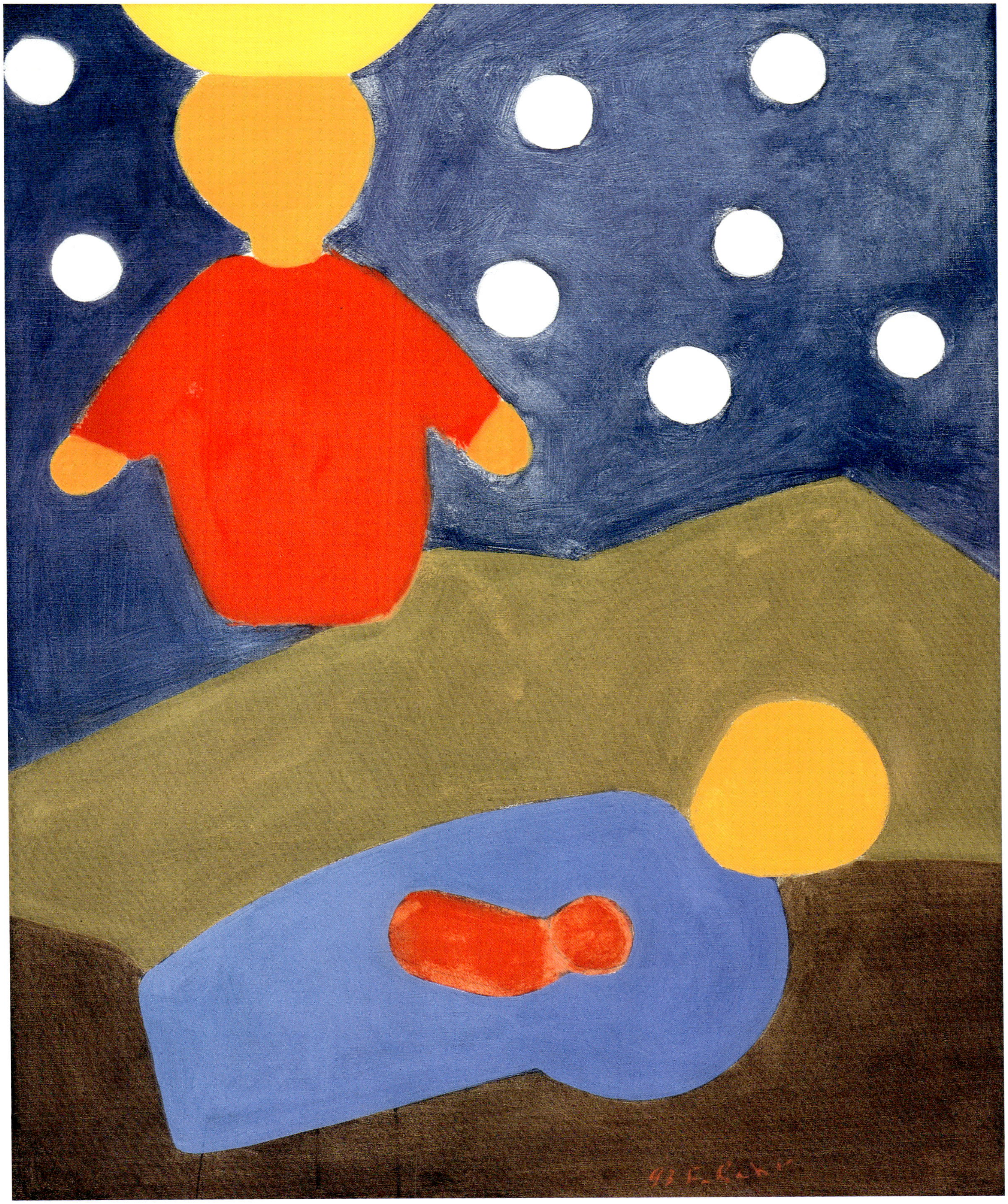

105
Mariä Empfängnis 1993
Tempera auf Leinwand, 100 x 90 cm, Privatbesitz

In einer transparent schimmernden Fläche erscheint Maria mit erhobenen Händen. In ihrem Schoss birgt sie das Kind, das sie vom Heiligen Geist empfangen hat. Dieser wird durch das abstrakte Gebilde neben ihr visualisiert, das farblich mit dem rosafarbenen Ungeborenen übereinstimmt. Das helle Rechteck steht für Gottvater. Der verhaltene Rosa-Blau-Gelb-Klang auf graugrünlichem Grund und die Reduktion der Formen verleihen der Darstellung eine stille Erhabenheit.

F. Gehr 93

Anmerkungen

1. Wassily Kandinsky/Franz Marc (Hrsg.), *Der Blaue Reiter*, Dokumentarische Neuausgabe von Klaus Lankheit, München 1967, S. 171.
2. Wassily Kandinsky, *Über das Geistige in der Kunst*, Bern 1952[10], S. 92.
3. Bernhard Echte (Hrsg.), *Hugo Ball, Die Flucht aus der Zeit*, Zürich 1992, S. 300.
4. Zit. nach Jacqueline und Maurice Guillaud, *Matisse: Rhythmus und Linie*, Stuttgart, Paris, New York 1987, S. 550f.
5. Rainer Maria Rilke, *Das Stundenbuch*, Zürich 1948, S. 9.
6. Johannes Itten, *Kunst der Farbe*, Ravensburg 1970, S. 89.
7. Hans Arp, *Sinnende Flammen*, Zürich 1961, S. 27.
8. Annemarie Monteil, *Erneuerer der Sakralkunst, Zum 100. Geburtstag des Ostschweizer Malers Ferdinand Gehr*, in: Solothurner Zeitung, 6. Januar 1996, S. 29.
9. Vgl. Alfons Rosenberg, *Engel und Dämonen, Gestaltwandel eines Urbildes*, München 1986, S. 63.
10. Jack D. Flam (Hrsg.), *Henri Matisse, Über Kunst*, Zürich 1982, S. 263.
11. Wassily Kandinsky, *Über das Geistige in der Kunst*, Bern 1952[10], S. 68.
12. Vgl. *Die Legenda aurea des Jacobus de Voragine*, aus d. Lat. übers. von Richard Benz, Heidelberg 1984[10], S. 583–609.
13. Vgl. Annemarie Monteil, *Gehr-Galerie: Gott im Menschen, 1990: «Eins ist mehr als zwei»*, in: St.Galler Tagblatt, 13. Januar 1996.

Anhang

Fotoporträts Ferdinand Gehr
Franziska Messner-Rast

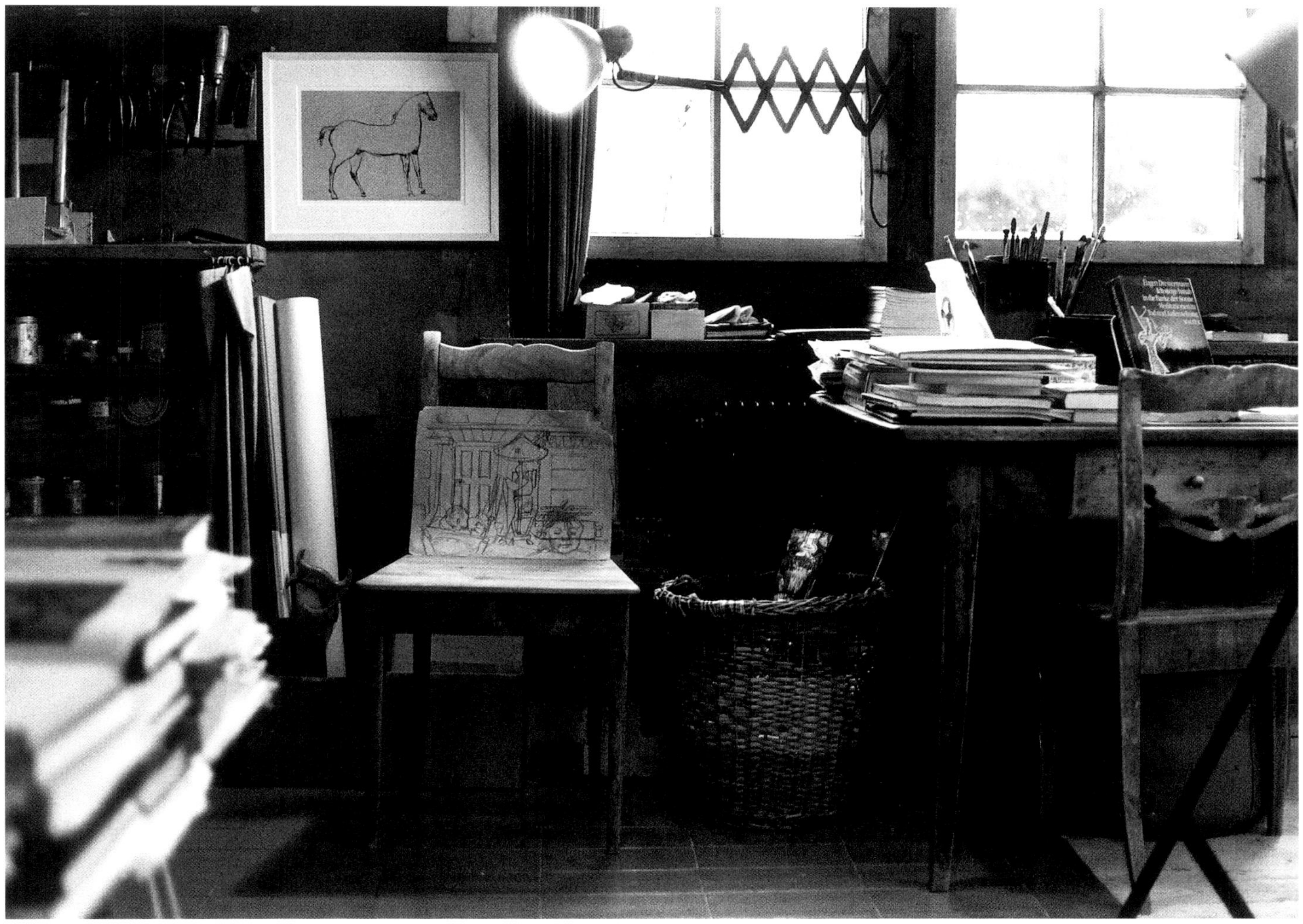

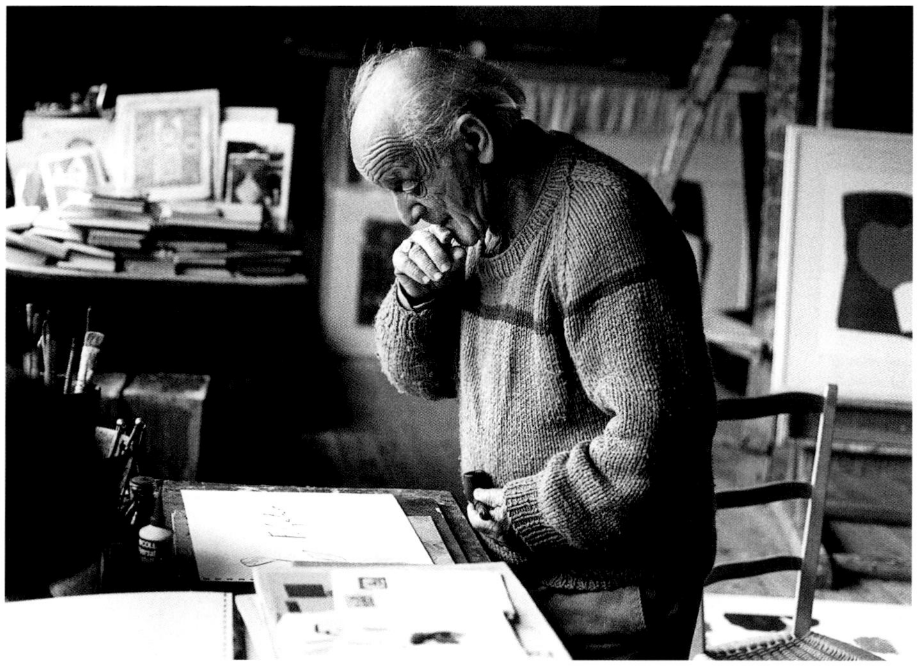

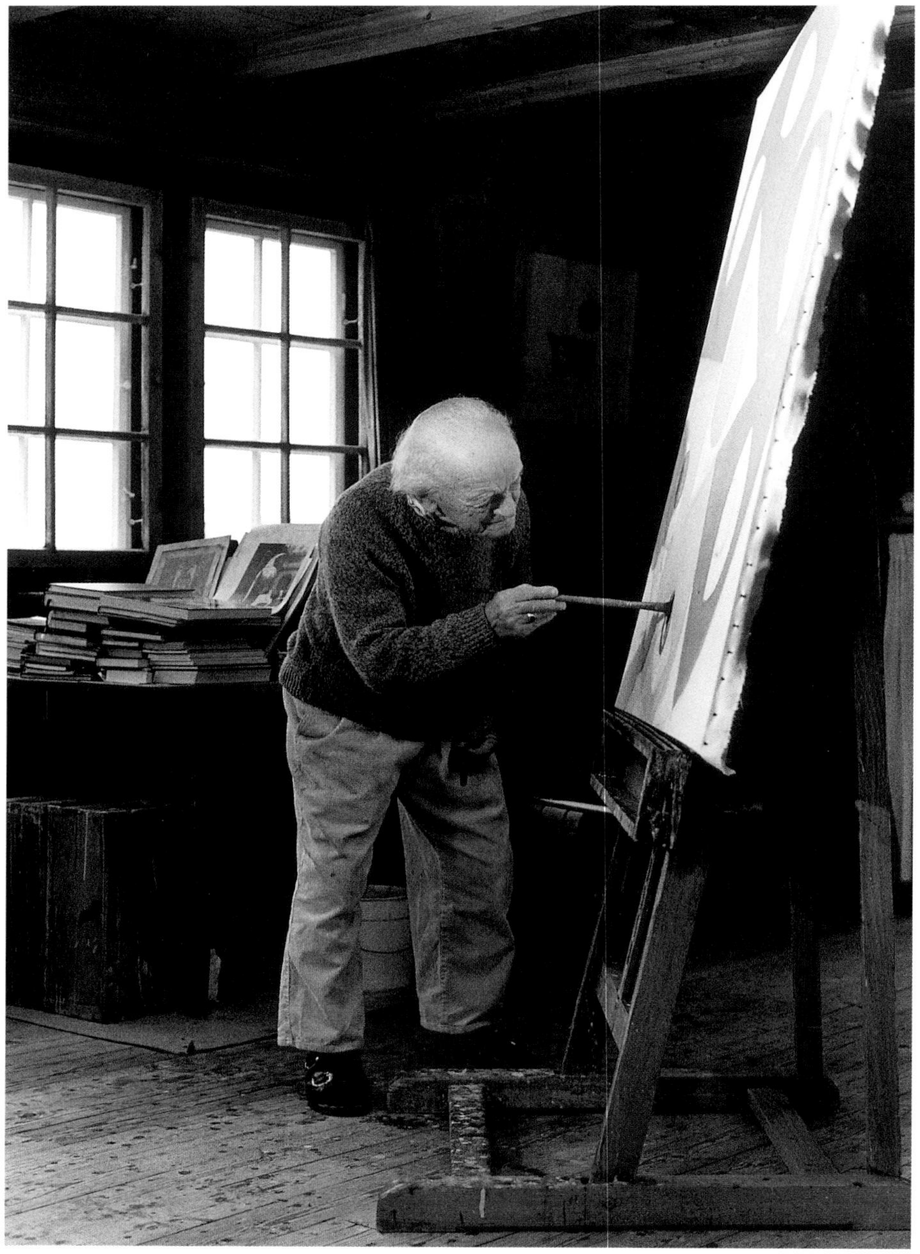

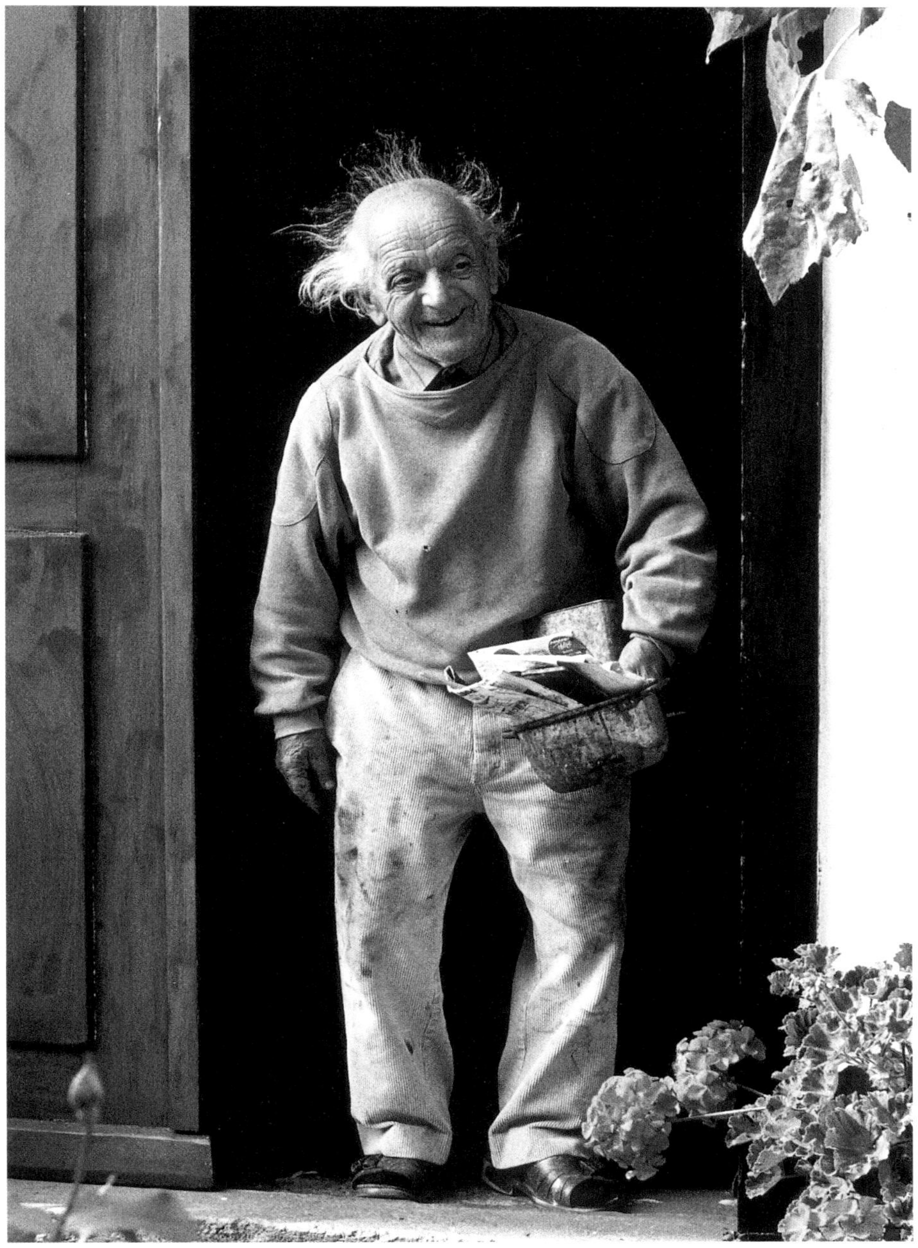

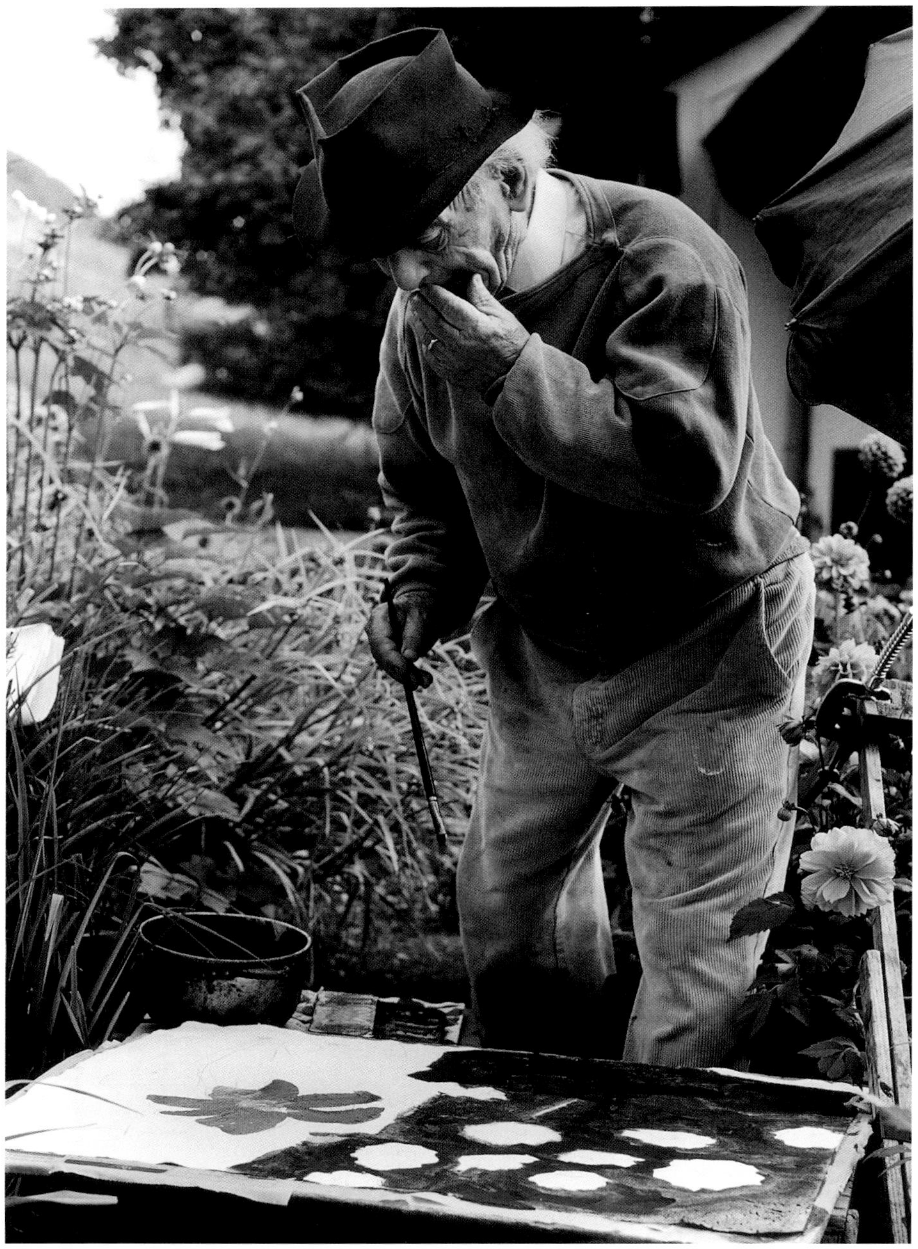

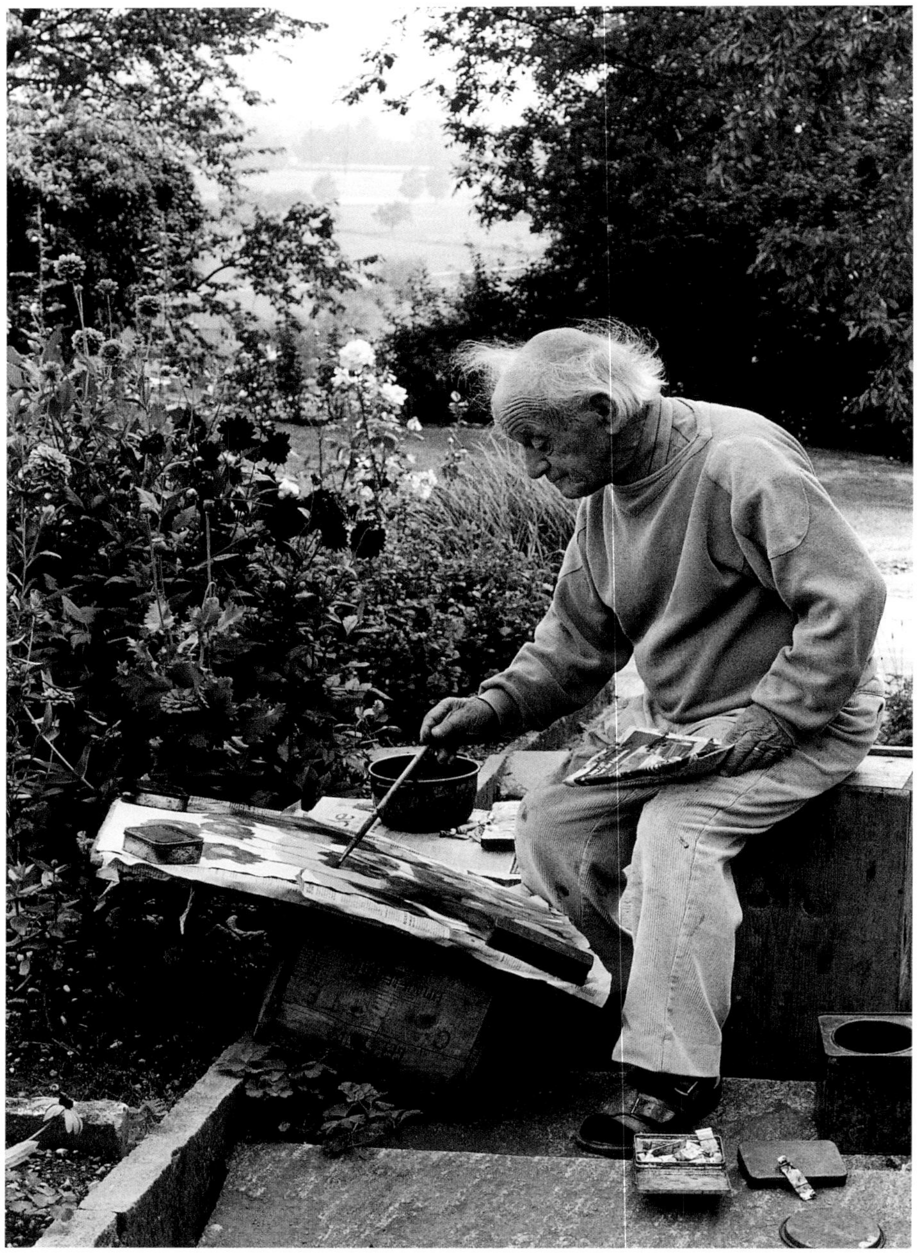

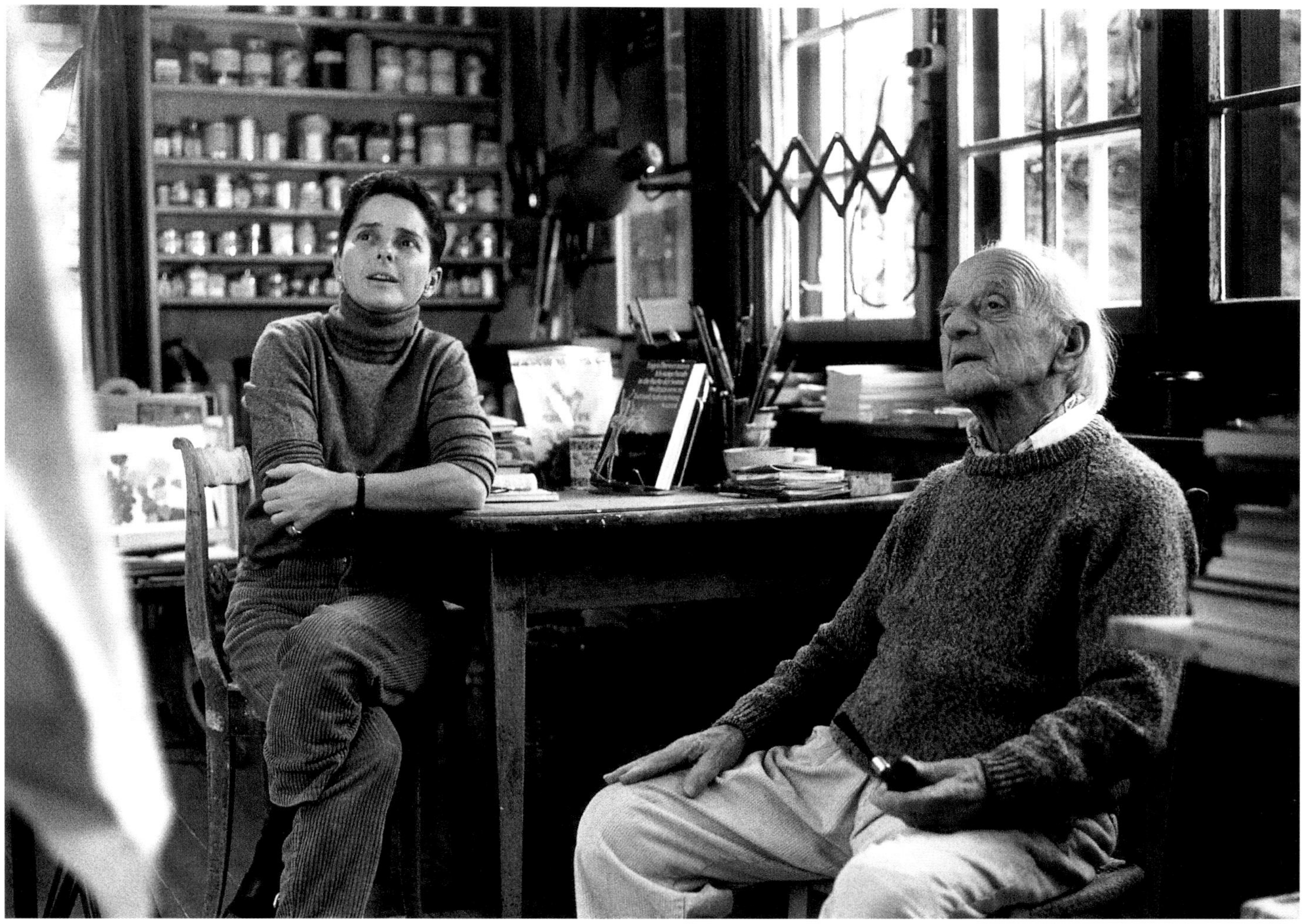

Biographie in Stichworten

1896	Geboren am 6. Januar in Niederglatt bei Uzwil/SG als Sohn eines Handstickers.
1911	Schüler von Hugo Pfendsack, Lehrer für Stickereizeichnen am Industrie- und Gewerbemuseum St.Gallen. Erste Begegnung mit zeitgenössischer Kunst durch Ausstellungen in St.Gallen.
1914–1918	Arbeitet als Vergrösserer von Textilentwürfen in einem Stickereigeschäft in Flawil.
1919/20	Schüler von August Wanner an der Gewerbeschule St.Gallen für allgemeines textiles Entwerfen. Freundschaft mit den Malern Varlin, Johannes Hugentobler und Albert Schenker.
1920–1922	Als freier Stickereizeichner tätig.
1922	Die Nolde-Ausstellung im Kunstmuseum St.Gallen hinterlässt einen starken Eindruck.
1922/23	Wintermonate in Florenz: Studium der Maltechniken, insbesondere der Fresko-Malerei. Reise nach Rom und Assisi (Giotto).
1923/24	Aufenthalt bei André Lhote in Paris: Einführung in die abstrakte Malerei. Auseinandersetzung mit Cézanne, Matisse, Braque, Picasso, Kandinsky. «Die französische moderne Kunst hat mir die entscheidenden Eindrücke gebracht. Nachher habe ich versucht, einen selbständigen Weg in die Malerei zu finden.»
1924	Erstes Atelier in Niederglatt. Unterbrechung der künstlerischen Tätigkeit. Intensive Lektüre von Rilke, Paul Claudel, Hugo Ball, Theresia von Avila. Freundschaft mit Architekt Johannes Scheier.
1925–1928	Kurzer Aufenthalt in Paris, dann Niederlassung in Niederglatt. Erste religiöse Bildmotive: z.B. *Magnificat*.
1928	Bezug eines grösseren Ateliers in Niederuzwil. Rückkehr zur Malerei nach der Natur.

1928/29	Im Winter 1928/29 Studienaufenthalt in Deutschland, hauptsächlich in Berlin: Auseinandersetzung mit dem Expressionismus, mit Theater und Musik. «Ich hatte ein Bedürfnis zur Wandmalerei und entwickelte die entsprechenden Techniken, das Fresko, die Tempera, das Aquarell, später auch die Keimsche Mineralfarbe.»
1930	Erster grösserer Auftrag: Ausmalung der Kirche in St.Gallen-St.Georgen.
1934	Deckenmalerei in der Kirche von Niederglatt. Lebt einsam und zurückgezogen: mystische Themen.
1935–1937	Fresken: *Urmutter, Adam, Menschwerdung* usw.
1937	Besuch der Giotto-Ausstellung in Florenz und der Etruskergräber in Tarquinia.
1938	Heirat mit Mathilde Mazenauer. Niederlassung auf dem Warmisberg ob Altstätten.
1939	Besuch der Ausstellung «Meisterwerke des Prado» in Genf (Greco). Geburt der Tochter Franziska Romana.
1941	Geburt des Sohnes Johann Baptist.
1942	Geburt des Sohnes Andreas.
1945	Geburt der Tochter Domenica. Bau eines eigenen Hauses in der Harztanne bei Altstätten (Architekt Johannes Scheier). «Das Rheintal ist eine grosse und schöne Landschaft.»
1949	Geburt des Sohnes Dionys.
1950–1960	Aufträge für Wandmalereien und Glasfenster in Kirchen nehmen zu.
1955–1960	Entwürfe und Ausmalung der Bruderklausenkirche in Oberwil bei Zug.
1956	Erste Gesamtausstellung zum 60. Geburtstag im Kunstmuseum St.Gallen. Grosser Erfolg (159 Werke).
1960–1970	Anfang der 60er Jahre: Entwürfe zu Wandteppichen. Ausführung durch Franziska Gehr. Zahlreiche öffentliche Aufträge (Kirchen und Profanbauten). «Ich bekam besonders Gelegenheit, an der Erneuerung der kirchlichen Kunst, zusammen mit namhaften Architekten, teilzunehmen. Die Wandmalerei und die Glasarbeiten nahmen den grössten Teil meiner Zeit in Anspruch.»
1970	Verleihung des Doctor honoris causa durch die Theologische Fakultät der Universität Freiburg i. Ue. in Würdigung seiner Verdienste um die Erneuerung der kirchlichen Kunst.
1971	Ehrenbürgerrecht der Gemeinde Altstätten.
1972	Einzelausstellung in St.Gallen (Stadttheater und Waaghaus).
1974	Fresken im Dom zu Trier.
1986	26. Februar Tod von Gehrs Frau Mathilde. Briefmarkengestaltung (Marke: Fr. 1.40) für Fastenopfer, Fürstentum Liechtenstein.
1988	Einzelausstellung im Kunstmuseum St.Gallen (mit 99 Werken).
1991	Gestaltet das Wertzeichen zu 80 Rappen der Sonderbriefmarken des Fürstentums Liechtenstein, die als Hommage an die Schweiz zu deren 700-Jahr-Feier herausgegeben werden.
1994	Einzelausstellung im Kunsthaus Zürich (mit rund 130 Werken).
1995	Letzter öffentlicher Auftrag: Pfarreiheim St.Nikolaus in Altstätten, Hauptportal.
1996	Feiert am 6. Januar im Kreis der Familie seinen 100. Geburtstag; Festakt am 7. Januar in der Katholischen Kirche Altstätten (Laudatio von Walter Furrer); öffentliche Vortragsreihe am 9., 16. und 23. Januar an der Hochschule St.Gallen, veranstaltet vom Kunstverein St.Gallen (Referenten: Rudolf Hanhart, Robert Th. Stoll/Guido Magnaguagno, Ernst Gisel/Franz Bertel, Heinrich Stirnimann). Gestaltung von vier Briefmarken für das Fürstentum Liechtenstein. Ferdinand Gehr stirbt am 10. Juli in seinem Heim in Altstätten.

Öffentliche Aufträge Kirchliche Bauten

1930	St.Gallen-St.Georgen, Herz-Jesu, Oberkirche, Deckengestaltung, Malereien an Chorbogen, Seitenwänden (übermalt) und Seitenaltarbilder (bei Kirchenrenovation 1990 abgehängt); Unterkirche, Deckengestaltung,- Stirnwandfresko, Glasfenster (Architekt Johannes Scheier).
1934	Niederglatt/SG, Pfarrkirche, Deckenmalerei.
1936	St.Gallen-Bruggen, St. Martin, Taufkapelle, Glasfenster, Stirnwandfresko, Deckenmalerei (Architekt Erwin Schenker).
1939	Butz oberhalb Mels, Antoniuskapelle, Fresken an Chor und Seitenwänden, Supraporte und Nordturm (in Zusammenarbeit mit Architekt Johannes Scheier).
1947	Luzern, St.Josef, Taufkapelle, Deckenmalerei und Glasfenster (Architekt Otto Dreyer).
1950	Bern, Bruderklaus, Entwurf zu Chorwandmalerei (nicht ausgeführt) und Baldachin (ausgeführt) (Architekt Hermann Baur).
1951	Hinterforst bei Altstätten/SG, Bruderklaus, Deckenmalereien. Zürich, Felix und Regula, Fensterfries, Fenster in der Taufkapelle (Architekt Fritz Metzger).
1952	Olten/SO, St.Marien, Malerei an der Chorwand, farbige Gestaltung des Baldachins, farbige Verglasung der Betonfenster auf der Orgelempore; Werktagskapelle, Glasfenster (Architekt Hermann Baur).
1953	Kriens/LU, Grosshof, Hauskapelle, Glasfenster (existiert nicht mehr).
1954	Wettingen/AG, St.Antonius, Malerei in der Chorapsis (Architekt Karl Higi). Bern, Bruderklaus, Glasfenster (Architekt Hermann Baur).
1956	Basel, Allerheiligen, Deckenfresko im Taufraum (Architekt Hermann Baur). Plona bei Rüthi (Rheintal), Antoniuskapelle, Chorwandfresko (Architekten Ernst und Walter Heeb).
1956/57	Wettingen/AG, St.Antonius, Glasfenster; Kapelle, Glasfenster (Architekt Karl Higi). 1958 Wallisellen, St.Antonius, Chor- und Fassadenfenster (Architekt Karl Higi). Winterthur-Wülflingen, St.Laurentius, Keramiken; Unterkirche, Glasfenster (Architekt Hermann Baur).
1957/60	Oberwil bei Zug, Bruderklaus, Wandmalereien, Glasfenster (Architekt Hanns Anton Brütsch).

1959	St.Gallen-Winkeln, Bruderklaus, Glasfenster (Architekt Ernest Brantschen).
	Zürich-Seebach, Maria Lourdes, Glasfenster (Architekt Fritz Metzger).
	Bergün/GR, St.Maria, Glasfenster (Architekt Hans Morant).
1960	Schlieren, St.Anton, Glasfenster (Architekt Karl Higi).
	St.Gallen-Winkeln, Bruderklaus, Entwurf zu Wandteppich (Architekt Ernest Brantschen).
	Rebstein/SG, St.Sebastian, Glasfenster (Architekt Fritz Metzger).
1961	Basel-Bruderholz, Bruderklaus, Glasfenster (Architekt Karl Higi).
	Sulgen/TG, Peter und Paul, Glasfenster, Tabernakel (Architekt Ernest Brantschen).
	Suhr/AG, Heiliggeist, Verglasung (Architekt Hanns Anton Brütsch).
1962	Wettingen/AG, St.Antonius, Entwurf zu Wandteppich (Architekt Karl Higi).
	Niesenberg/AG, Muttergotteskapelle, Glasfenster (Architekt Hanns Anton Brütsch).
1962–75	Niedererlinsbach/SO, Katholische Kirche, Glasfenster und Apsismalerei.
1963	Altstätten/SG, Forstkapelle, acht Glasfenster.
	Glarus, St.Fridolin, Glasfenster im Chor (Architekt Ernest Brantschen).
	Aadorf/TG, St.Alexander, zwölf Glasfenster.
1964	Däniken/SO, St.Josef, Deckenmalerei im Chor (Architekt Hanns Anton Brütsch).
	Oberbüren/SG, Kapelle Thurhof, Fresko im Chor, Kreuzwegfresko, Tabernakel.
	Zürich, Allerheiligen, Deckenmalerei in der Mariennische, fünf Entwürfe für Ambobehänge (Architekt Karl Higi).
	Mollis/GL, St.Maria, Glasfenster (Architekt Hans Morant).
	Beinwil am See/AG, St.Martin, Farbverglasung, Tabernakel (Architekt Hanns Anton Brütsch).
	Appenzell, Kreuzkapelle, fünf Glasfenster.
	Glarus, St.Fridolin, Entwurf zur Gestaltung der Betondecke (nicht ausgeführt).
1966	Altstätten/SG, Kloster Maria Hilf, Kapelle, Glasfenster.
	Nussbaumen bei Baden, Liebfrauen, Deckenmalerei im Chor, Glasfenster bei Taufstein und Empore, Tabernakel (Architekt Ernest Brantschen).
1967	Muttenz/BL, St.Johannes, Taufraum, Wandbild (Architekt Max Schnetz).
	Ennetbaden/AG, St.Michael, Entwurf zu Wandteppich (Architekt Hermann Baur).
	Einsiedeln, Kloster, Studentenkapelle, Entwürfe zu Wandteppichen.
1968	Belp/BE, Heiliggeist, Entwurf zu Wandteppich.
1969	Einsiedeln, Kloster, Totenkapelle, Fresko.
	Zürich-Oerlikon, Herz-Jesu, Glasfenster.
	Hütten/ZH, St.Jakob, Glasfenster (Architekt Kurt Federer).
	Oberterzen/SG, St.Annakapelle, Glasfenster.
1970	Klingnau/AG, St.Katharina, Glasfenster, Keramik an der Aussenwand (Anbau Architekt Hanns Anton Brütsch)
	Küsnacht/ZH, Katholische Kirche, Entwürfe zu Wandteppichen.
1971	Zug, St.Johannes, Wandmalereien, Glasfenster (Architekten Leo Hafner und Alfons Wiederkehr).
	Riehen/BS, St.Franziskus, Entwurf zu Wandteppich (Architekt Fritz Metzger).
	Baar-Inwil/ZG, St.Thomas, Entwurf zu Wandteppich (Architekt Hanns Anton Brütsch).
	Gipf-Oberfrick/AG, St.Wendelin, Glasfenster (Architekt Hanns Anton Brütsch).
1972	Dornach/BL, St.Mauritius, Entwurf zu Wandteppich (Architekt Hermann Baur).
1973	St.Gallen-Rotmonten, Peter und Paul, Entwurf zu Wandteppich, Fenster bei Altar.
	Sennwald/SG, St.Antonius, Katholisches Pfarreizentrum, Glasfenster, Entwurf zu Wandteppich (Architekt Hans Morant).
1974	Winterthur-Seen, St.Urban, Glasfenster (Architekt Benito Davi).
	Bettmeralp/VS, Zentrum St.Michael, Entwurf zu Deckenmalerei (nicht ausgeführt) (Architekt Hanns Anton Brütsch).
1975	Gipf-Oberfrick/AG, St.Wendelin, Entwurf zu Wandteppich, Ausführung 1987 (Architekt Hanns Anton Brütsch).
1975/76	Basel, St.Clara, Fresko.
1976	Teufen/AR, St.Johannes, Glasfenster, Tabernakel, Portal (Architekt Alfons Weisser).
1977	Teufen/AR, St.Johannes, Sgraffito beim Eingang.
	Zug, St.Johannes, Entwürfe zu Wandteppichen (Architekten Leo Hafner und Alfons Wiederkehr).

Öffentliche Aufträge

1978	Bettmeralp/VS, Zentrum St.Michael, Glasfenster (Architekt Hanns Anton Brütsch).
	Zweisimmen/BE, St.Franziskus, Ausmalung des gesamten Kirchenraumes (Architekt Hanns Anton Brütsch).
1979	Luzern, St.Michael, Wandmalereien (Architekt Hanns Anton Brütsch).
1980	Zürich-Wollishofen, St.Franziskus, Glasfenster.
1981	Regensdorf/ZH, St.Mauritius, Entwürfe zu Wandteppichen (Architekt Benedikt Huber).
	Thun/BE, St.Martin, Entwurf zu Wandteppich (Architekt Ernst Studer).
1982	Zürich, Peter und Paul, Entwurf zu Wandteppich.
	Zürich, Liebfrauen, Krypta, Entwurf zu Wandteppich.
	Basel, Bruderklaus, Entwurf zu Wandteppich.
1984	Kastanienbaum/LU, Bruderklaus, Entwurf zu Wandteppich.
	Kilchberg/ZH, Reformierte Kirche, Friedhof, Aufbahrungshalle, Glasfenster.
1985	Zürich-Seebach, Maria Lourdes, Taufkapelle, Glasfenster (Architekt Fritz Metzger).
1986–88	Döttingen/AG, St.Johannes, Entwürfe zu Wandteppichen (Architekt Hermann Baur).
1992	Zollikerberg/ZH, St.Michael, Glasfenster (Architekt Karl Higi).

Profane Bauten

1949	Vilters/SG, Schulhaus, Sgraffito (Architekt Hans Morant).
1952	Luzern, St.Josef, Pfarrhaus, Korridor, Glasfenster.
	Uznach/SG, Turnhalle, Eingangshalle, Glasfenster.
1954	Goldach/SG, Neubau der Landwirtschaftlichen Genossenschaft, Sgraffito.
	Niederglatt/SG, Schulhaus, Wandbild an Fassade.
1956	Rorschach, Schulhaus Rorschacherberg, Tempera.
1958	Neu St.Johann/SG, Johanneum, Wandbild an Aussenfassade.
1959	Luzern, St.Josef, Pfarrhaus, Glasfenster.
	Unterägeri/ZG, ehemalige Spinnerei, Glasfenster.
1960	Altstätten/SG, Rathaus, Wandbild.
1961	Zürich, Maximilianeum, Glasfenster.
1962	Zug, Hotel Ochsen, Wandbild und Glasfenster (Architekt Hanns Anton Brütsch).
	St.Gallen, Waaghaus, Glasfenster im Foyer.
	Appenzell, Krankenhausneubau, Kapelle, Glasfenster, Entwurf zu Wandteppich.
	Oberriet/SG, Altersheim, Kapelle, Glasfenster.
	Rorschach, Kolumbankirche, Alter Pfarrsaal, Wandbild.

1963	Altstätten/SG, Friedhof, Aufbahrungshalle, Glasfenster, Keramik (existiert nicht mehr).	1979	St.Gallen, Regierungsgebäude, Nordflügel, Foyer, Deckenmalerei; Grosser Gerichtssaal, Entwurf zu Wandteppich (Architekt Ernest Brantschen).
1965	Altstätten/SG, Sekundarschule Wiesental, Malerei in der Eingangshalle (Architekten Bächtold + Baumgartner).	1980	Eglisau/ZH, Schulhaus Steinboden, Stoffbild (Architekt Ernst Gisel).
	Münchwilen/TG, Sekundarschule, Malerei in der Aula.	1981	Zug, Stadthaus, Glasfenster (Architekt Hanns Anton Brütsch).
	Romanshorn, Friedhof, Aufbahrungshalle, Fresko.		Steinhausen/ZG, Ökumenisches Kirchenzentrum, Foyer, Wandmalerei, (Architekt Ernst Gisel).
1966	Altstätten/SG, Kantonales Spital, Kapelle, Glasfenster.	1983	Zürich, Schweizer Jesuitenprovinz, Entwurf zu Wandteppich (Architekt Karl Higi).
	Amden/SG, Kurhaus Bergruh, Fresko am Sakramentsaltar, Wandbild in der Eingangshalle (Architekt Josef Scherrer).	1985	Salez-Sennwald/SG, Kantonale Landwirtschaftliche Schule Rhyhof, Wandmalerei (Architekt Werner Gantenbein).
	St.Gallen, Friedhof Kesselhalde, Aufbahrungshalle, Glasfenster.	1986/87	Villars-sur-Glâne/FR, Bildungshaus Notre Dame de la Route, Entwurf zu Wandteppich.
1967	Aesch/BL, Altersheim, Keramik, Aufenthaltsraum Glasfenster, Kapelle.	1995	Altstätten/SG, Pfarreiheim St.Nikolaus, Entwurf zum Hauptportal (Architekt Fred Müller).
	Menzingen/ZG, St.Franziskus-Pflegeheim, Kapelle, Glasfenster (Architekt Hanns Anton Brütsch).		
	Appenzell, Hotel Krone, Glasfenster.		Aufträge im Ausland
1968	Freiburg i. Ue., Salesianum, Glasfenster.		
	Wohlen/AG, Wohnheim im Park, Glasfenster.	1961	Merzig/Saar, St.Josef, Wandmalerei; Laterne, Fresko. (Architekt Hermann Baur)
	St.Gallen-Bruggen, Abdankungshalle, Wandbild.	1963	München, St.Helena, Apostelfenster, Giebelfenster, Wandverglasungen (Architekt Hansjakob Lill).
1970	Edlibach/ZG, Bildungshaus Schönbrunn, Glasfenster in zwei Hauskapellen (Architekt André Studer).	1966	St.Gerold/Vorarlberg, Propstei, Fresko im Chor, Deckenmalerei in der Taufsteinnische und im Konvent.
	Neu St.Johann/SG, Johanneum, Entwürfe zu Wandteppichen.		Fatima/Portugal, Dominikanerkloster, Deckenmalerei in Sakramentskapelle.
	Disentis/GR, Kloster, Entwurf zu Keramikwand im Hallenbad.		Stuttgart-Sonnenberg, Lutheranische Kirche, Entwürfe zu Wandteppichen (Architekt Ernst Gisel, Zürich).
1971	Herisau/AR, Regionalspital, Aufbahrungshalle, Glasarbeit, Entwurf zu Wandteppich.	1972	Vaduz, Liechtensteinisches Gymnasium, Deckenmalerei im Klassentrakt (Architekt Ernst Gisel).
1972	Altstätten/SG, Pflegeheim, Kapelle, Glasfenster.	1972/73	Batschuns/Vorarlberg, Bildungshaus, Entwürfe zu Wandteppichen.
1973	St.Gallen, Pflegeheim St.Othmar, Deckenmalerei und Glasfenster (Architekt Ernest Brantschen).	1974	Trier, Dom, Fresken.
	Altstätten/SG, Hotel Sonne, Entwurf zu Wandteppich.	1976	Untermarchtal/Württemberg, Fresko in der Klosterkirche (Architekt Hermann Baur).
	Zürich, Altersheim Peter und Paul, Wandbild im Aufenthaltsraum.	1976/77	St.Gerold/Vorarlberg, Propstei, Ausmalung der Adamskapelle; Wandbild im Aufenthaltsraum.
1975	Altstätten/SG, Primarschulhaus Schöntal, Farbgestaltung im Innern (Architekten Bächtold + Baumgartner).	1991	Vaduz, Liechtensteinische Ingenieurschule, Deckenmalerei (Architekt Ernst Gisel).
	Oberuzwil/SG, Abdankungshalle, Glasfenster (Architekt Josef Leo Benz).		
1976	Littau/LU, Alters- und Pflegeheim, Entwurf zu Wandteppich (Architekt Hans Howald).		
	Basel, Altersheim Neubad, Glasfenster.		
1977	Lindau/ZH, Kantonale Landwirtschaftliche Schule, Wandbild (Architekt Werner Gantenbein).		

Ausstellungen Einzelausstellungen

1948/49	St.Gallen, Kunstmuseum, 21. November bis 1. Januar (Katalog, Text: K. Peterli).
1952	St.Gallen, Kunstmuseum, 4. Oktober bis 9. November, Tempera und Fresken (Katalog, Text: Richard Suter).
1954/55	St.Gallen, Kunstmuseum, 27. November bis 2. Januar, Tempera und Aquarelle (Katalog, Text: Rudolf Hanhart, P. Urban Rapp).
1956	St.Gallen, Kunstmuseum, 14. Oktober bis 18. November, Tempera, Fresken, Aquarelle, Holzschnitte, Entwürfe zu Glas- und Freskomalerei, Glasmalerei, Wandteppich (Katalog, Text: Rudolf Hanhart).
1959	Rapperswil, Galerie 58.
1960	Rapperswil, Galerie 58.
1961	Venedig, Galleria 22 marzo, Aquarellstudien, Holzschnitte.
1962	St.Gallen, Kunstmuseum, 5. Januar bis 4. Februar, Tempera, Aquarelle, Holzschnitte, Glasmalerei (Katalog, Text: Rudolf Hanhart).
1963	Chur, Kunsthaus, 12. Mai bis 9. Juni, Fresken, Tempera, Aquarelle, Pastelle, Entwürfe zu Glasfenstern, Kohlezeichnungen, Farbholzschnitte (Katalog, Text: E. Hungerbühler).
1965	Schaffhausen, Museum zu Allerheiligen, 23. Mai bis 27. Juni, Fresken, Aquarelle, Tempera, Holzschnitte (Katalog, Text: Max Freivogel und Ferdinand Gehr).
1968	Zug, P+P Galerie, 28. September bis 20. Oktober, Tempera, Aquarelle, Holzschnitte (Prospekt, Text: Ferdinand Gehr, Charlotte und Alfred Urfer-Eugster).
1970	Rorschach/SG, Heimatmuseum im Kornhaus, 10. Mai bis 7. Juni.
1971	Balsthal/SO, Galerie Rössli, 30. Oktober bis 21. November, Holzschnitte, Aquarelle und Tempera.
1972	St.Gallen, Stadttheater und Waaghaus, 17. Juni bis 23. Juli, Tempera, Wandteppich, Aquarelle, Holzschnitte (Katalog, Text: Rudolf Hanhart, Joâo de Almeida).
1974	Schaan/FL, Galerie Theater am Kirchplatz.
1976	Zug, Kulturstiftung Landis & Gyr, *Ausstellung der Holzschnitte von Ferdinand Gehr*, 10. September bis 10. Oktober. Zug, P+P Galerie, 11. September bis 15. Oktober, Tempera, Aquarelle, Fresken, Glasmalereien (Katalog, Text: Max Kamer).

1978	Zürich, Städtische Kunstkammer zum Strauhof, 12. Mai bis 17. Juni, Tempera, Fresken, Aquarelle, Holzschnitte (Katalog, Text: Walter Bernet, Fritz Billeter, Peter Killer). Olten, Kunstmuseum, 26. August bis 22. Oktober (Katalog wie Zürich 1978).
1984	Edlibach/ZG, Bildungshaus Schönbrunn, 11. Februar bis 21. Mai, Graphik, Aquarelle, Tempera, Entwürfe zu Glasfenstern und Teppichen.
1988	St.Gallen, Kunstmuseum, 9. Januar bis 6. März, Aquarelle, Tempera, Fresken (Katalog, Texte: Rudolf Hanhart, Franz Bertel).
1993	Bad Pfäfers, Stiftung Altes Bad, 20. Mai bis 6. Juni, Holzschnitte.
1994	Zürich, Kunsthaus, *Ferdinand Gehr, Spätwerk*, 10. September bis 13. November, Fresken, Tempera, Aquarelle, Holzschnitte (Katalog, Text: Guido Magnaguagno).
1995	Stein/AR, Appenzeller Volkskunde-Museum, *Sommerzeit*, 2. Juli bis 27. August, Aquarelle, Tempera, Holzschnitte.
1996/97	Luzern, Haus Romero, *Ferdinand Gehr, Bilder aus Privatbesitz*, 29. November bis 6. Januar, Tempera, Aquarelle, Holzschnitte.

Gruppenausstellungen

1932	St.Gallen, Kunstmuseum, *Turnusausstellung des Schweizerischen Kunstvereins*, 9. bis 31. Juli, Tempera (Katalog).
1938	Genf, Musée Rath, *1. Internationale Ausstellung christlicher Kunst in der Schweiz*, organisiert von der welschen Gruppe der Schweizerischen St.Lukasgesellschaft.
1939	Zürich, *Schweizerische Landesausstellung*, 6. Mai bis 29. Oktober, Halle Kirchliche Kunst (Katalog).
1941	Luzern, *XX. Schweizerische Nationale Kunstausstellung*, 8. Juni bis 13. Juli, Entwurf zu Wandmalerei (Katalog).
1942/43	St.Gallen, Kunstmuseum, *St.Gallische Sonderausstellung*, 5. Dezember bis 10. Januar, Tempera (Katalog).
1944/45	St.Gallen, Kunstmuseum, Dritte St.Gallische Sonderausstellung, *Unsere Landschaft*, 18. November bis 1. Januar, Tempera (Katalog, Text: Walter Hugelshofer).
1946/47	St.Gallen, Kunstmuseum, Jahresende-Ausstellung, Sektion St.Gallen GSMBA, 30. November bis 5. Januar, Tempera, Aquarell.
1948/49	St.Gallen, Kunstmuseum, *Ostschweizer Maler und Bildhauer*, GSMBA Sektion St.Gallen und Gäste, 21. November bis 1. Januar, Tempera (Katalog, Text: K. Peterli).
1952	St.Gallen, Kunstmuseum, *125 Jahre Kunstverein St.Gallen, St.Galler Künstler, Jubiläumsausstellung*, 4. Oktober bis 9. November, Tempera, Fresko (Katalog, Text: Richard Suter).
1954	Zürich, Kunsthaus, *Christliche Kunst der Gegenwart in der Schweiz*, 21. August bis 30. September, Glasmalerei, Kartons zu Wandbildern (Katalog, Text: Eduard Hüttinger, Hermann Baur, Otto Senn).
1955	St.Gallen, Kunstmuseum, *12 Ostschweizer Künstler*, 27. November bis 2. Januar, Tempera und Aquarelle (Katalog, Text: Rudolf Hanhart).
1956	Freiburg i. Ue., Universität, *L'Art sacré*.
1958	Salzburg, Oratorien des Domes, *I. Biennale christlicher Kunst der Gegenwart*, 28. Juli bis 30. September, Wandbild (Katalog, Text: Giacomo Kardinal Lercaro).
1961	Freiburg i. Ue., Universität, *Art et liturgie*, 25. Juli bis 3. September, Wandteppich, Entwürfe zu Glasfenstern (Katalog, Text: Alois Müller).
1962	Schaffhausen, Museum zu Allerheiligen Schaffhausen, *Querschnitt Schweizerischer Malerei der Gegenwart*, 21. Januar bis 11. März (Katalog, Text: Max Freivogel).
1963	Basel, St. Anton – Pfarrei, *Ausstellung christlicher Kunst* (Ferdinand Gehr, Hans Stocker, Otto Staiger u. a.).
1966	St.Gallen, Kunstmuseum, *Zeitgenössische Kunst aus dem Bodenseeraum*, 13. August bis 25. September, Tempera und Aquarelle (Katalog, Text: Rudolf Hanhart).
1967	Bregenz, Künstlerhaus Palais Thurn und Taxis, 28. Oktober bis 19. November (Ferdinand Gehr, Jutta Amsel, Walter Khüny), Aquarelle und Tempera (Katalog, Text: Franz Bertel).
1973	Bregenz, Künstlerhaus Palais Thurn und Taxis, *Schweizer Malerei des 19. und 20. Jahrhunderts aus dem Besitz des Kunstmuseums St.Gallen*, 18. Mai bis 1. Juli, Tempera (Katalog, Text: Rudolf Hanhart).
1974	Arbon, Schloss, Klubschule Migros, *Drei Generationen Ostschweizer Maler und Bildhauer*, 29. März bis 18. Mai (Katalog).
1975	Vaduz, Centrum der Kunst, *Nationenfestival Schweiz*, Frühjahr (Max Bill, Hans Erni, Ferdinand Gehr, Varlin).
1980	Luzern und Basel, *Standort 80 – Kunst für Kirchen*, Ausstellung der Schweizerischen St.Lukasgesellschaft (SSL), Tempera, Wandbilder im Kontext Architektur (Katalog, Text: Alois Müller u.a.).

Ausstellungen

1984	München, Stadtmuseum, *Bilder zur Bibel* (Willi Baumeister, Otto Dix, Ferdinand Gehr, Wilhelm Geyer, HAP Grieshaber), 16. Juni bis 8. Juli (Katalog, Text: Bruno Effinger u. a.).
1986	Rom, Chiesa Santo Stefano Rotondo, Société Internationale des Artistes Chrétiens (SIAC), 14. Oktober bis 4. November (Katalog, Text: Franz Xaver Gärtner u. a.).
1990	Trubschachen, 13. Gemäldeausstellung, *Wege zur Farbe. Schweizer Maler von der Jahrhundertwende bis heute*, 23. Juni bis 15. Juli (Katalog, Text: Peter Killer).
1990	Freiburg i. Ue., Universität, *Ausstellung zur 6. Europäischen Konferenz von Pax Romana*, 27. September bis 14. Oktober, Tempera (Katalog, Text: Hans Schöpfer, Robert L. Füglister u. a.).
	Zug, Museum in der Burg, *Fritz Kunz und die religiöse Malerei, Christliche Kunst in der Deutschschweiz von 1890 bis 1960*, 17. Juni bis 23. September, Tempera, Fresken, Entwürfe (Katalog, Text: Rolf E. Keller u. a.).
1994	St. Gallen, Katharinen, *Zeichnungen* (Ferdinand Gehr, Leo Brunschwiler, Peter Quarella), 5. bis 27. November (Katalog, Text: Peter Röllin).
1994/95	Olten, Kunstmuseum, *70 Jahre Schweizerische St. Lukasgesellschaft, Sequenzen, eine Art Retrospektive*, 14. Dezember bis 22. Januar (Katalog, Text: Fabrizio Brentini).
1996	Schänis, Ortsmuseum (Alte Kaplanei), *9 aus der GSMBA*, 18. Mai bis 16. Juni, Holzschnitte, Aquarelle, Tempera (Katalog, Text: Hans Fäh).
	Zürich, Helmhaus, *Paar mal Paar*, 17. August bis 29. September, Fresko (Katalog, Text: Marie-Louise Lienhard).

Bibliographie

Max von Moos, *Die kirchliche Malerei unserer Zeit*, in: Schweizerische Rundschau, 38. Jg., 1938, S. 494–501.

Ars Sacra, Schweizerisches Jahrbuch für Christliche Kunst, hrsg. von der Societas Sancti Lucae (Text: F. Ch. Blum, Robert Hess, Otto Dreyer), 1941, S. 52, 104, 105, 127.

P. Thaddäus Zingg, *Gläubige Moderne*, in: Schweizerische Rundschau, 41. Jg., 1941/42, S. 28–33.

P. Thaddäus Zingg, *Mels: ein Programm*, in: Schweizerische Rundschau, 41. Jg., 1941/42, S. 135–141.

Neue kirchliche Architektur, in: Ars Sacra, Jahrbuch für Christliche Kunst, hrsg. von der Societas Sancti Lucae (Text: Fritz Metzger, Josef Scherer, E. Schnydrig, Oskar Bauhofer), 1944/46, S. 7–36, Tf.

Rudolf Hess, *Neuere Glasmalerei in der Schweiz*, in: Das Werk, Nr. 3, 1944, S. 69–76.

Paul Pfiffner, *Ferdinand Gehr*, in: *Mein Freund*, Schülerkalender, 1945.

Paul Pfiffner, *Ferdinand Gehr, Ein Toggenburger Maler*, in: Toggenburger Heimatkalender, 1946.

P. Thaddäus Zingg, *Besinnliche Plauderei mit Ferdinand Gehr*, in: Neue Zürcher Nachrichten, Beilage «Christliche Kultur», 24. Januar 1947.

P. Thaddäus Zingg, *Ferdinand Gehr, Laienpriesterliche Mitarbeit des Künstlers*, in: Die Ostschweiz, 29. Mai 1948.

St.Galler Volksblatt, Beilage vom 18. Juni 1948.

P. Thaddäus Zingg, *Wie meine Mutter es sah* (Brief), in: Maria Einsiedeln, Nr. 6, 1948, S. 210–11.

Karl Federer, *Nachhall zum Heiligkreuzer Maler-Wettbewerb, Thema: Dreifaltigkeit*, in: Die Ostschweiz, St.Gallen, 21. Mai 1949.

P. Thaddäus Zingg, *Die Blinden sterben nicht aus, Zum Wettbewerb für die Ausmalung der St.Galler Dreifaltigkeitskirche*, in: Neue Zürcher Nachrichten, 2. Juli 1949.

Ernst Walter Roetheli, *Bild und Raum im Kirchenbau. Noch ein Wort zur Ausmalung der neuen Dreifaltigkeitskirche Heiligkreuz St.Gallen*, in: Neue Zürcher Nachrichten, 29. Juli 1949.

Franz Josef Zinniker, *Moderne religiöse Kunst in der Schweiz*, in: Vaterland, 12. November 1949.

P. Thaddäus Zingg, *Ferdinand Gehr*, in: Rheintalischer Almanach 1951, S. 76–84.

P. Thaddäus Zingg, *Lebendige kirchliche Kunst*, in: Orientierung, 15. Jg., Nrn. 11/12, 1951, S. 123–125.

Rudolf Hess, *Moderne kirchliche Kunst in der Schweiz*, Kleiner Wegweiser zu den wichtigeren Werken, Ars Sacra, Jahrbuch für Christliche Kunst, hrsg. von der Schweizerischen St.Lukasgesellschaft, 1951.

P. Thaddäus Zingg, *Vom Bild des Sehers zum Bild des Malers*, in: Vaterland, 17. Januar 1951.

Karl Federer, *Ein Bruderklausen-Zyklus*, in: Rheintalische Volkszeitung, Spezialausgabe, 22. Juli 1951.

Albert Rüegg (Hrsg.), *Die Marienkirche Olten*, in: Kunst und Volk, Nr. 6, 1953, S. 127–134.

Gonsalv Mainberger, *Hohepriesterliches Gebet*, in: Neue Zürcher Nachrichten, 11. September 1953.

Alois Senti, *Mit Mass, Gedanken zur Marienkirche in Olten*, in: Die Ostschweiz, 9. Oktober 1954.

Xaver von Moos, *Neue Katholische Kirchen*, in: Das Werk, Nr. 12, 1954, S. 445–480.

Hermann Baur, *Neue Schweizer Kirchen*, in: Das Münster, 8. Jg., Nrn. 1/2, Jan./Feb. 1955, S. 33–43.

Margrit Stieger, *Der Maler Ferdinand Gehr*; Ferdinand Gehr, *Notizen zur modernen Kunst*, in: Unser Rheintal, 1955, S. 85–90.

P. Thaddäus Zingg, *Dienende Kunst*, in: Neue Zürcher Nachrichten, 9. September 1955.

P. Thaddäus Zingg, *Neuer bedeutsamer Glasgemäldezyklus*, in: Die Ostschweiz, 15. Oktober 1955.

Gonsalv Mainberger, *Ferdinand Gehr*, in: Vaterland, 7. Januar 1956.

P. Thaddäus Zingg, *Begegnung mit wesentlicher religiöser Kunst*, in: Orientierung, Nr. 3, 1956, S. 25–28.

Robert Th. Stoll, *Ferdinand Gehr, Der Oberwiler Kunststreit*, in: Aargauer Volksblatt, Beilage vom 10. März 1956 (siehe auch: 7., 18., 25., 31. Januar, 8., 15., 22. Februar, 8. März 1958).

Georg Bruggmann, *Ferdinand Gehr, Profile*, in: Schweizerische Rundschau, 55. Jg., Nr. 10, 1956, S. 575–577.

Georg Rimensberger, *Ferdinand Gehr*, in: Allgemeiner Anzeiger für das Unter-Toggenburg, 12. Oktober 1956.

Hermann Baur, Ansprache anlässlich der Vernissage in St.Gallen, in: Rheintalische Volkszeitung AG, 13. Oktober 1956.

P. Thaddäus Zingg, *Lebenswerk eines Sechzigers*, in: Die Ostschweiz, 23. Oktober 1956.

ts., *Lob der Schöpfung*, in: Neue Zürcher Nachrichten, 2. November 1956.

F. L., *Bildersturm in Oberwil*, in: Die Woche, Nr. 50, 9. bis 15. Dezember 1957.

Hermann Baur, *Der Maler Ferdinand Gehr*, in: Das Werk, Nr. 6, 1957, S. 199–201.

Marcel Pobé, *Ein Wort aus der Ferne zum Bilderstreit von Oberwil*, in: Neue Zürcher Nachrichten, 17. Januar 1958 (siehe auch 14. Dezember 1957, 17., 21., 24. Januar 1958).

pe., *Gedanken zum Bilderstreit in Oberwil*, in: Luzerner Tagblatt, 8. Februar 1958.

Ernst Walter Roetheli, *Kunstbetrachtung und Kunstkritik, Grundsätzliches zum Fall «Gehr» in Oberwil*, in: Neue Zürcher Nachrichten, 21. Februar 1958.

Herbert Gröger, *Impressionen von Wallisellen*, in: Neue Zürcher Nachrichten, 15. März 1958.

B., *Oberwil – unpolemisch gesehen*, in: Die Ostschweiz, 5. April 1958.

P. Dom. Wiget, *Oberwil*, in: Institutsgrüsse von Heiligkreuz, 53. Jg., Nrn. 9/10, Cham 1958 (Separatdruck).

Schweizerische Kirchenzeitung (zu Oberwil), Nrn. 3, 5, 7, 11, 13, 14, 1958.

Ferdinand Gehr, Eine Monographie, hrsg. von der Schweizerischen St.Lukasgesellschaft, Sakrale Kunst, Bd. 4, Zürich 1959.

Robert Th. Stoll, *Das Buch vom Maler Gehr*, in: Neue Zürcher Nachrichten, 21. März 1959.

Georg Malin, *Die Wandbilder in der Kirche von Oberwil bei Zug (CH)*, in: Der Grosse Entschluss, 14. Jg. 1959, S. 175f.

Georg Malin, *Malerei von Ferdinand Gehr*, in: Schweizer Rundschau, Nr. 2, 1959, S. 112f.

E(rnest) B(rantschen) u. a., Bruder-Klaus-Kirche in Winkeln-St.Gallen, in: Das Werk, Nr. 6, 1960, S. 201–207.

P. João de Almeida, Ferdinand Gehr, *Il dramma della pittura di Gehr al S. Nicola di Oberwil-Zug*, in: Chiesa e quartiere Bologna, Nr. 13, 1960, S. 19.

M. E., *Die Mysterienbilder von Oberwil-Zug*, hrsg. von der Baukommission der Bruderklausenkirche Oberwil, Olten 1960.

Georg Malin, *Ferdinand Gehr*, in: St.Galler Volksblatt, 26. Oktober 1960.

Robert Hess, *Neue kirchliche Kunst in der Schweiz*, hrsg. von der Schweizerischen St.Lukasgesellschaft, Sakrale Kunst, Bd. 6, 1962.

Franz Fassbind, *Der andere Gehr*, in: Die Woche, Nr. 28, 11. Juli 1962.

Hermann Baur, *Dominierende Tendenzen im Schweizer Kirchenbau*, in: Das Münster, Nr. 11/12, 1965, S. 367–394.

Das Werk, Nr. 1, 1965, S. 8–13 (Niesenberg/AG, St.Fridolin/GL, Sulgen/TG).

Walter Furrer, *Der künstlerische Schaffensprozess bei Ferdinand Gehr*, in: Orientierung, 1965, S. 117–119.

P. Thaddäus Zingg, *Ferdinand Gehr und die Situation der heutigen Kirchenmalerei*, in: Vaterland, 5. August 1966.

Raymond Bréchet, *Ferdinand Gehr, Le Peintre de la Joie*, in: Choisir, Revue Culturelle, Septembre, Nr. 82, 1966, S. 27–28.

Erdmann Kimmig, Marianne Gisel, Evangelisches Gemeindezentrum in Stuttgart-Sonnenberg, in: Das Werk, Nr. 2, 1967, S. 80–87.

H(ermann) B(aur), *St.Michael in Ennetbaden/AG*, in: Das Werk, Nr. 2, 1967, 96–98.

Glauco Gresleri, *La Ricerca eremitica*, in: Chiesa e quartiere 44, Nr. 12, 1967, S. 54–55.

P. Thaddäus Zingg, *Neuere Religiöse Malerei in der Schweiz*, in: Das Münster, 21. Jahr, Nr. 5, September-Oktober 1968, S. 301–317.

(Ernest Brantschen), *Die Liebfrauenkirche in Nussbaumen*, in: Das Werk, Nr. 3, 1969, S. 170–172.

Sakrale Kunst, Aus dem Kunstschaffen der Gegenwart, Die SSL stellt Künstler und Architekten ihrer Arbeitsgruppe vor. 1962–68, hrsg. von der Schweizerischen St.Lukasgesellschaft, Bd. 10, 1969, S. 30–31.

H. R. Balmer, *Zu den Bildern von Ferdinand Gehr*, in: Der Bilderzyklus von Ferdinand Gehr in der Sankt-Johannes-Kirche Zug, o. O. und J.

Franz Bertel, *F. Gehr*, Rorschacher Neujahrsblatt, 1971 (Separatdruck).

Franz Bertel, *F. Gehr*, Ansprache anlässlich der Vernissage der Kunstausstellung im Foyer des Stadttheaters St.Gallen, 17. Juni 1972.

Marianne Gisel, *Die Arbeiten der Maler und Bildhauer*, in: Das Liechtensteinische Gymnasium Vaduz, Festschrift, Vaduz 1973.

Georg Rimensberger, *Ferdinand Gehr, achtzigjährig* und P. Thaddäus Zingg, *Gehrs neuestes Werk* (Kirche Niedererlinsbach), in: Unser Rheintal, 33. Jg., 1976, S. 137–140.

Niklaus Oberholzer, *Ferdinand Gehr*, in: Vaterland, 10. Januar 1976.

Neue kirchliche Kunst in der Schweiz 3, Wegweiser zu Werken 1962–1975, hrsg. von der Schweizerischen St.Lukasgesellschaft, Sakrale Kunst, Bd. 11, 1976.

Werkverzeichnis der Holzschnitte, hrsg. von Alfred Urfer, P + P Galerie, Zug 1976

Niklaus Oberholzer, *«Spiegel meines damaligen inneren Zustandes»*, Ferdinand Gehr in der städtischen Kunstkammer zum Strauhof in Zürich, in: Vaterland, 17. Mai 1978.

Peter Killer, *Ferdinand Gehr, Zürich Haut Nah*, in: Tages-Anzeiger, 3. Juni 1978.

Annemarie Monteil, *Maler Gehr, Askese ohne Härte*, in: Basler Zeitung, 14. September 1978.

Niklaus Oberholzer, *Blick auf das Lebenswerk Ferdinand Gehrs*, in: Vaterland, 11. Januar 1988.

Peter Killer, *Spiegelungen der grossen Ordnung*, Ferdinand Gehr im St.Galler Kunstmuseum, in: Tages-Anzeiger, 23. Januar 1988.

Roman Hollenstein, *Der Mystiker und der Minimalist*, Ausstellung Ferdinand und Andreas Gehr in St.Gallen, in: Neue Zürcher Zeitung, 26. Januar 1988.

Otto Ackermann, *Metamorphosis im Sarganserland*, in: Terra plana, Mels, Winter 1988, S. 19–26.

Heinz Horat, *Die Restaurierung der Fresken von Ferdinand Gehr in der Bruderklausenkirche von Oberwil/Zug*, in: Tugium 5, 1989, S. 54–56.

Evi Kliemand, *Ferdinand Gehr*, in: Liechtensteiner Almanach 1989, S. 32, 33.

Heinz Horat, *Moderner Kirchenbau im Kanton Zug*, in: Tugium 6, 1990, S. 97–115.

Gehr: Mit 95 auf der Leiter, in: Hochparterre, 10, 1991, S. 6–7.

Der Kunstmaler Ferdinand Gehr, in: Revue Schweiz, Nr. 5, 1993, S. 40–45.

Fritz Billeter, *Ferdinand Gehr preist den Eros*, in: Tages-Anzeiger, 12. September 1994.

Phil Bosmans u. a., *Ferdinand Gehr*, in: Das Zeichen 9, Limburg 1995, S. 286–310.

Johannes Huber, *Vergessene Werke von Ferdinand und Franziska Gehr im Johanneum*, in: Toggenburger Almanach 1995, S. 115–120.

Niklaus Oberholzer, *Ferdinand Gehr, Reinste Farbklänge: Der Himmel des Malers*, in: Neue Luzerner Zeitung, 4. Januar 1996. Wiederabgedruckt in: Lukasbulletin 5, September 1996, S. 24–26.

Annemarie Monteil, *Erneuerer der Sakralkunst, Zum 100. Geburtstag des Ostschweizer Malers Ferdinand Gehr*, in: Solothurner Zeitung, 6. Januar 1996.

Fritz Billeter, *Der Maler Ferdinand Gehr lobt Gott und vergisst den Eros nicht*, in: Tages-Anzeiger, 6./7. Januar 1996.

Annemarie Monteil, *Gehr-Galerie*, in: St.Galler Tagblatt, 8. bis 13. Januar 1996.

Annemarie Monteil, *Irdisches und Himmlisches, Erinnerungen an den Künstler Ferdinand Gehr*, in: Tages-Anzeiger, 12. Juli 1996.

Matthias Frehner, *Ein bedeutender Schweizer Künstler, Zum Tod des Malers Ferdinand Gehr*, in: Neue Zürcher Zeitung, 13./14. Juli 1996.

Heinrich Stirnimann, *Ferdinand Gehr*, Freiburg [i. Ue.] 1996.

Brigitte Dudle, *Ferdinand Gehr wider die Zeit- und Kontextlosigkeit*, Typoskript, Theologische Fakultät der Universität Freiburg i. Ue. 1996.

Fabrizio Brentini, *Der Katholische Kirchenbau des 20. Jahrhunderts im Bistum St.Gallen*, in: Franz Xaver Bischof, Cornel Dora: Ortskirche unterwegs. Das Bistum St.Gallen 1847–1997. Festschrift zum hundertfünfzigsten Jahr seines Bestehens. St.Gallen 1997, S. 270.

Licht und Schatten, 200 Jahre Römisch-katholische Kirche Basel-Stadt, hrsg. von der Römisch-katholischen Kirche Basel 1997, S. 70, 101.

Laetitia Zenklusen, *Die Oberwiler Fresken von Ferdinand Gehr*, Typoskript, Philosophische Fakultät I der Universität Zürich 1998.

Josef Osterwalder, *Gehr-Madonna im Abstellraum*, in: St.Galler Tagblatt, 8. Mai 1998.

Christoph Eggenberger, *Ferdinand Gehr*, in: Biografisches Lexikon der Schweizer Kunst/Dictionnaire biographique d'art suisse/ Dizionario biografico dell'arte svizzera, hrsg. vom Schweizerischen Institut für Kunstwissenschaft, Zürich, Lausanne 1998, Bd. 1, S. 379–380.

Schriften und Äusserungen von Ferdinand Gehr

Wie kommen Sie zu dieser Art der Darstellung? Antwort in zwei Briefen von F. G., in: Ars Sacra, Schweizerisches Jahrbuch für Christliche Kunst, hrsg. von der Societas Sancti Lucae, 1942, S. 18–25, Tf. VII, VIII, IX.

Zu den Malereien an der Chorwand, in: Zur Weihe der neuen Marienkirche in Olten, 23. August 1953, S. 36–39.

Wie der Maler seine Aufgabe sah, in: St.Antoniuskirche Wettingen, Festschrift zur Kirchweihe, 18. Juli 1954, S. 38–40.

Zu den Malereien, in: Bruder-Klausen-Kirche, Oberwil/Zug, Kirchweihe, hrsg. vom Kirchenrat Zug, 2. September 1956.

Grundlagen und Möglichkeiten einer neuen Sakralkunst, in: Ferdinand Gehr, Eine Monographie, hrsg. von der Schweizerischen St.Lukasgesellschaft, Sakrale Kunst, Bd. 4, Zürich 1959, S. 71–77.

Entscheidung zum Christlichen in der Kunst, in: Moderne kirchliche Kunst, hrsg. von der Schweizerischen St.Lukasgesellschaft, Sakrale Kunst, Bd. 5, 1962, S. 9–11.

Gedanken zur christlichen Kunst, Typoskript, Feldkirch 1975 (Gehr-Stiftung, St.Gallen).

Zu den farbigen Fenstern, in: Festschrift zum 25. Kirchweih-Jubiläum der Kirche St.Felix und Regula Zürich, 8./9. November 1975, S. 23.

Gedanken und Notizen von Ferdinand Gehr, in: Werkverzeichnis der Holzschnitte, hrsg. von Alfred Urfer, P + P Galerie, Zug 1976, S. 23–27.

Über die farbige Gestaltung der Fenster und des Portals, in: Festschrift zur Einweihung der Johanneskirche in Teufen am 5. September 1976.

Bilder in St.Gerold, in: Propstei St.Gerold, Frauenfeld o. J., S. 14–29 (Text und Abb.).

Ferdinand Gehr (1896–1996), Notizen, Briefe. Gedanken, Typoskript, 1997 (Gehr-Stiftung, St.Gallen).

Filme

1979   Österreichisches Fernsehen und Bayerischer Rundfunk, *Bilder des Verborgenen* (über Emil Scheibe, Anton Lehmden und Ferdinand Gehr).

1988   Ellen Steiner, *Der Himmel ist auch bei uns*, Gespräch mit Ferdinand Gehr, 32', Schweizer Fernsehen, Zürich.

1991   *Ferdinand Gehr am 16. Dezember 1991*, 38', Verein Portrait-Filme, Zürich.